Max Annas/Elmar Wigand

Die Geißböcke

Max Annas/Elmar Wigand
(Hg.)

Die Geißböcke

Glanz und Elend des 1. FC Köln

Mit Beiträgen von:
Max Annas/Ralph Christoph/Götz-Tillmann Grosshans/
Bernd Imgrund/Willi Lehmann/Frank Nägele/
Werner Rügemer/Elmar Wigand

PapyRossa Verlag

In Erinnerung an Christoph Marx (*23.2.1964, †22.3.1998)
Er war ein unverbesserlicher Fortuna-Fan.
Der Abstieg des FC hätte ihn gefreut.

Umschlag: Willi Hölzel, Köln
Fotos: Foto-Pfeil, Elmar Wigand/txt, Hagemeyer/Transparent, Privatarchiv
Herstellung: Interpress

Die Deutsche Bibliothek - CIP-Einheitsaufnahme
Die **Geißböcke** : Glanz und Elend des 1. FC Köln / Max Annas ...
(Hrsg.) Beitr. von Max Annas ...-Köln : PapyRossa-Verl., 1998
ISBN 3-89438-158-2

Inhalt

Max Annas/Elmar Wigand

Der Geißbock macht keinem mehr Angst

Anstelle eines Vorworts

Als Holger Gaißmayer am letzten Spieltag der Saison 1995/96 das erlösende 1:0 bei Hansa Rostock schoß, das nicht weniger bedeutete als die erneute Spielberechtigung des 1. FC Köln für die 1. Bundesliga – da war der bisherige Tiefpunkt in der sportlichen Karriere des Clubs gleichzeitig erreicht und fürs erste überwunden. Etwas ähnliches hatte es zwar schon einmal gegeben, 1969, als der FC ebenfalls mit dem allerletzten Spiel dem Abstieg entkommen konnte, aber die Zeiten waren doch andere gewesen. Damals hatte der 1. FC Köln ein Starensemble, das auf Abwege geraten war und den drohenden Schaden lässig abwendete; 1996 hingegen mußte sich ein mäßig begabt kickendes Team am eigenen Schopf aus dem Morast ziehen.

Nach 1969 hatte man die nötigen Lehren gezogen. Von da an ging es wieder steil bergauf. UEFA-Cup-Plätze wurden die Norm. Ruhm und Ehre und Schönheit. Und nach 1996? Was folgte auf den Tiefpunkt? Eine Fortschreibung des endlos gräßlichen Zustandes. Nicht mehr und nicht weniger.

Mal ehrlich: Wer will schon das Buch zum Abstieg machen? Eine tränenerstickte Grabesrede vielleicht? Oder eine flammende Anklage gegen die zynische Tatenlosigkeit der Vereinsführung unter dem Ex-Präsidenten Klaus Hartmann? Nein.

„Die Geißböcke“ ist ein Buch für den Wiederaufstieg. Die tränenerstickte Rede fällt aus, die flammende Anklage allerdings nicht. Irgendjemandem muß man schließlich die Schuld für das Desaster Abstieg zuweisen.

Andererseits: Der 1. FC Köln hat nun die Gelegenheit, die sich nicht erst der 1. FC Kaiserslautern genommen hat, mit dem man sich leichtfertig und viel zu oft vergleicht. Auch Werder Bremen, abgestiegen 1980, kam 1981 gestärkt aus dem Straflager der 2. Liga zurück und erreichte 1982 einen UEFA-Cup-Platz. Vielleicht gibt der Zwangsaufenthalt auf dem Archipel Cottbus ja jene kathartische Kraft, die dem 1. FC Köln die nötige Umkehr ermöglicht.

Ein Buch, ein Buch

Zu Beginn der Abstiegssaison 1997/98 haben wir gemeinsam mit Rolf-Peter Bimmermann vom PapyRossa-Verlag und Willi Lehmann, der als Autor vertreten ist, die Idee debattiert, ein Buch zum 50jährigen Jubiläum des 1. FC Köln zu machen. Wir haben das aus genau zwei Gründen verworfen. Erstens hätten wir bis zum Februar 1998 recht wenig Zeit gehabt, so daß das Buch möglicherweise ein Schnellschuß geworden wäre. Und zweitens saß der FC schon zu Saisonbeginn so tief in der sportlichen Tinte, daß ein Buch, das den möglichen Abstieg in die 2. Liga neben 50 Jahren oft ruhmreicher Geschichte nicht ebenfalls bearbeitete, spätestens zum Finale der Spielzeit Makulatur gewesen wäre. Deshalb mußten wir mehrgleisig planen – genau wie der FC.

So haben wir parallel zum Verlauf der Rückrunde zuerst das Es-geht-den-Bach-runter-Buch geplant, dann mit Erleichterung den Gerade-noch-mal-gut-gegangen-Band entworfen, um schließlich die Sie-haben-es-nicht-anders-verdient-Ausgabe zu Ende zu erstellen, die natürlich zu gleichen Teilen eine Wir-kommen-wieder-Edition aus handgeschöpftem Büttenpapier und mit sündteurem Golddruck ist.

Seit über zehn Jahren hat es kein Buch zum 1. FC Köln gegeben, das mehr als ein Kompendium alter Texte oder eine Sammlung von Statistik gewesen ist. „Die Geißböcke“ ist nach langer Zeit wieder ein Lesebuch, das sich umfassend und mit grimmiger Sympathie dem Team, dem Club, dem Verein widmet.

„Die Geißböcke“ hat drei inhaltliche Schwerpunkte:

1. Die Geschichte des Clubs, die sich zunächst mit einer erstaunlichen Gleichzeitigkeit zu den Nachkriegsentwicklungen Westdeutschlands vollzog. Der feine Verein aus dem Kölner Westen stürmt die Ligen und die Herzen des Publikums in den unbefangenen 50ern. Die fulminanten 60er sehen den FC auf der Höhe seines Schaffens. Und die erfolgreichen 70er sind die selbstverständliche Folge einer sorgfältigen Planung. Dieser Erfolg wird in den schwierigen 80ern mutwillig in Gefahr gebracht und in den katastrophalen 90ern werden die Ergebnisse dieser Politik tatenlos bestaunt.

2. Warum ist der Fußball rund? Daß geschieht, was geschieht, steht in jeder Chronik. Warum es so kommt, und nicht anders, versucht „Die Geißböcke" zu beleuchten. Warum mußte der Niedergang so ausweglos sein? Warum war der FC in seiner Frühzeit ein Medienereignis und später nicht mehr? Warum hat er schon in seinen ersten Jahren illustre Kicker aus aller Welt angezogen? Und was haben die in Köln erlebt?

3. Wie kann man eigentlich FC-Fan sein? In einem Stadion, das zu den häßlichsten der Republik gehört, dem Fieber erliegen? Geschichten aus dem wirklichen Leben eines FC-Fans. Das Abstiegsendspiel 1969. Oder: Warum eigentlich Gladbach?

Das Tier

Einen Punkt haben wir im Buch nicht behandelt. Es ist das Tier, der Bock. Und das, obwohl der Geißbock doch für Team und Buch titelgebend ist.

Kein Mannschaftssport konnte sich bisher ja seiner atavistischen und primitiven Vorbilder entledigen. In der Mitte zwischen zwei Dörfern treffen sich die jungen Männer eines jeden, um eine mit Leder umspannte Ochsenblase über den Acker zu treiben und die

Gegner aus dem Nachbardorf zu demütigen. Sie nennen sich „Die Adler“ oder „Die Wölfe“, um die anderen in Angst und Schrecken zu versetzen, in manchen Gegenden der Welt vielleicht „Die Löwen“, „Die Elefanten“ oder „Die Haie“, je nach den Angeboten der örtlichen Fauna.

Aber „Die Geißböcke“? Wen soll der friedliche Grasfresser erschrecken? Ein Tier, das man zum Feierabend grillt, kann man doch dem Gegner nicht als Wappentier präsentieren. Vielleicht ist es ja der Teufel, auf den seine Hörner verweisen. Oder stehen sie für die Türme des Kölner Doms?

Ob die Fußballteams Europas und Deutschlands aber jemals wieder vor dem Geißbock zittern werden, das muß die Zukunft zeigen.

Max Annas
Elmar Wigand

Blut, Schweiß und Tränen - Fußball kann so grausam sein

Frank Nägele

Der Niedergang des 1. FC Köln

1000 Fehler und die Unfähigkeit zu lernen

Es war heiß am 9. Mai 1998. Irgendjemand fragte auf der Tribüne des Müngersdorfer Stadions: „9. Mai – ist das nicht der Tag, an dem der Zweite Weltkrieg zu Ende gegangen ist?“ Niemand hatte Lust auf eine Antwort. Die Parallele, sofern man diese vermeintliche Datumsübereinstimmung überhaupt so bezeichnen darf, ist allzu zynisch. Unten auf dem Rasen läuft ein ganz und gar belangloses Spiel ab, in dem der 1. FC Köln lange Zeit 2:0 führt, ehe Bayer Leverkusen kurz vor Schluß noch zum 2:2 ausgleicht. Die Kölner Seele müßte den Vorgang eigentlich als brutale Verhöhnung empfinden. Ausgerechnet vom Feindbild Nummer eins beerdigt zu werden, ist vermutlich das Unangenehmste, was einem Verein mitsamt seiner

Anhängerschaft passieren kann im großen Gesellschaftsspiel Fußball. Doch die Kölner Seele ist zu noch mehr Leiden nicht mehr imstande. Sie ist ausgelaugt von fast einem Jahrzehnt der Demontage ihres eigenen Vereins. Wut und Aggression, die das Müngersdorfer Stadion fünf Jahre lang zu einem äußerst gefährlichen Ort machten in den Stunden der Enttäuschung, sind Ergebenheit und Trotz gewichen. Die Arena ist bepflastert mit Plakaten, auf denen Treueschwüre und Durchhalteparolen für die Zeit in der zweiten Liga dokumentiert sind. Eine Zeit, die nach dem Wunsch aller nur ein Jahr lang dauern wird. Kaiserslautern ist das Wort der Stunde. Zwei Jahre zuvor war das Team, das zur selben Zeit trunken die deutsche Meisterschaft zelebriert, auch abgestiegen. Kaiserslautern, so etwas schaffen wir auch – heißt die Losung. Aber selbst der härteste unter den harten Anhängern dieses Vereines ahnt, daß es vor allem die Hoffnung ist, die das Gerüst bildet für diese kühne Zukunftsplanung.

Es ist eine dieser unerklärlichen Wendungen des Schicksals, daß im Presseraum am Marathontor jener Mann sitzt, der das Schicksal dieses Vereines beeinflußt hat wie kein anderer in der letzten Dekade. Christoph Daum, der Trainer, sitzt auf dem Podium vor einem Mikrophon und hält eine Rede, die wie eine nostalgische Abrechnung klingt mit dem Verein, der ziemlich genau acht Jahre zuvor keine geringere Bühne als die Fußball-Weltmeisterschaft dazu benutzt hat, um ihn spektakulär aus seinem Amt zu jagen. „Ich war immerhin 17 Jahre bei diesem Klub“, hat er gesagt an jenem Tag, da sich der 1. FC Köln nach 35 Jahren stolzer Erstklassigkeit durch den Hinterausgang aus der Bundesliga schlich. Der Betrachter mochte durchaus den Eindruck haben, als leide der Trainer tatsächlich schwer darunter, aus nächster Nähe mitansehen zu müssen, wie sein Erbe von damals in Trümmern lag.

„Wir waren damals auf dem Weg, so etwas zu werden wie Borussia Dortmund in den 90er-Jahren“, sagte er mit Nachdruck, „wir waren Zweiter, standen im Europapokal-Halbfinale und hatten über 20 Millionen Mark auf dem Konto. Jetzt sieht man, was davon geblieben ist. Und einige von denen, die dafür verantwortlich sind, sitzen heute noch hier und geben ihre Kommentare ab.“

Da freilich hatte er ein wenig unrecht, der Fußballehrer, der sich für den Schock von früher ("wenn ich jemals Krebs kriege, dann wegen des Tages, an dem ich entlassen wurde") damit revanchierte, daß er den einst als Retorten- und Kunst-Produkt belächelten Klub aus Leverkusen in die Nähe deutscher Meistertitel und sogar ins Viertelfinale der Champions League geführt hat. Die damals die Weichen in Richtung Untergang stellten, haben sich ja allesamt längst aus dem Staub gemacht. Keiner der Herren Artzinger-Bolten, Neukirch, Söller, Lattek, Hartmann, Cullmann war anwesend. Auch nicht die unvermeidliche Vereins-Extravaganza um Wolfgang Overath, der nie ein kölscher Beckenbauer werden wollte, weil ihm dazu schließlich alles mögliche gefehlt hat. Er selbst behauptete 1996, als ihn die gesamte Öffentlichkeit ins Präsidentenamt drängen wollte, es sei vor allem die Zeit. Doch längst ahnen alle im Verein der wenig nutzbringenden Ehemaligen, daß es da noch an weit mehr gemangelt hat.

Nüchterne Betrachter können nicht anders, als in den Vorgängen der letzten zehn Jahre die systematische Selbst-Demontage eines Vereins zu sehen, der Ende der 80er-Jahre alle Möglichkeiten besaß, um den richtig großen Fußball-Business-Boom, der sich erst ein paar Jahre später einstellen sollte, zu ewigem Ruhm und Reichtum zu nutzen. Und sie müssen auch dem großen Helden der jüngeren Geschichte, dem Trainer Christoph Daum, eine Mitschuld zuteilen daran, daß eine Ära in die Brüche ging, noch ehe sie recht begonnen hatte.

Der Assistent als Chef

Tatsächlich gebührt jedoch erst einmal keinem anderen als dem von unbändigem Ehrgeiz getriebenen Ex-Jugend-Trainer der Anspruch, innerhalb kurzer Zeit aus einem chaotischen, auseinanderbrechenden Team die Mannschaft gemacht zu haben, vor der der große FC Bayern drei Jahre lang zittern mußte. Im Herbst 1986 nutzte der gebürtige Sachse, der in den Straßen Duisburgs mit durchschnittlichem Talent, aber viel Besessenheit für die Sache Fußball aufgewachsen war, die Gunst der Stunde. Im Vakuum nach der Entlassung des elegant-erfolglosen Georg Keßler, genannt „Sir", setzte sich Daum zunächst in Szene und dann auf den Trainerstuhl. Den Kölner Zeitungen war er erst einmal ein Greuel. Sie, die an Namen wie Cajkovski, Weisweiler und Michels gewohnt waren, hatten zu berichten über Herrn Daum, den keiner kannte. Bald hatte man ihn zum Däumling degradiert und sich der Hoffnung hingegeben, der ehemalige Erfolgstrainer Udo Lattek, der im Juli 1987 von den Bayern als Sportdirektor zum 1. FC Köln wechselte, würde den Neuen schon an die Hand nehmen. Immerhin hatte der damals mit 32 Jahren jüngste Bundesliga-Trainer den Verein von den Abstiegsrängen weg auf Platz zehn geführt. Ein bescheidener Erfolg, der allerdings so recht noch nicht beachtet wurde.

Daum tat alles, damit sich das änderte. Im Trainingslager vor der ersten Saison, die er als Cheftrainer in Köln begann, kam es in den USA vor Zeugen in der Hotelbar zu einem heftigen Disput zwischen ihm und Lattek, der Wellen bis ins heimische Köln schlug. Dennoch schien die Zusammenarbeit des Duos zunächst prächtig zu funktionieren. Zum erstenmal geriet Daum so richtig ins Rampenlicht, als er im Herbst 1987 mit seiner Mannschaft den FC Bayern München im Müngersdorfer Stadion mit 3:1 besiegte. Es war dies der Beginn einer neuen Ära im Kölner Fußball, an der vier Spieler wesentlichen Anteil hatten. Erstens: Pierre Littbarski, der Rückkehrer aus Paris. Zweitens: Thomas Häßler, das schlampige Genie. Drittens: Jürgen Kohler, das größte Verteidiger-Talent seiner Generation. Und Viertens: Morten Olsen, der dänische Muster-Profi. Hinzu kam Daums glückliches Händchen bei der Verpflichtung des jungen dänischen Stürmers Flemming Povlsen, der drauf und dran gewesen war, bei der Real-Madrid-Filiale FC Castilia zu versauern. Um dieses Gerippe, das hinten eisern abgesichert wurde durch den kompromißlosen Stopper Paul Steiner, baute Daum die Mannschaft auf, mit der er drei Jahre in Folge um die Meisterschaft spielte.

Udo Lattek, der damals bereits mit schätzungsweise 800 000 Mark brutto außerordentlich bezahlt wurde, tat sich in dieser Periode seines Schaffens beim 1. FC Köln vor allem als medienwirksamer Glücksbringer hervor. Ein blauer Pullover war es, der zu Beginn der Saison 1987/88 für landesweite Beachtung sorgte. Sobald der Meistertrainer vergangener Tage mit diesem leuchtenden Textil auf der Bank Platz nahm, begann der Gegner zu resignieren. Der FC startete eine Serie von 14 Spielen ohne Niederlage, die erst beim DFB-Gastspiel in Aschaffenburg endete, das der FC verlor. Lattek, wie es seine Art ist, wollte den Makel überspielen. „Pokal zählt nicht", sagte der Sportdirektor. Aber der Pullover war nicht mehr derselbe wie zuvor.

Der 1. FC Köln jedoch war erst im Begriff, seine wahre Stärke zu entfalten. Es wäre jedoch falsch, zu behaupten, daß dieser Erfolg den jungen Trainer Daum unverändert gelassen hätte. Es dauerte nicht lange, da hatte der mutige Fußballehrer sein Image weg. „Großmaul", „Sprücheklopfer", „Cassius" waren Attribute, die er nicht ohne Stolz zu tragen schien. Nach besonders beeindruckenden Serien – in der Saison 1989/90 blieb der FC in 16 Liga-Spielen in Folge ungeschlagen – bezeichnete er sein Team schon mal als „beste Mannschaft der Welt".

Die Sorge besonnener Anhänger darum, daß der ganze brodelnde Kessel FC eines Tages mit lautem Knall in die Luft fliegen könnte, nahm zu, als Christoph Daum in seiner dritten Saison als Cheftrainer jenen legendären Medien-Zweikampf gegen den Münchner Trainer Jupp Heynckes startete, den er schließlich unter dem Hohngesang aller Bayern-Fans verlor. Als die Bayern nach wochenlanger Daum-Kampagne im Mai 1989 im Müngersdorfer Stadion zum Meister-Duell antraten, fehlte dem FC nur der Sieg im direkten Duell zum Titel. Ganz Köln, insbesondere natürlich Daum, war sich sicher, daß das riskante Spiel mit den Nerven des weniger extrovertierten Trainer-Kollegen gelingen würde. Ein Irrtum, wie sich zeigen sollte. Der FC verlor das wichtigste Spiel des Jahrzehnts mit 1:3. Der Rest ist bekannt.

Zwielicht

Möglicherweise begann bereits hier der schleichende Prozeß, der trotz beständigen Erfolges ein Jahr später zum Zerwürfnis mit dem umstrittenen Präsidium Artzinger-Bolten führte. Ganz sicher hatte er aber mit den sogenannten Häßler-Millionen zu tun, deren Verbleib den echten FC-Fan noch heute beschäftigt. Bereits Ende 1989 wird Thomas Häßler, inzwischen zu einem der Stars der Bundesliga aufgestiegen, von den damals in Deutschland äußerst aktiven italienischen Spielervermittlern gejagt. Eigentlich ein normaler Vorgang. Jeder deutsche Nationalspieler, der einigermaßen etwas auf sich hält, folgt zu dieser Zeit dem Lockruf der Lire-Milliarden. Eher ungewöhnlich – und bis heute ungeklärt – ist Daums Rolle im sich anbahnenden Transfer des Mittelfeldspielers zu Juventus Turin. In der Suite 740 des Kölner Hotels „Bonotel" sitzt eines Abends eine nette Gesellschaft beisammen: Bevollmächtige von Juventus Turin, das Ehepaar Angela und Thomas Häßler – und der Trainer Christoph Daum, dessen Rolle in diesem Kreis ernsthafte Fragen aufwirft. Köln ist in Aufruhr. Ein Trainer inmitten solch eines Deals – da sind Gerüchte und Verdächtigungen nicht weit. Wollte der Trainer den Deal nutzen, um sich selbst bei Juventus ins Gespräch zu bringen? Oder wollte er gar ein Stück vom Kuchen abhaben? Das Verhältnis zwischen dem 1. FC Köln und seinem obersten Übungsleiter verschlechtert sich trotz anhaltenden Erfolges rapide. Schließlich wird Thomas Häßler für 14,5 Millionen Mark an den Verein des Fiat-Besitzers Gianni Agnelli verkauft. Eine Zahl, die in den Jahren danach noch oft genannt werden sollte. Denn als Klaus Hartmann Ende 1991 den Präsidenten Artzinger-Bolten ablöst und in die Bücher schaut, stellt er fest, was er als langjähriger Vorsitzender des Aufsichtsrates längst hätte wissen müssen: Der Verein ist so pleite, wie es ein Verein nur sein kann. Den 1. FC Köln drücken Schulden in Millionenhöhe.

Um diese Überraschung richtig einschätzen zu können, muß man sich an die handelnden Figuren von damals erinnern – vorneweg an den Kölner Anwalt und CDU-Stadtrat Dietmar Artzinger-Bolten, der eine Vereinsintrige dazu nutzte, um im Frühjahr 1987 wie die Jungfrau zum Kinde zum Präsidenten-Amt zu kommen. Peter Weiand, der den Verein mehr als ein Jahrzehnt nach Gutsherrenart geführt hatte, witterte am Ende seiner langen Amtszeit ein Komplott, angeblich angeführt vom Vorstandsmitglied Bernd Schäfer III, der heute der Deutschen Eishockey-Liga vorsteht. Damit schied der ambitionierte Jurist als Kandidat für die Nachfolge aus. Eigentlich war der Weg frei für den Ex-Profi Karl-Heinz Thielen, dem allerdings der Umstand dazwischenkam, daß er sich seine Manager-Tätigkeit mit 60 000 Mark vergüten ließ. Heute eine Alltäglichkeit – damals ein Verrat am Ehrenamt. So stellte sich der in Fußballkreisen weithin unbekannte Artzinger-Bolten zur Wahl – und triumphierte bei der Hauptversammlung. Im Kölner Stadt-Anzeiger war er bereits am Tag danach mit einer lächerlichen Karnevals-Krone auf dem Kopf abgebildet.

Ihm zur Seite standen im Präsidium Hans Neukirch, ein Büromöbel-Fabrikant, und die rheinische Frohnatur Jupp Söller, der als einziger der Drei zuvor schon eine gewisse Popularität genossen hatte – als Prinz Karneval in Köln. Das Trio erweiterte sich bald um Wolfgang Schänzler, der zuvor in der Stadtverwaltung von Pulheim für die Sportanlagen zuständig gewesen war und fortan als geschäftsführendes Vorstandsmitglied agierte. Dieses Quartett sollte aus dem 1. FC Köln den FC Bayern München II machen. Es ist keine Verunglimpfung, im Nachhinein lapidar festzustellen, daß dieses Vorhaben schlicht ein paar Nummern zu groß war für diese Herren.

Mit Häßler und Daum gingen schließlich im Sommer 1990 Erfolg und Reichtum eines Vereines, der sich bis heute nicht ernsthaft darum bemüht hat, der Öffentlichkeit exakt zu erklären, was genau mit dem vielen Geld passiert war. Und wenn immer sich die Presseorgane in Köln und Deutschland daran machten, den Präsidenten Arztinger-Bolten mit der aberwitzigen Verschuldung eines zuvor gesunden Klubs in Verbindung zu bringen, wurden sie von dem Anwalt bepflastert mit Unterlassungserklärungen und durften diese Behauptungen nicht wiederholen. Und zwar aus dem einfachen

Grund, weil mit der Mißwirtschaft dieses Präsidiums, das in der Zeit nach Daum keinen brauchbaren Fußballer mehr verpflichtete, kein konkreter Schuldenstand in Verbindung zu bringen ist. Wer immer eine Zahl nannte – 6, 7 oder 8 Millionen – hatte juristisch verloren, weil dieses Präsidium nämlich in der Mitte eines Geschäftsjahres zurücktrat und die letzte, von ihm allein zu verantwortende Bilanz, ausgeglichen war.

Die exakten Zahlen kennt alleine Klaus Hartmann, der fast in Ohnmacht fiel, als er Ende 1991 das Vereinsvermögen aufaddieren wollte. Sofort war klar, daß der Verein bei seinen Gläubigern mit mehreren Millionen Mark in der Kreide stand. Aber bevor es soweit war, hat der 1. FC Köln ja noch ein Kapitel geschrieben, wie es in der Trainer-Szene der Fußball-Bundesliga bis heute einmalig geblieben ist. Das Kapitel Erich Rutemöller/Udo Lattek...

Lattek again

Nach dem theaterreifen Rausschmiß des Trainer-Talentes Daum verfiel die Führung des 1. FC Köln auf eine fatale Nachfolgelösung. Erich Rutemöller, ehemaliger Amateur-Trainer (Bonner SC, 1. FC Köln) und Dozent an der Sporthochschule, sollte die Spitzenposition des Vereines in der Bundesliga festigen. Allerdings in Zusammenarbeit mit Udo Lattek, der zu einer zweiten Schaffensperiode im Geißbockheim antrat. Daraus wurde ein 15monatiges Drama, das den Zeitungen Stoff für abenteuerliche Geschichten lieferte. Hier Rutemöller, der gute Mensch vom Geißbockheim, der für alle sichtbar unter den Härten seines Berufes und den Unzulänglichkeiten seiner Kicker litt. Da der abgezockte, zynische Alttrainer Lattek, der nicht müde wurde, vom Trainer jene Methoden zu verlangen, mit denen er ein Jahrzehnt zuvor Erfolge gefeiert hatte. Darunter wiederum litt Rutemöller dann noch mehr.

Der Verlauf der kuriosen Saison war schließlich Höhepunkt der Peinigung. Rutemöller erreichte Kult-Status, als er seinem Stürmer

Frank Ordenewitz im Halbfinale des DFB-Pokals mit den Worten „Mach et, Otze“ grünes Licht für eine Rote Karte gab, die lediglich eine Sperre in der Bundesliga nach sich zog, wohingegen die zuvor ausgesprochene Gelbe Karte die Verbannung des Spielers aus dem Pokal-Finale zur Folge gehabt hätte. Die Nation lachte, Lattek tobte – und das Finale gegen den SV Werder Bremen hielt schließlich den Höhepunkt der Qual bereit: Die Entscheidung im Elfmeterschießen. Natürlich mußte es dann ausgerechnet Pierre Littbarski sein, der den entscheidenden Strafstoß vergab. Der 1. FC Köln und Rutemöller, in der Liga nur Siebter, hatten den internationalen Wettbewerb verpaßt. Im September 1991 kam Jörg Berger, im November ging der Vorstand und wenig später, im Zuge groß angelegter Sparaktionen, der Sportdirektor Udo Lattek.

Damit verabschiedete sich der 1. FC Köln aus dem Kreis der deutschen Spitzen-Vereine. Der vierte Platz unter Berger im Jahr danach kann an dieser Tatsache übrigens nichts ändern. Unter dem Diktat des Sparens wäre schon eine intelligente Personalpolitik vonnöten gewesen, um den unabwendbaren Abstieg des Ur-Bundesligisten aufzuhalten. Die Aufs und Abs der nächsten Jahre sollten aber nichts anderes werden als kurzfristige Krankheitsbilder im Zuge des langsamen Todes. Ein Wunder ist nur, wie lange alle gemeinsam dazu brauchten, bis sie den Verein schließlich doch in die Zweite Liga gebracht hatten.

Das Ende des Kapitels Jörg Berger wurde durch zwei Vorfälle im Herbst 1992 eingeläutet: Das Aus in der ersten Runde des Uefa-Pokals gegen Celtic Glasgow und den Tod des hoffnungsvollen Stürmers Maurice Banach, der am Morgen des 17. Novembers auf der Fahrt zum Training mit seinem Auto gegen eine Autobahnbrücke fuhr. Die letzte Hoffnung, an glorreiche internationale Zeiten anzuschließen, war verspielt, das größte Talent einer immer schwächer werdenden Mannschaft verloren. Mittlerweile belasteten überforderte sportliche Hoffnungsträger wie Andrzej Rudy, Rico Steinmann und Henri Fuchs das Mannschaftsgefüge, der 1. FC Köln geriet in die Abstiegszone. Im Januar freute sich Berger noch über den Gewinn des höchst unerheblichen deutschen Hallenmeister-Titels, sechs

Wochen später war er beim 1. FC Köln bereits Geschichte. Weil wieder mal so schnell kein Nachfolger zur Hand war, ließ der Verein den Assistenten Wolfgang Jerat wochenlang herumwurschteln, bis schließlich die Rettung nahte. Morten Olsen, das Idol von einst. Vorbildlich, geradlinig, untadelig. Bei Bröndby Kopenhagen hatte er sich bei seiner ersten Trainerstation mit Erfolgen im Uefa-Cup (schaltete Bayer Leverkusen aus und scheiterte erst im Halbfinale am AS Rom) einen Namen gemacht. Als es schon fast zu spät war, sagte der Däne zu. Der FC rettete sich erst durch ein Tor von Frank Greiner im vorletzten Spiel gegen den FC Schalke 04.

Schön wie Ajax

Der erste Teil des Abstiegsdramas der 90er-Jahre war jedoch schnell abgehakt. Neue Visionen machten die Runde am Geißbockheim. Morten Olsen gab zu erkennen, daß ihn der Fußball nur in seiner offensiven Variante reizte. Schönen Fußball wolle er, klärte der glänzende Theoretiker Olsen die Kölner auf und machte sich fix an die Umsetzung seines Plans. Zuhilfe kam ihm dabei ein zunächst eher suspekt anmutender Transfer. Auf den letzten Drücker, als die Vorbereitungsphase praktisch schon abgeschlossen war, präsentierte Olsen einen Österreicher, von dem man zwar schon irgend etwas gehört hatte, aber über den man eigentlich nichts genaues wußte. Aus der spanischen Liga, von Rayo Vallecano, dem Mini-Klub aus Madrid, kam Anton Polster, der Torjäger aus Österreich. Von nun an wurde zwar nicht alles besser beim FC, aber dafür lustiger. Und die Fans hatten ein neues Idol, was auch dringend notwendig war, denn Pierre Littbarski war mitten in den Abstiegswirren der Vorsaison nach Japan geflüchtet, weil ihm der Klub auf seine alten Tage kein überzeugendes Angebot gemacht hatte.

Aus der Ära Artzinger-Bolten war allein Geschäftsführer Wolfgang Schänzler übrig geblieben, der bis zu seinem endgültigen Abschied zwar nicht mehr so richtig viel bewegte, aber für eine Episode sorgte, die nicht fehlen darf in der Vita des 1. FC Köln und bis heute eine Sonderstellung einnimmt in der Geschichte der Schwänke des deutschen Fußballs. Im Hinspiel der Saison 1993/94 gegen Bayer Leverkusen sorgt Toni Polster zum erstenmal richtig für Aufsehen, indem er dem Brasilianer Paulo Sergio von hinten brutal in die Hacken tritt. „Dös wollt I ned, dös war a Versehen", beteuert der Wiener mit Unschuldsmiene. Dennoch sieht er die Rote Karte, vergißt aber immerhin nicht, dem Schiedsrichter, der ihm diese zeigte, noch „Grüße für die Frau Gemahlin" mit auf den Heimweg zu geben. Das DFB-Schiedsgericht befindet: vier Wochen Sperre. Der FC schäumt: Einspruch. Bewaffnet mit Videoaufzeichungen von diesem Vorgang fährt die Delegation um Schänzler nach Frankfurt, um mit viel Getöse eine Strafminderung zu erwirken. Das Gericht unter Vorsitz des ehrenwerten Richters Hanns Bär läßt den Raum verdunkeln, der Recorder beginnt zu summen, alles schaut andächtig auf die Leinwand. „Täräääää!!!" Den Anwesenden schlägt der Kölner Karneval entgegen. Die Bläck Fööss geben ein Potpourri ihrer Hits zum besten. Wolfgang Schänzler muß irgendwie zur falschen Kassette gegriffen haben. Die Sperre von Toni Polster erhöht sich zwangsläufig auf sechs Wochen. Die Fußball-Nation biegt sich vor Lachen. Der 1. FC Köln hat aufs Köstlichste alle Vorurteile bestätigt, die gegen ihn in Umlauf sind. Auf dem Rasen tut sich zunächst Erfreuliches. Die Spieler haben Olsens Pressing-System begriffen und landen stolze Siege gegen Spitzenteams wie Hamburg, Dortmund und Bremen. Drei Wochen vor Saisonende träumen alle vom Uefa-Cup. Dann geht der Mannschaft die Luft aus und sie landet auf Platz elf.

Die Enttäuschung ist groß, selbst in der Vereinsführung um Präsident Hartmann und den mittlerweile als Manager agierenden Ex-Internationalen Bernd Cullmann hatten alle an die Millionen aus dem internationalen Geschäft geglaubt. Stattdessen legte die Mannschaft eine Vorrunde hin, nach deren Abschluß sie wieder mitten im Abstiegssumpf steckte. Am Ende reichte es zwar noch bis zu Platz zehn, aber davon sprach bald kein Mensch mehr. Der Grund war der 11. April 1995. Der Tag, der zunächst in den Träumen und dann in den Alpträumen der FC-Fans eine Hauptrolle spielte. DFB-Pokal-Halbfinale gegen den VfL Wolfsburg. Als die Partie nach dem Sieg im Viertelfinale über den Karlsruher SC gezogen wurde, gellte ein Jubelschrei durchs Geißbockheim. Schon am nächsten Morgen klingelten die Telefone auf der Geschäftsstelle Sturm. 90 Prozent der Anrufer wollten bereits Karten fürs Finale bestellen. Die Euphorie war groß. Die dünnen Stimmen derer, die darauf hinwiesen, zunächst müsse Wolfsburg geschlagen werden, gingen unter im allgemeinen Stimmungshoch. Und dann verlor der 1. FC Köln am Abend dieses 11. April das Pokal-Halbfinale gegen Wolfsburg im Müngersdorfer Stadion mit 0:1. Das Tor für die Niedersachsen erzielte ein gewisser Siggi Reich.

Damit war das Schicksal des Fußball-Philosophen Morten Olsen besiegelt. Im Nachhinein muß der 100malige dänische Nationalspieler dafür dankbar sein, denn immerhin erhielt er eine Dreiviertelmillion Mark Abfindung und auf Umwegen seinen Traumjob bei Ajax Amsterdam.

Für die Planungskünste des 1. FC Köln spricht aber, daß man ihm zuvor noch die Freiheit gewährte, für sieben Millionen Mark ein Team nach seinem Geschmack zusammenzustellen. Eine zentrale Rolle spielte dabei der Nigerianer Sunday Oliseh, dessen Verpflichtung Olsen gegen den erkennbaren Willen des Managements durchsetzte.

Nach zwei Punktspielen und der Pokal-Niederlage gegen den Oberligisten Beckum war Olsen im Sommer 1995 weg. Danach begann die Leidenszeit des ehemaligen Nationalspielers Stephan Engels. Getreu dem Motto des FC: Wenn etwas nicht funktioniert, mach' einfach das Gegenteil davon. Über Nacht wurde Olsens schöne Philosophie über den Haufen geworfen, das Training geändert, die Basislehre des Fußballs gepredigt, strikte Manndeckung in allen Bereichen des Platzes befohlen und alles, was bis dahin galt, in Frage gestellt. Das erste Opfer dieser von den Medien beeinflußten Kehrtwende war ausgerechnet das Talent Oliseh, der sich mit seinen 20 Jahren ohne Ansprechpartner fand und in den Schmollwinkel zurückzog.

Letzter

Im November fand sich der 1. FC Köln erstmals seit Menschengedenken auf dem letzten Tabellenplatz, die Zeitungen forderten den Rücktritt des Verwaltungsmenschen Hartmann und Overath for president. Aber der zierte sich. Ja, nein, vielleicht. Schließlich zog der Alt-Nationalspieler die Notbremse und gab einen Absagegrund, dem keiner widersprechen konnte: die Familie. Die aufgebrachte Menge der FC-Mitglieder hätte Hartmann bei der Jahreshauptversammlung fast aus dem Saal geschrien, wenn nicht der damalige Kölner Oberstadtdirektor Lothar Ruschmeier vehement Recht und Ordnung eingefordert und die Menge mit dem Satz zum Schweigen gebracht hätte, es herrschten ja Verhältnisse wie auf Schalke. Schalke? Da erschrak der Kölner, gab Ruhe und entlastete den ungeliebten Präsidenten.

An der Situation im Verein änderte das freilich nichts. Zwei wundersame Siege in Bremen und gegen Rostock retteten den armen Trainer Engels mit seinem Kumpel Heinz Flohe als Assistenten über die Winterpause. Danach ging dann gar nichts mehr. Und am 1. April, als schon fast alles zu spät war, hielt schließlich mit breitem Grinsen und einer Vielzahl von forschen Sprüchen auf den Lippen der Retter Einzug – Peter Neururer. Wochenlang hatte sich Präsident Hartmann in der Ahnung gewunden, daß so kurz vor Saisonende kein brauchbarer Trainer mehr auf dem Markt war. Schließlich mußte er den Vorschlag der Presse aufgreifen und den Mann aus dem Ruhrgebiet einstellen.

Weil Neururer so etwas schon öfter gemacht hatte und innerlich bestens auf die Mission vorbereitet war – immerhin hatte er wochenlang die FC-Spiele in Erwartung des Unvermeidlichen als Zaungast verfolgt –, wußte er sofort, was zu tun war. Mithilfe einer anständigen Portion Glück und Zurschaustellung von Tatkraft gelang ihm, was wenige noch für möglich gehalten hatten: die Rettung. Anstelle des 1. FC Köln oder Bayer Leverkusen mußte der 1. FC Kaiserslautern absteigen. Die FC-Riege feierte freudetrunken den

1:0-Sieg im Rostocker Oststeestadion. Der Betzenberg versank in Tränen. Kein Mensch ahnte damals, wie die Welt nur zwei Jahre später aussehen sollte. Kaiserslautern Meister, FC abgestiegen. Nein, das konnte im Frühsommer 1996 keiner wissen.

Parallel dazu hatte der Verein vielleicht die letzte große Chance vergeben, die ihm den Absturz unter Umständen erspart hätte. Christoph Daum hatte aus dem fernen Istanbul, wo nach zwei Jahren sein Vertrag auslief, signalisiert, daß er unter gewissen Umständen bereit wäre, zum 1. FC Köln zurückzukehren. Ziemlich geräuschvoll, wie in Köln üblich, wurden Verhandlungen aufgenommen. Leider eilte unterdessen der Retter Nerururer von Sieg zu Sieg. Daum arbeitete auf 16 Seiten ein Papier aus, auf dem er seine Pläne zur Umstrukturierung des Vereines niederschrieb. Leider beinhalteten sie die Ablösung einer Vielzahl seit Jahren für den FC handelnden Personen. Irgendwie logisch, daß sich diese Personen, als ihnen das zu Ohren kam, zur Wehr zu setzen begannen. Schnell war Daums „Schwarze Liste“ der Hit der Boulevardzeitungen. Und als der Held von einst schließlich beim Abstiegsgipfel gegen Eintracht Frankfurt, den der FC mit 3:0 Toren gewann, auf der Tribüne gesichtet wurde, löste sich der schöne Plan der FC-Spitze in Luft auf. Daum registrierte, daß die Widerstände gegen ihn zu groß sein würden, daß bei seiner Rückkehr alte Rechnungen beglichen werden würden – und sagte dem 1. FC Köln kurzerhand ab.

Doch spätestens nach der Rettung schien das nur noch eine unglückliche Episode. In bester FC-Tradition wurde die Welt zu einem schönen Ort erklärt, an dem man eigentlich alles richtig gemacht habe. Keiner verstand das abermalige glückliche Überleben im Abstiegskampf als das, was es war: Als letzte Gnadenfrist des Fußball-Gottes, der von nun an nicht mehr gewillt war, die Arbeit für den 1. FC Köln ganz alleine zu tun. Und das Schicksal hörte nicht auf, den FC und seine Anhänger zu täuschen. Die Nichtabstiegs-Euphorie unter dem stets aufgedrehten Trainer Neururer hielt bis weit in die nächste Saison hinein an. Nach drei Siegen in Folge wollte es die Momentaufnahme der Statistik tatsächlich, daß der 1. FC Köln zum erstenmal seit vielen Jahren als Tabellenführer der

Fußball-Bundesliga dastand. Dabei waren die schlimmsten Konflikte längst offen ausgebrochen. Die übertriebenen Attacken des Trainers auf den Publikumsliebling Toni Polster, die Spaltung der Mannschaft in drei Fraktionen: hier die Gruppe der Abwehrspieler um Karsten Baumann, da die Gruppe der Ausländer um Dorinel Munteanu, dort die Sympathisanten von Polster. Und schließlich der Schock nach der 0:2-Heimniederlage gegen Hansa Rostock: In einer Nacht- und Nebel-Aktion wurde Bodo Illgner, der Weltmeister von 1990, das letzte Symbol für den Erfolg von einst, von Real Madrid für die festgeschriebene Summe von vier Millionen Mark aus seinem Vertrag herausgekauft.

Am Geißbockheim war die Stimmung wieder einmal explosiv. Keiner verstand, wie das Präsidium dem Ehepaar Illgner einen solchen Paragraphen, der den Verein zur Ohnmacht verurteilt, in den Vertrag zu diktieren erlaubte.

Neururers Glück war es, daß die Probleme in der Vorrunde noch nicht zu dem von vielen schon damals befürchteten Absturz führten. Dafür ging das Theater in der Rückrunde mit voller Wucht los. Der Fußball, den die Mannschaft bot, war nicht mehr mitanzusehen. Das Müngersdorfer Stadion wurde zum Selbstbedienungsladen für die Gäste. Den Höhepunkt bildete die 0:1-Niederlage gegen den FC St. Pauli, die nachweislich mit Abstand schwächste Mannschaft der Saison. Hinterher sang Toni Polster mit den Thekenschlampen beim traditionellen Treff der befreundeten Fan-Lager beider Klubs. Der Skandal war perfekt.

Kaufen, kaufen, kaufen

Das Präsidium Hartmann bewies nachdrücklich, daß es möglich ist, auch aus 1000 Fehlern nichts zu lernen. Längst waren die Zweifel an Neururer in allen Teilen des Vereins übermächtig geworden, die Mannschaft war im Prinzip längst auseinandergebrochen, doch die Verantwortlichen schoben die Entscheidung so lange vor sich her, bis sie wieder einmal an einem einzigen Spiel hing: Dem Derby gegen Bayer Leverkusen, bei dem der Rivale einen großen Schritt in Richtung deutsche Meisterschaft geplant hatte – mit Christoph Daum als Trainer. Keiner konnte ahnen, was für ein Kölner Freudentag das werden sollte. 4:0, dem Rivalen die Meisterschaft versaut, die rheinischen Verhältnisse zurechtgerückt. Alaaf. Da trifft man doch keine Trainerentscheidung. Neururer durfte weitermachen, während die Mannschaft immer schlechter wurde. Sunday Oliseh tat, was er die ganze Zeit tun wollte: Er folgte seinem Mentor Morten Olsen zu Ajax Amsterdam. Der FC kassierte sieben Millionen. Neue Spielchips für den Einsatz am großen Roulette-Tisch namens Transfermarkt. So ein Pech aber auch, daß wieder vorwiegend Nieten darunter waren. Vucevic, Rytchkov, Schuster, Tretschok – allenfalls der Ex-Dortmunder brachte das Team manchmal halbwegs weiter. Damit war auch bereits das Schicksal des im Juni eilig verpflichteten Sport-Direktors Carl-Heinz Rühl besiegelt. Zu viele Fehlentscheidungen, zu wenig Rückendeckung. Und obendrein ein öffentliches Mißtrauens-Verhältnis mit dem Trainer Neururer, der schon im Trainingslager mit flotten Sprüchen seinen Abgang vorbereitete.

Nach neun Spielen war es dann schließlich so weit. Nach dem 0:1 beim Tabellenletzten Hertha BSC Berlin führte kein Weg mehr am Trainerwechsel vorbei. Im Hintergrund dieser Aktion trat zum erstenmal der ehemalige Ford-Vorstandsvorsitzende Albert Caspers in Erscheinung. Er war anwesend, als mit Lorenz-Günter Köstner, bis dahin sportlicher Leiter des Zweitligisten Unterhaching, verhandelt wurde. Und er wurde Zeuge des speziellen Kölner Stils bei solchen Transaktionen. Für das Treffen mit Köstner wurde ein geheimer Ort, das Büro eines Freundes des Verwaltungsratsvorsitzenden Geimer, vereinbart. Leider vergaß man, den Vizepräsidenten Dr. Bernhard Worms zu unterrichten. Der lief dann im Geißbockheim wartenden Journalisten und Kamera-Teams in die Hände, die die Verzweiflung des Irrläufers dokumentierten. Ein letzter Lacher, der den FC-Fans allerdings im Halse stecken blieb.

Da in typisch kölscher Manier ein Extrem vom anderen abgelöst wurde, ging das ganze Unternehmen schließlich doch noch schief. Der Frohnatur Neururer, der nichts Menschliches fremd war, folgte der Tugendmensch Lorenz-Günter Köstner, der in seiner Bestürzung über den moralischen Zustand seiner Mannschaft öffentliche Diskussionen um Moral begann. Obwohl der Franke eigentlich vieles richtig machte, gelang es ihm nie wirklich, das kölsche Herz zu erobern. Daß ihm dann ein Erfolg, der sechs Wochen vor Saisonende eigentlich schon sicher schien, schließlich doch noch wie Sand durch die Hände glitt, war eine weitere ironische Pointe des Schicksals, das sich bitter am FC rächte. Was in den Jahren zuvor wie glückliche Fügung den Kölnern zuhilfe kam, trat nun in Form bitterer Ungerechtigkeit auf. Ein nicht gegebenes Tor hier, ein nicht gegebener Elfmeter da – und dann schließlich der Höhepunkt von Schalke mit dem obszönen Handspiel des Schalkers Held mit anschließender Not-Lüge. Und dann mußte es ja auch ausgerechnet Uwe Fuchs, der ehemalige FC-Stürmer, sein, der seinem Ex-Verein in Bielefeld mit zwei Toren beim 1:2 das Ende bereitete.

Der 9. Mai im Müngersdorfer Stadion war nicht mehr als eine gigantische Abstiegs-Party, bei der sich alle ihren Gefühlen, ihrer Trauer und ihrem Schicksal hingaben. Trotzig wurden Treueschwüre und der Aufbruch einer neuen Ära im Unterhaus verkündet. Aber die meisten Fragen blieben doch offen in der Mai-Hitze von Köln. „Ist das nicht der Tag, an dem der 2. Weltkrieg zuende ging?"

Elmar Wigand

Elf Spielerlegenden

„Ich bin ein Raubtier und der Ball ist die Beute."
Toni Schumacher

Als Trainer sammelte **Hennes Weisweiler** Pokale wie andere Briefmarken. Als Spieler geriet er schnell in Vergessenheit.

Der Klopper

Von allen legendären Fußballern des 1.FC Köln war Hennes Weisweiler derjenige mit den bescheidensten spielerischen Qualitäten. *„Ich war ein Klopper"*. Solche Leute stellte man zu allen Zeiten in die Abwehr. Trotz seiner Defizite auf dem Rasen war der 29jährige Lechenicher fester Bestandteil der hochtrabenden Pläne, die am 13. Februar 1948 zur Gründung des 1.FC Köln führten. Hennes Weisweiler konnte Fußball denken, auch wenn ihm seine eigenen Füße oft die praktische Umsetzung versagten. Er hatte Taktik, Technik, System und Stilistik auf seinem Schirm. Als Visionär des Spiels war er der Gegenpart zu Franz Kremer, der sich um die geschäftliche und organisatorische Seite kümmerte.

Beinahe wäre die Mannschaft bereits im ersten Jahr ihres Bestehens in die höchste Klasse, die Oberliga West, aufgestiegen. Sie scheiterte im entscheidenden Spiel mit 0:1an Rhenania Würselen, in deren Reihen der spätere Bundestrainer Jupp Derwall spielte. Und schlimmer noch: es kam während des Spiels zu einer schweren Verletzung mit tödlicher Folge. Hennes Weisweiler, der eisenharte Verteidiger, hatte einen Schädelbruch erlitten. Am folgenden Montag berichtete die „Neue Rhein-Zeitung" den entsetzten Lesern: „HENNES WEISWEILER TOT – Wir trauern um den sympathischen Sportler Hennes Weisweiler, der seinen schweren Verletzungen erlegen ist."

Es war eine Falschmeldung. Weisweiler lebte, er konnte nach drei Wochen das Krankenbett verlassen. Vielleicht ging damals eine Wandlung in seinem gebrochenen Schädel vor. In den fogenden Jahrzehnten hafteten ihm die verschiedensten Bezeichnungen an: schlauer Bauer, Meistermacher, Don Hennes, Fußballphilosoph, Sturkopf, eifersüchtiger Egomane... Das Adjektiv „sympathisch" aus der Todesanzeige kam bald niemandem mehr in den Sinn. Er hatte den Krieg überlebt als Flugabwehrschütze in Boltenhagen an der Ostseeküste und nun wäre er beinahe draufgegangen – drei Jahre nach dem großen Morden – auf einem Bolzplatz, für eine Sache, die damals so nebensächlich war wie nur irgendwas, für einen Club, der sich „der Erste" nannte und von allen belächelt wurde... und dann hatten sie ihn totgesagt. Die Todesanzeige hatte in Zukunft einen Ehrenplatz über seinem Bett. Hennes Weisweiler wurde ein Stehaufmännchen, wer ihn abschrieb, obwohl sein Herz noch schlug, der sollte einen schweren Fehler begehen. Er kehrte immer wieder zurück nach Köln und er kam als Eroberer.

Weisweiler wurde 1949 Spielertrainer der jungen Mannschaft. *„Selbstverständlich war das nicht. In der Mannschaft spielten mindestens fünf besser als ich. Darunter Hans Schäfer. Aber ich besaß offenbar mehr Durchsetzungsvermögen. Ich machte mir mehr Gedanken über Fußball. Ich entwickelte eigene Ideen. Zum Beispiel machte ich den Linksaußen Graf zum Verteidiger und entwickelte daraus eine spezielle Taktik. In einem anderen Spiel ließ ich mit Doppelstopper spielen. Das war damals eine absolute Neuheit. Die Mannschaft ak-*

zeptierte meine Ideen, und sie akzeptierte mich. Der Geißbock jedenfalls, den uns die Zirkusdirektorin Carola Williams bei der Karnavalsfeier des Klubs schenkte, wurde auf den Namen Hennes getauft. Ganz zünftig. Nachts um zwei, in der Unkelbach-Bar, wo wir alle unsere Siege feierten. Wir gossen der Geiß Sekt über die Hörner, fingen die Köttel im Kübel auf und seitdem heißt jeder neue Bock Hennes und der 1.FC Köln ist der Geißbock-Klub." Kult muß sein. Weisweiler wurde größer und größer. Im zweiten Anlauf gelang dem 1.FC Köln der Aufstieg in die Oberliga West mit zwei Siegen gegen Leverkusen. In der obersten Spielklasse hielt sich das Team unter Weisweiler stets im vorderen Tabellendrittel. Man war der erste Klub in der Stadt geworden, niemand lachte mehr über den 1.FC. Das Ziel, der erste Klub im Land zu werden, schien in weiter Ferne. 1952 zwang eine Leistenveletzung Hennes Weisweiler, seine Karriere als Fußballer zu beenden. Er gab damit auch seinen Trainerposten auf.

„Die Kölner und ich, wir hatten uns abgenutzt." Weisweiler war es leid, im Geißbockrudel hinter dem Leittier Franz Kremer herzutraben. Er wollte selber Alpha-Tierchen sein. Nicht nur am Spielfeldrand, sondern im ganzen Verein. Er ging zum Rheydter SV, bei Mönchengladbach, ohne großen Erfolg. Er hatte an der Kölner Sporthochschule bei Sepp Herberger seinen Trainerschein gemacht, hatte geglänzt, wurde die rechte Hand des Bundestrainers und bekam das unwiderstehliche Angebot, Assistent des Bundestrainers zu werden, was damals die Position des Kronprinzen des deutschen Fußballs war, des kommenden Königs. Eine große Ehre. Weisweiler hatte weder die Zeit, zu warten, bis Herberger ginge, noch hatte er Lust, sich unterzuordnen. Als er das Angebot ablehnte, hielten ihn viele für übergeschnappt.

Er kehrte 1955 zum 1.FC Köln zurück, wurde aber seinen Ansprüchen und denen des großen Bosses nicht gerecht. Er hatte hoch gepokert, hatte den Publikumsliebling und internationalen Superstar Tschik Cajkovski, dessen Verpflichtung in Köln gefeiert wurde, als bedeute sie bereits die Meisterschaft, abgesäbelt wie einen zu hoch gewachsenen Champignon. Er zwang den quirligen Techniker zu Deckungsaufgaben, ließ ihn schlecht aussehen und setzte ihn dann auf die Bank. So etwas kann ein Trainer nur machen, wenn der Erfolg ihm Recht gibt. Nach demselben Muster rasierte Weisweiler 20 Jahre später Overath und Flohe. 1958 reichte es nur zu einem zweiten Platz. Das war zu wenig. Danach ging er wieder und er sollte zu Lebzeiten Franz Kremers nur noch als Trainer gegnerischer Mannschaften das Müngersdorfer Stadion heimsuchen. Er wurde Trainer der rechtsrheinischen Viktoria aus Köln und scheiterte vorerst an seinem großen Plan, eine Mannschaft aufzubauen, die dem 1.FC Köln das Wasser reichen konnte. Kein einziger Sieg gelang ihm gegen den großen Rivalen von der anderen, der besseren Rheinseite, nur ein 2:2, ansonsten neun Niederlagen, mehrere von der ganz bösen Sorte. Weisweiler begann seinen alten Klub still zu hassen. Ein Sieg an diesem Ort wurde zum wichtigsten Saisonziel, zur persönlichen Angelegenheit für ihn und zur Vertrauensfrage an seine Mannschaft. 1963 war ihm sein Intim-Gegner in die neugegründete Bundesliga entwischt. Weisweiler war klar, daß seine Beziehung zu Viktoria ausgereizt war. 1964 wechselte er zu Borussia Mönchengladbach. Aus dem häßlichen Entlein wurde ein stolzer Schwan. 1965 gelang der Aufstieg in die Bundesliga. Zunächst erreichte die Borussia nur ein Remis und steckt eine Niederlage ein, dann begann die Zeit der Rache. Vier lange Jahre gelang dem FC kein Sieg mehr gegen Mönchengladbach. Weisweiler machte sein Team zur führenden deutschen Mannschaft neben Bayern München und wurde 1970, 1971 und 1975 deutscher Meister. 1973 schlug er den FC im DFB-Pokalendspiel, nachdem seine Borussia die Kölner zuvor aus dem Europapokal gekickt hatte. 1975 wurde Weisweiler UEFA-Pokalsieger. Der Mann wurde zu einem Kölner Trauma und viele verfluchten den Tag, an dem er dem Geißbock seinen Namen gegeben hatte.

Die Geschichte sollte ein glückliches Ende nehmen. Nachdem Don Hennes sich als Trainer des FC Barcelona (1975/76) vollkommen überschätzt hatte, kehrte der verlorene Sohn zurück an seinen Ursprung nach Köln. Wenn es um den Erfolg ging, kannte er kein Pardon. Im Laufe eines Jahres demontierte er Wolfgang Overath. Er machte ihn für die Unbeständigkeit des Teams verantwortlich, das zwar schön und gut spielte, aber in den letzten Jahren nicht einen einzigen Titel einsacken konnte. Er entfachte im Team eine neue Dynamik – junge, talentierte Spieler hatten bei ihm eine Chance, und brannten darauf, sich zu beweisen. Im zweiten Pokalendspiel 1977 gegen Hertha BSC setzte er Overath auf die Bank. Wieder pokerte er. Er hätte seinen Hut nehmen müssen, wenn der FC verloren hätte. Overath war die Inkarnation des kölschen Fußballs schlechthin, die Anhänger jaulten vor Schmerz, als er ihnen genommen wurde. Doch der FC gewann mit 1:0 und Weisweiler war im Recht. Die folgende Saison 1977/78 brachte den größten Triumph in der Vereinsgeschichte des 1. FC Köln, das Double – Meisterschaft und Pokal. Das Schlüsselerlebnis zum Erfolg war das Auswärtsspiel des FC gegen Borussia Mönchengladbach am 10. Spieltag. Die Geißböcke gewannen mit 5:2, sie gewannen weit mehr als zwei Punkte beim ewigen Rivalen. Von diesem Tag an hatten sie das Selbstvertrauen, deutscher Meister werden zu können.

Der Erfolg ließ sich nicht wiederholen. Es folgten zwei enttäuschende Saisons, in denen ein Neuaufbau der Mannschaft versucht wurde. Hennes Weisweiler nahm 1980 seinen Hut, um im Dollar-Paradies bei Cosmos New York etwas für die Finanzen zu tun. Natürlich demontierte er wieder einen großen Spielmacher, diesmal Giorgio Chinaglia, und verkrachte sich mit der Clubführung. Er wechselte zu den Grashoppers Zürich, gewann 1983 das Schweizer Double und dachte über eine Rückkehr in die Bundesliga nach.

Als er am 5. Juli 1983 starb, beerdigte ihn Köln wie einen König.

Er schenkte dem Verein den ersten Höhenflug Ende der 40er und die Titel Ende der 70er. Er verlieh dem Geißbock seinen Namen. Darüber hinaus begründete Hennes Weisweiler ein Motiv, das den 1.FC Köln durch seine Geschichte begleiten sollte: Das Motiv der ewigen Wiederkehr. Die Wiederkunft der verlorenen Söhne, die als Spieler die goldene Zeit erlebten und als Trainer – Heilsbringern gleich – gereift und welterfahren zurückkehren. Weisweiler war von Beginn an beides in einer Person: Spieler und Trainer.

Außer ihm kehrten wieder: Tschik Cajkovski, Georg Stollenwerk, Hannes Löhr, Stefan Engels, Morten Olsen, Bernd Schuster. Niemand konnte an seinen Erfolg heranreichen.

Seine Position war links. Doch den Keeper muß auch **Hans Schäfer** durch die Mitte tunneln.

De Knoll

„Von allen Linksaußen unter unseren Nationalspielern war Hans Schäfer der zielstrebigste", urteilte Bundestrainer Sepp Herberger. Schäfer galt als der beste Linksaußen der Weltmeisterschaft 1954. Damals feuerte er den wichtigsten Schuß in seinem Leben ab. Er ging nicht aufs Tor. Hans Schäfer gab im Endspiel die Vorlage zum entscheidenen 3:2 Siegtreffer durch Helmut Rahn. Die „BRD" gewann sensationell gegen Ungarn. Schäfer war der erste Superstar des 1. FC Köln und prägte dessen Stil von 1948 bis 1964. In 459 Spielen machte er 266 Tore für den FC. Er wurde fünfmal Westdeutscher Meister, zweimal Deutscher Meister, einmal Weltmeister.

Hans Schäfer steht für eine Epoche, die im ausgehenden 20.Jahrhundert kaum mehr vorstellbar erscheint. Für die Qualifikation zur WM 1954 mußten die bundesrepublikanischen Kicker beispielsweise gegen das Saarland antreten, das mit 3:0 und 3:1 geschlagen wurde. Wo mittlerweile Spieler Hunderttausende verdienen, die nicht im Traum in die Nähe irgendeiner Nationalelf kommen, lag die vom DFB festgesetzte Obergrenze für Vertragsspieler im ersten Bundesligajahr bei 1.200 DM im Monat. Nur Uwe Seeler und Hans Schäfer durften aus Anerkennung um ihren Beitrag zur Lage der Nation gnädigerweise 2.000 DM kassieren. Der Unterschied ist frappierend, doch er ist nicht ungerecht oder verrückt. Er ist real. Die Gesellschaft hat sich verändert.

Die Nazis zogen ihn zum Arbeitsdienst ein, kurz nachdem er seine Gesellenprüfung als Friseur ablegte. Seine Eltern hatten in Köln-Zollstock einen Friseursalon, er sollte ihnen folgen. Gegen Ende des Krieges, als 17jähriger, war er Flakhelfer. Permanente Luftangriffe verwandelten Köln in eine gespenstische Trümmerwüste, aus der schwarz und drohend der Dom ragte. Neben ihm die abgesoffenen Rheinbrücken.

Sie kickten in den Trümmern und Hans war der beste von ihnen. Fußball war nicht wichtig. Nach dem Krieg ging es um die wesentlichen Dinge: Ein Dach über dem Kopf und etwas zu essen. Hans Schäfer wechselte 1947 von Rot-Weiß Zollstock zum VfL Volkmarsen bei Kassel aus dem simplen Grund, weil es in dieser bäuerlichen Gegend viel, reichlich und deftig zu essen gab. Von diesem Luxus machte er ausgiebigen Gebrauch, so daß er gar überlegte, 1948 zu Fuß nach Kölle zu gehn, um wieder fit für den FC zu werden. Er hatte gemampft wie eine Landplage, glücklicherweise verlor er seinen Torhunger nicht.

In seiner ersten Saison für die Geißböcke gelang auf Anhieb der Aufstieg in die Oberliga West, welche seinerzeit die höchste Spielklasse war. Der FC spielte hier stets oben mit. Der 7. Platz 1955/56 war das schlechteste Resultat. Im Jahr zuvor wurde das Team Westdeutscher Meister. In den letzten vier Jahren der Oberliga West hieß der Tabellenerste stets 1. FC Köln. Als die Sache langweilig zu werden begann, wurde 1963 die Bundesliga gegründet. Der FC dominierte den westdeutschen Fußball und Hans Schäfer dominierte das Spiel des FC.

Er war ein gutaussehender Mann, athletisch, muskulös und dabei nicht vor Männlichkeit strotzend wie ein Ulf Kirsten. Vom Typ her war er ein Rock´n Roller, mit einer perfekten Entefottfrisur, einem Grübchen am Kinn, das dem des Cary Grant in nichts nachstand, und einem leicht schüchternen Gewinnerlächeln.

Hans Schäfer war kein „Rebell ohne Grund". Auf dem Platz konnte er sauer werden, explosiv und dickschädelig, was ihm den Namen „de Knoll" einbrachte, im Privatleben war er der wohlgeratene Sohn des Franz Kremer. Im Hause des allgewaltigen Clubpatriarchen wohnte Hans Schäfer lange Jahre. Kremer hielt seine schützende und vermögende Hand über ihn – Hans Schäfer dankte es durch druckvolles Offensivspiel. Er war nicht nur Goalgetter, er war auch konstruktiver Angriffspieler und vor allem übernahm er Verantwortung, weil er sich voll identifizierte mit dem Verein. Überall in Europa hätten sie sich die Finger geleckt nach diesem Stürmer. Er ließ es bei den Karrierestationen Zollstock, Volkmarsen, Köln bewenden.

1962 feierte der FC seinen ersten großen Triumph. Die deutsche Meisterschaft. Mit einem 4:0 besiegten die Geißböcke den 1.FC Nürnberg in Berlin. Der Jubel in Köln war nie größer.

Ein neuer Superstar begann Hans Schäfer in den Schatten zu stellen: Karl-Heinz Schnellinger, der als 19jähriger an der WM 1958 in Schweden teilgenommen hatte, danach zum 1.FC Köln wechselte. Botschafter einer neuen Epoche im Fußball, der erste Libero in der Nationalmannschaft. Bei der Wahl zum „Fußballer des Jahres" wurde er 1962 (nach der mißglückten WM in Chile) knapp vor Hans Schäfer gewählt. De Knoll ließ jedes staatsmännische Gespür vermissen. Bei der großen Feier im Geißbockheim vor hochrangigen Honoratioren brachte er es nicht fertig, seinem Teamkollegen Schnellinger zur Wahl zu gratulieren. Er saß schmollend zuhause, biß in ein Sofakissen und ließ sich von Franz Kremer entschuldigen. *„Und wenn Sie hier einen Spieler vermissen"*, so der Boß, *„dann beden-*

ken Sie bitte, daß Schäfer auch dort keinen Stein sitzen hat, wo andere ihr Herz haben.“

Karl-Heinz Schnellinger zieht es in die weite Welt. Er wird 1963 für die damals unvorstellbare Summe von 1,12 Mio. an den AS Rom verkauft. Bis 1973 bleibt er in Italien, wo er mit dem AC Milan acht Titel gewinnt (einmal Meister, dreimal Pokalsieger, dreimal Europapokalsieger, einmal Weltpokal). Schnellinger ist der erfolgreichste deutsche Spieler in Italien; er wurde im Herzen Italiener und wohnt auch nach seinem Karriereende in Mailand.

Dem nächsten Riesentalent, das seine Kreise stören konnte, macht Hans Schäfer großzügig Platz. Er führt den jungen Wolfgang Overath behutsam in die Mannschaft und wechselt gar für ihn seine Spielposition von halblinks auf halbrechts, was für einen ausgewiesenen Linksfuß kein Leichtes ist. Sie werden in der Saison 1963/64 erster und unangefochtener Bundesligameister.

Hans Schäfer beendet seine Laufbahn als Fußballspieler in der Saison 1964/65, durch die er sich mit ständigen Bänderdehnungsproblemen gequält hatte. Der Verein läßt ihn nicht hängen. Schäfer wird Assistent der erfolglosen Trainer Multhaup, Knöpfle und Merkle. 1967 stirbt Franz Kremer. Mit ihm sinkt auch der Stern des Hans Schäfer. Nach der Katastrophensaison 1968/69 wird sein Vertrag in beidseitigem Einverständnis nicht verlängert. Hans Schäfer will sich seinen Privatangelegenheiten widmen. Er hatte den Geschenkartikelhandel des Franz Kremer übernommen und eine Tankstelle erworben.

Ohne Fußball ich toter Mann

Drei Dinge werden der Nachwelt von der Saison 1997/98, in der dieses Buch entstanden ist, überliefert werden: 1. Die Meisterschaft des Aufsteigers aus Kaiserslautern. 2. Der Abstieg des 1. FC Köln nach 35jähriger Bundesligazugehörigkeit. 3. Die Schmährede des Signore Trappatoni auf die von ihm trainierten Bayernspieler. Der distinguierte Gentleman, der stets in feinem Mailänder Zwirn am Spielfeldrand erschien, trat plötzlich in ballonseidener Trainingshose und bedrucktem T-Shirt aus der Fan-Kollektion vor die Kameras und explodierte wie der Stromboli zu seinen besten Zeiten. *„Ein Trainer ist nicht ein Idiot! Ein Trainer sehen, was passieren in Platz. In diese Spiel es waren zwei, drei oder vier Spieler die waren schwach wie eine Flasche leer!... Struuunz! Strunz ist zwei Jahre hier, hat gespielt zehn Spiele, ist immer verletzt. Was erlauben Strunz?... Ich bin müde jetzt Vater diese Spieler, eh, verteidige immer diese Spieler!!... Ich habe fertig."*

Tschik Cajkovski ist der Mann, der diese Art zu reden in Deutschland populär gemacht hat, den Triumph des Temperaments, des Willens sich auszudrücken über die undurchschaubaren Regeln der deutschen Grammatik hinweg. Er machte sich nicht die Mühe, sprachliche Hürden zu überspringen, er fegte sie beiseite und entwickelte sein ureigenes Idiom, dessen Humor und Ausdruckskraft sich niemand entziehen konnte. Er war ein Clown, ein Lebemann, gewitzt und wendig. Als Spieler gehörte er in den 40er und 50er Jahren zu den berühmtesten der Welt, als Trainer wurde er einer der erfolgreichsten in Europa. Ob Spieler, Trainer, oder Entertainer, vor allen Dingen war Tschik Cajkovski eines: ein Kosmopolit, ein Weltbürger.

Zlatko Cajkovski war ein kleiner, quirliger Mensch und so nannten sie ihn Tschik, was Zigarettenstummel bedeutete. Er war Kroate, in Zagreb geboren, er wurde zum Fußballer bei HASK Zagreb von 1937-1940. Der Unterschied zwischen Serben und Kroaten bedeutete ihm nichts. Der Nationalismus, der Jugoslawien in den

Der Partisan **Tschik Cajkovski** nimmt 1952 die jugoslawische Pokaltrophäe entgegen.

90er Jahren zerstörte, muß ihm wie eine Krankheit erschienen sein. Nach dem Krieg wechselte er zu Partizan Belgrad und wurde zweimal Landesmeister (1947, 1949) und dreimal Pokalsieger (1947, 1952, 1954). 1946 feierte er in Belgrad sein Länderspieldebüt mit einem 4:2 gegen die Tschechoslowakei. Er wurde als Läufer im hinteren Mittelfeld zur zentralen Schaltstelle des Spiels, sowohl in der jugoslawischen Nationalelf als auch bei den Partisanen. Der große internationale Erfolg blieb ihm als Spieler versagt. Zweimal scheiterte sein Team im Endspiel des olympischen Fußballturniers: 1948 verloren sie in London mit 1:3 gegen die Schweiz und 1950 scheiterten sie in Helsinki mit 0:2 an der Übermannschaft der Nachkreigszeit aus Ungarn. Bei der WM 1954 spielte Tschik im Viertelfinale gegen Hans Schäfer, Deutschland gewann mit 2:0. *„Er überragte an Können seine Mitspieler um Längen, fand allerdings keine Chance, in den entscheidenden Runden mit seiner bissigen Abwehrarbeit und seinem ungeheuren Vorwärtsdrang als Außenläufer seine Mannschaft mitzureißen",* vermerkte ein Fußballbuch jener Zeit.

Fußballweltmeisterschaften sind immer auch Spielerbörsen. 1955 wechselte Tschik als 32jähriger zum 1.FC Köln – wo er zum Abschluß seiner Karriere noch einmal Großes leisten wollte. Leider traf er auf den Trainer Weisweiler, der zwar ein Händchen für junge Talente besaß, aber keine Stars neben sich ertragen konnte. Er konnte nicht haben andere Götter neben sich und war schon mit der Situation überfordert, daß ihm mit Franz Kremer ein uneingeschränkter Herrscher vorstand. Weisweiler verlangte von dem kleinen Wirbelwind knallharte Deckungsarbeit, die Neutralisierung des gegnerischen Spielmachers, und beschnitt ihm sämtliche offensiven Freiheiten, bis Cajkovski die Lust am Spiel verloren hatte. *„Tschik, dekken, Arschloch!",* waren Weisweilers Worte an einen Mann, der an guten Tagen mehrere Deckungsspieler des Gegners schwindelig spielen konnte. In seinen 3 Jahren beim 1.FC Köln kam der elegante Mittelfeldspieler nur 53 mal zum Einsatz. Er schoß ganze fünf Tore. Tief betrübt machte er sein letztes Spiel in der 2. Mannschaft des 1.FC Köln neben dem Stadion. Nicht mal für ein Abschiedsspiel hatte es gereicht am Ende dieser großen Fußballerkarriere.

Tschik sollte wiederkehren. Nebenbei hatte er das Trainerdiplom an der Kölner Sporthochschule erworben, wo er sich wiederum vom Dozenten Weisweiler triezen lassen mußte. Er ging auf Wanderschaft, trainierte die Mannschaft von Hapoel Haifa, bekam den Posten als israelischer Nationaltrainer angeboten, ließ sich in der Türkei von einem windigen, nicht liquiden Club namens Seker Hilal übers Ohr hauen und trainierte den DOS Utrecht. 1961 stand er wieder auf der Matte als Trainer des 1.FC Köln. *„Wenn wir mit ihm nicht Deutscher Meister werden, werden wir es mit keinem Trainer!"*, verkündete Franz Kremer, der nach drei Westdeutschen Meisterschaften und einem verlorenen Endspiel um die Deutsche Meisterschaft langsam nervös wurde. Es klappte. Mit 4:0 besiegte der FC 1962 den 1.FC Nürnberg. Im darauffolgenden Jahr gelangte das Team von Tschik Cajkovski wiederum ins Endspiel, wurde aber von Borussia Dortmund mit 1:3 geschlagen.

Cajkovski hatte Angebote aus aller Welt, er entschied sich für München, da seiner Frau Radmila, einer gefeierten Belgrader Sängerin, die Stadt so gut gefiel. Er formte die Bayern-Elf mit Sepp Maier, Franz Beckenbauer und seiner Entdeckung Gerd Müller, dem er seinen nom de guerre „kleines dickes Müller" verlieh. Sie wurden mit Tschik zweimal Pokalsieger (1966,1967) und einmal Europapokalsieger der Pokalsieger (1967). Wieder folgte eine Zeit der Wanderschaft mit den Stationen Hannover 96, Kickers Offenbach, Dinamo Zagreb und 1.FC Nürnberg, bis er im September 1973 erneut die Mannschaft des 1.FC Köln trainierte. Die hohen Erwartungen, die Köln an die heimgekehrte Legende stellte, konnte er nicht erfüllen, auch wenn die Mannschaft ganz passabel spielte. 1976 wurde er gefeuert. Sein alter Feind Weisweiler sollte in der folgenden Saison sein Nachfolger werden. Als Hennes Weisweiler 1978 mit dem 1.FC Köln das Double gewann, gelang Tschik Cajkovski selbiges mit AEK Athen. 14 Titel gewann er in seinem Leben. München wurde sein Altersruhesitz.

Die Diva

Wolfgang Overath ist eine Ikone. Die Einwohner Kölns, sofern sie ein kölsches Herz besitzen, das für den FC schlägt, sehen in ihm die gute alte Zeit. Er verkörperte auf dem Rasen vor allem Spielwitz. Er war ein Genie, das schön und überraschend agieren konnte. Auch fürs Auge und für die Fans, nicht nur nach dem Kalkül des Trainers. *„Ein Typ wie Schäfer bin ich nicht, ich versuche alles auf dem Spielfeld. Ich will Ruhe in unsere Elf bringen. Ich halte den Ball, ich suche nach den besten Möglichkeiten.“* Im Schachspiel wäre seine Figur die Dame, die Königin, die es zu schützen und zu unterstützen gilt, die nicht die Drecksarbeit macht, aber immer tödlich sein kann.

Er ist in seiner Rolle nicht überheblich geworden, wußte zu würdigen, was seine Kollegen für ihn taten. Die Offensivabteilung hat ihm seine punktgenauen Pässe gedankt, die Fans seine Bescheidenheit. Wie alle Kicker, die es schafften, das kölsche Publikum soweit zu begeistern, daß sie als Wesensgleiche eingebürgert wurden, war er emotional, konnte aufbrausen und sich hinreißen lassen, hat gemeckert und gezetert, angetrieben und geflucht. Den Älteren im Publikum klingelt seine Diskantstimme noch heute im Ohr.

Die kölsche Ikone Wolfgang Overath war eigentlich immer nur ein Siegburger, der Siegburger bleiben wollte. Nach Köln -in die große Stadt- fuhr er zum Training und zu den Spielen. Dann kamen die offiziellen Termine, die Empfänge und Treffen mit den wichtigen Leuten, die eine Ikone gern um sich haben, um sich in ihrem Glanz zu sonnen. Er selbst ließ sich herumreichen, genoß seinen Ruhm, um hernach zufrieden in seine kleine Welt zurückzukehren.

Er war die Lichtgestalt des rheinischen Fußballs; seine Karriere verlief parallel zu der Franz Beckenbauers. Mit ihm wurde er 1966 Vizeweltmeister, 1970 Dritter und als Höhepunkt seiner Karriere 1974 Weltmeister. Anders als Kaiser Franz widerstand er der Versuchung, seinen Mythos in der Rolle des Trainers oder Präsidenten

Der Spielmacher und Kapitän **Wolfgang Overath** bei der Arbeit, genervt von seinem Manndecker.

fortzusetzen. Dazu fehlte ihm das Zeug. In der Session 1984/85 war er Karnevalsprinz in Siegburg und das reichte ihm.

Wolfgang Overath wurde bereits in jungen Jahren entdeckt. 1957 spielte er als 13jähriger mit einer DFB-Jugendauswahl im Londoner Wembleystadion vor 100.000 Zuschauern. Daß sein Team damals mit 0:2 verlor, ist heute nebensächlich. 9 Jahre später sollte er das Wembleystadion wiedersehen in jenem legendären WM-Finale, das die deutsche Nationalmannschaft 4:2 verlor. Er galt als Riesentalent des deutschen Fußballs, ihm standen alle Türen offen. Karl-Heinz Heddergott, sein Entdecker, lud ihn regelmäßig zu Lehrgängen in die Sporthochschule Hennef. Als 18jähriger wechselte er vom SV Siegburg 04 zum 1.FC Köln. Er brach seine Schullaufbahn ab, denn *„die mittlere Reife reicht aus, um Geld zählen zu können"*, wie FC-Trainer Knöpfle richtig bemerkte.

Overath war kein Nachwuchstalent, das man auf gut Glück verpflichtete. Er war vorgesehen für die Rolle des Regisseurs und Spielmachers, die durch den Weggang von Karl-Heinz Schnellinger vakant wurde. Overath hat sich auf seinen Vorschußlorbeeren nicht ausgeruht und ist am Erwartungsdruck nicht zerbrochen. In seiner ersten Saison wurde er 1963/64 mit dem FC deutscher Meister in der neugegründeten Bundesliga. 1967 starb Franz Kremer, der Overath auch gegenüber dem DFB und der Nationalmannschaft protegierte. Overath weinte bitterlich. 1968 wurde der FC Pokalsieger im Endspiel gegen den Regionalligisten VfL Bochum. Dann stürzte der Verein ab. Overath spielte glücklos und mit ihm die gesamte Mannschaft, die zudem durch Ausfälle geschwächt war und im Umbruch steckte. Das wichtigste Tor seines Leben war das 1:0 gegen Nürnberg im Abstiegsendspiel der Saison 1968/69, das den FC auf die Siegerstraße brachte und das Rheinland vorläufig vor einem Fußballtrauma bewahrte. Bei einem Abstieg in die 2. Liga hätte Overath seine Heimat verlassen müssen. In seiner Not liebäugelte er gar mit einem Wechsel zu Alemania Aachen. Soweit kam es glücklicherweise nie.

Nach der triumphalen Meisterschaft 1964 und dem wenig beachteten Pokalsieg 1968 blieb ihm mit dem 1.FC Köln ein weiterer Erfolg verwehrt. Als die Geißböcke 1977 gegen Hertha BSC den DFB-Pokal gewannen, geschah dies bereits ohne ihn. Hennes Weisweiler hatte Overath im Endspiel nicht aufgestellt. Er verschrottete seinen Star zum Entsetzen vieler Fans. Overath beendete seine Karriere 1977, im darauffolgenden Jahr feierte der FC den größten Erfolg seiner Vereinsgeschichte. Meister und Pokalsieger. Nach dem letzten Spieltag der Saison, am Tag des Sieges in St. Pauli, trat Wolfgang Overath im aktuellen Sportstudio auf. Er gab zu bedenken, daß der FC mit ihm die Meisterschaft viel souveräner hätte gewinnen können. *„Das zu beweisen, dazu hatte er 13 Jahre Zeit“,* entgegnete Hennes Weisweiler trotzig. Irgendwie hatte er damit Recht.

Der Rächer

Wenn Wolfgang Overath die Rolle der Dame spielte im Rasenschach des 1.FC Köln, dann war Heinz Simmet ein Läufer, manchmal ein Bauer. Er rackerte sich unermüdlich ab, opferte sich geradezu auf. Overath übernahm keine Deckungsaufgaben, die seine Inspiration fürs Offensive trüben konnten. Die entstehenden Lücken mußten gestopft werden. War das Team in Ballbesitz, mußte man der Nummer 10 die Räume öffnen, Gegenspieler ablenken und vom Leib halten. Der Gedankengang, den FC auszuschalten, indem Overath ausgeschaltet wurde, war naheliegend und simpel. Hier lag die Achillesferse eines Spielkonzeptes, das auf einen genialen Regisseur zugeschnitten war. Oft versuchten ihn die Gegenspieler durch rüdes Einsteigen und Foulspiel einzuschüchtern. Dann riefen die Fans nach einem Rächer. Für all diese Aufgaben stand Heinz Simmet auf dem Platz. Staubsauger, Wasserträger und Rächer. *„Ohne mich hätte der Overath nicht so glänzen können und das wußte er auch."*

Simmet war die Zuverlässigkeit in Person. Zehn lange Jahre (vom 14. 10. 1967 bis zum 3. 12. 1977) stand er ununterbrochen im Aufgebot des 1.FC Köln. Mit 289 Bundesligaspielen in Folge hält er den Rekord für einen Feldspieler.

Heinz Flohe, der Dritte im FC-Mittelfeld, wurde Nationalspieler. Auch er unterstützte den Spielmacher, jedoch als kongenialer Partner, ebenfalls mit Offensivdrang. Heinz Simmet spielte trotz seiner unverzichtbaren Qualitäten nie für Deutschland. Seine Rolle birgt eine gewisse Tragik. Einen wie ihn vergißt man oft. Im Fußball zählen die Tore. Es stehen diejenigen im Rampenlicht, die Tore schießen, die Tore vorbereiten und die Tore verhindern. Heinz Simmet hatte anderes zu tun. Er traf in seinen 472 Bundesligaspielen für den FC nur 48 mal.

Das Fußballspielen beginnt er im Saarland beim SV Holz. Damals ist er Mittelstürmer, was rückblickend wunderlich erscheint. Die Bundesligakarriere des Heinz Simmet startet mit drei Pleiten.

Heinz Simmet vor dem gegnerischen Tor? Und das im legendären Pokalendspiel 73? Im Mittelfeld scheint Ruhe und Ordnung zu herrschen.

Fast scheint es, als klebe ihm das Pech am Stiefel. Er wechselt 1963 zu Borussia Neunkirchen, mit denen er 1964 in die Bundesliga aufsteigt, sich ein Jahr hält, um 1966 wieder abzusteigen. Er geht zu Rot-Weiß Essen – und steigt 1967 direkt nocheinmal ab. An ihm wird es nicht gelegen haben, denn sowohl Borussia Mönchengladbach als auch der FC bemühen sich um ihn. Er wechselt zur Saison 1967/68 zum 1.FC Köln und was geschieht mit dem Renommierclub? Ein Jahr später spielt er gegen den Abstieg. Am vorletzten Spieltag schießt Simmet ein Eigentor zum 1:1 bei Alemania Aachen. Ohne diesen faux pas wäre der FC gerettet gewesen – so kommt es zu dem Nervenkrieg gegen Nürnberg am letzten Spieltag, der bekanntlich gewonnen wird. Seitdem ist es für Simmet vorbei mit dem Gezittere. Die wichtigen Spiele verliert der FC fortan im Titelkampf. Masern, Windpocken und Röteln. Heinz Simmet hat als junger Spieler den Abstiegskampf durchgestanden wie Kinderkrankheiten, die hart sind, aber wichtig, um das Immunsystem zu stärken.

1977 wird er Pokalsieger, 1978 steht er in der Mannschaft, die das Double schafft. Danach dankt er ab. Das alte Dreigestirn, in dem er groß wurde, ist nicht mehr. Overath wurde vom Trainer demontiert, Heinz Flohe wird dasselbe Schicksal erleiden, junge Talente stehen in den Startlöchern. Heinz Simmet findet den richtigen Zeitpunkt zum Absprung aus dem Profigeschäft.

Er hängt noch ein paar Jahre als Amateur hintendran. Zunächst für Blau-Weiß Köln und dann für Frechen 20, mit denen er den Aufstieg in die Oberliga schafft. Warum tut er das? Aus Spaß am Fußball? Vielleicht ist der Grund, daß er in Frechen endlich einmal sein darf, was er nie sein durfte, aber immer sein wollte: der Spielmacher.

Der Bulle

Franz Kremer und Tschik Cajkovski, Präsident und Trainer des 1.FC Köln, waren auf Talentsuche im Umland. Sie beobachteten im Jahre 1962 das Spiel der Kreisauswahl Köln gegen die Auswahl des Rhein-Sieg-Kreises. Ihr Augenmerk galt dem Siegburger Wolfgang Overath, hochgelobt als Spitzentechniker und Jugendnationalspieler. An jenem Tag jedoch ging ihr Wunderknabe unter. Sein Gegenspieler, mit Namen Wolfgang Weber, meldete ihn vollkommen ab und schoß zu allem Überfluß zwei Tore für die Kölner Auswahl. So kam es, daß 1962 zwei Wolfgänge beim 1.FC Köln landeten, die in den kommenden Jahren auf ihrer Position zu absoluter Weltklasse reifen sollten: Overath als Mittelfeldregisseur und Weber als athletischer Verteidiger moderner Prägung. Er war vielleicht der beste deutsche Vorstopper der 60er Jahre, muskulös, kraftvoll und kämpferisch. 14 Jahre lang war er der Pfeiler, auf den sich eine solide FC-Abwehr stützen konnte. Der gegnerische Mittelstürmer war bei ihm stets in besten Händen. Und Weber hatte Fähigkeiten, die ihn aus dem Gros der deutschen Verteidigergilde heraushoben. Er konnte mit dem Ball umgehen. Er war ein Techniker, der auch als Mittelfeldspieler hätte bestehen können. Weber besaß Offensivdrang und ermöglichte dem Team ein schnelles Umschalten von Abwehr auf Angriff.

Zwei Spiele, beide gegen englische Teams, machten ihn berühmt.

1965 trat er mit dem 1.FC Köln im Viertelfinale des Europapokals der Landesmeister gegen den FC Liverpool an. Hinspiel und Rückspiel endeten 0:0, so daß es zu einer dritten und entscheidenden Partie auf neutralem Boden kam, die am 23. März 1965 in Rotterdam ausgetragen wurde. Die erste Halbzeit wurde zum Fiasko. Kurz hintereinander gelangen den Briten zwei Tore. Wolfgang Weber wurde schwer gefoult und humpelte über das Feld wie ein einbeiniger Pirat. Erst ab 1967 war der Weltfußballverband so gnädig, Verletzten eine Auswechslung zu erlauben. Bis dahin mußten sie

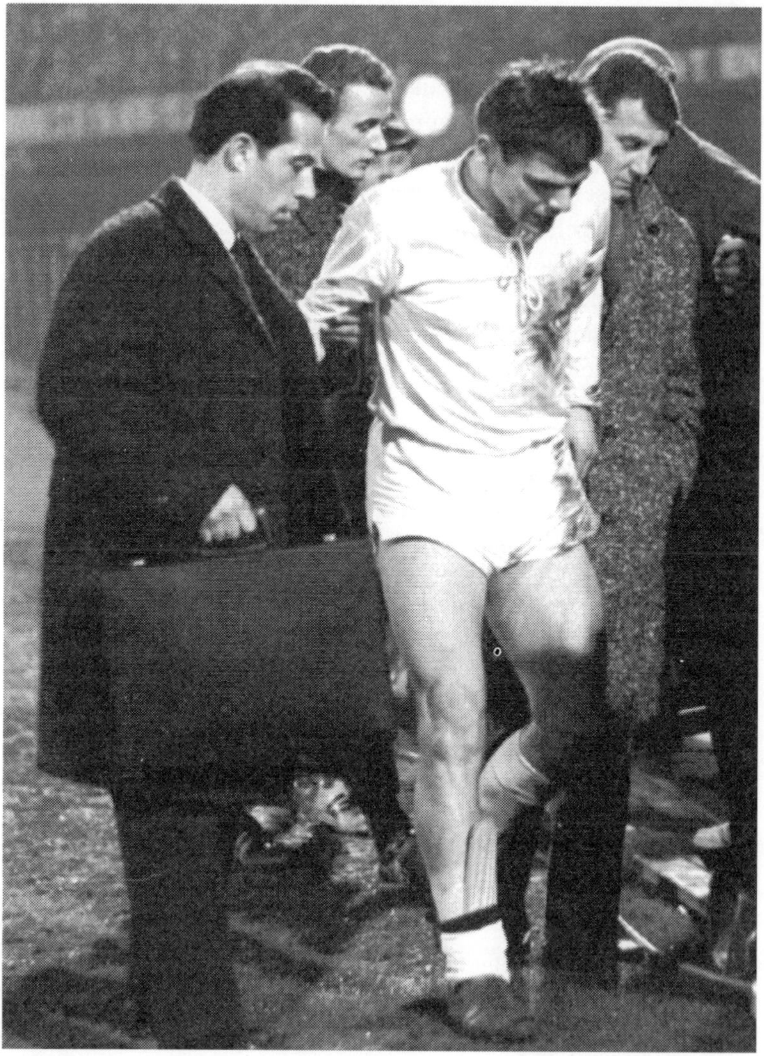

Besser als Rico Steinmann. **Wolfgang Weber** mit gebrochenem Wadenbein.

sich durch die Zeit quälen, oder das Feld verlassen, die Mannschaft dezimieren und sich wegen ihrer Weinerlichkeit schämen. Weber hielt durch. Kurz vor der Pause fiel der wichtige Anschlußtreffer für den FC. In der Kabine wurde Webers Gesundheitszustand einer kurzen Prüfung unterzogen. Er sollte von seiner Liege springen, um zu sehen, ob sein Bein belastbar wäre. Er tat es, lief kalkweiß an, anstelle eines gellenden Aufschreis drang nur ein unterdrücktes Gurgeln aus den Tiefen seiner Kehle. Er war also fit. In der zweiten Halbzeit und der darauffolgenden Verlängerung brillierte er weiter vor Millionenpublikum in der Rolle des Piraten mit Holzbein. Er war kaum zu gebrauchen, schlich am Spielfeldrand herum, fungierte dann und wann als Anspielstation, trennte sogar mal einen Gegner vom Ball. Die Liverpooler schienen ihn bald vergessen zu haben und beinahe hätte er noch ein Tor geschossen. Der FC hatte in seiner Geschichte viele unfähige Spieler, die in körperlicher Bestform ähnliche Leistungen ablieferten. Wir denken an Zézé, Vincent Mennie, Rico Steinmann, Bodo Schmidt und wie sie alle hießen. Im Unterschied zu ihnen hatte Wolfgang Weber einen Wadenbeinbruch erlitten. Er spielte fast 90 Minuten – ab der Mitte der ersten Halbzeit bis zum Ende der Verlängerung – mit einem gebrochenen Wadenbein und tat dies mannschaftsdienlicher als so manche der Gurken, die schon in einem Trikot mit Geißbockwappen zu sehen waren. Was für ein Kerl. Kannte er keinen Schmerz? Ignorierte er seinen Körper bis an die Grenze zur Selbstverstümmelung oder spielte er in Trance an jenem Tag?

(Nebenbei: Das Spiel wurde durch einen Münzwurf entschieden. Köln verlor.)

1966 stand er mit der deutschen Nationalelf im WM-Endspiel gegen England, das im Londoner Wembley-Stadion über die Bühne ging. Wieder wartete eine Niederlage auf das Team, in dem Wolfgang Weber wirkte. Bis zur 90. Minute stand es 2:1 für England, als Weber sich eine zeitweilige Verwirrung im Strafraum der Briten zunutze machte und das Leder Sekunden vor Schluß einschoß. Ein Jubeln, das die Wände wackeln ließ, hallte durch die Straßen der Republik. In der Verlängerung fiel das berühmte Wembley-Tor. Geoff

Hurst hatte abgezogen. Der Ball sprang von der Latte des deutschen Kastens in Richtung der Torlinie und titschte irgendwo vor, hinter oder neben dem gekalkten Strich auf. Wolfgang Weber war derjenige, der den Ball aus dem Strafraum köpfte. Vergebens. Der Schiedsrichter erkannte auf Tor für die Engländer, die im Laufe der Verlängerung noch auf 4:2 erhöhen konnten.

So kam es, daß Wolfgang Weber in seiner Karriere nur zwei Titel erringen konnte: Er wurde mit dem FC in der ersten Bundesligasaison 1963/64 deutscher Meister und 1968 Pokalsieger. Vize-Titel zählen nicht. Im WM-Turnier 1970 wurde er lediglich im Spiel um den dritten Platz gegen Uruguay eingesetzt, das 1:0 gewonnen wurde, aber wen interessierte dieses Placebo-Endspiel? Für den WM-Kader 1974 wurde Weber von Bundestrainer Helmut Schön nicht mehr berücksichtigt.

Beide Geißbock-Wolfgänge beendeten 1977 ihre Kickerlaufbahn. Weber litt unter einer Herzmuskelentzündung, Overath litt unter Weisweiler. Weber wurde Weisweilers Trainer-Assistent in der Saison 1977/78. Als damals jüngster Trainer in der Geschichte der Bundesliga übernahm er 1978/79 im Alter von 33 Jahren die Mannschaft von Werder Bremen. Er hatte keinen Erfolg und verlor den Job bereits nach einem Jahr. Fortan verdingte er sich als Repräsentant einer marktführenden Sportartikelfirma – genau wie, na wer wohl? Sein Freund Wolfgang Overath.

Wolfgang Weber bestritt 469 Spiele für den 1.FC Köln und schoß 32 Tore. 53 mal spielte er in der deutschen Nationalmannschaft.

Cassius

Der Bonner Verteiler, ein zweispuriger Kreisverkehr, ist Kölns Tor in den Süden.

Hier treffen sich die Bonner Straße und der Militärring; es geht zu den Autobahnen ins Rhein/Main-Gebiet und nach Stuttgart.

Hier trafen sich am 4. Juni 1971 um 18 Uhr auf dem Parkplatz neben der Tankstelle der Kölner Torhüter Manfred Manglitz und der Früchteverkäufer Horst Gregorio Cañellas, Präsident der Offenbacher Kickers. Es ging um Geschäftliches. Der letzte Spieltag der Saison 1970/71, das Heimspiel des 1.FC Köln gegen die Offenbacher Kickers am folgenden Tag. Manglitz fuhr in seinem mittelblauen Mercedes 250 CE vor. Der andere bevorzugte den 250er SE. Sein Kennzeichen: F für Frankfurt – CA für Cañellas und die 70 für das Jahr, in dem die Offenbacher Kickers als Regionalligist den DFB-Pokal gewannen – im Finale gegen den 1.FC Köln. 2:1. Cañellas fühlte sich damals wie der König von Fußballdeutschland und Manglitz... er hatte zwei dumme Treffer kassiert. Zwei saudumme Treffer.

Jetzt, am Ende der Saison 1970/71, stand beiden das Wasser bis zum Hals. Für die Kickers und ihren Präsi drohte das große Abenteuer Bundesliga postwendend beendet zu sein. Sie standen im Keller und lieferten sich erbitterte Fernduelle mit Rot-Weiß Oberhausen und Arminia Bielefeld, die gleichfalls würdige Abstiegskandidaten waren. Diese Duelle wurden nur zum Teil samstags zwischen 15.30 und 17.15 Uhr auf einer Fußballwiese ausgetragen. Hinter den Kulissen bestimmten die Zahlungskräftigkeit der Präsidenten und ihr Verhandlungsgeschick die Resultate. Arminia Bielefeld soll sich Siege gegen den VfB Stuttgart und Hertha BSC Berlin gekauft haben. Verbürgt ist die Bestechung im Spiel gegen Schalke 04. Die Offenbacher Kickers kauften sich ebenfalls Schalke 04 und wer weiß wen noch. Rot-Weiß Oberhausen hatte Schalke 04 – wohl für jeden zu haben – mit 4:1 geschlagen und am darauffolgenden Spieltag dem Kölner Torwart Manglitz die Schmach einer 2:4 Heimnieder-

Wird **Manfred Manglitz** diesen Ball halten? Weber schwant Böses.

lage des 1.FC mit 30.000 DM versüßt. Sie starteten zu einer atemberaubenden Serie und schlugen des weiteren Werder Bremen am vorletzten Spieltag mit 3:0, was auch manchem Werderspieler den Wunsch nach einer größeren Limousine als realistisch erscheinen ließ. Im Abstiegspoker mit gezinkten Karten hatten Bielefeld und Oberhausen die ersten Runden gewonnen. Nun mußten die Offenbacher nachlegen. Am letzten Spieltag hieß ihr Gegner 1.FC Köln. Nur ein Sieg würde sie retten, am 5. Juni im Müngersdorfer Stadion, ein Sieg und ein schönes Sümmchen für den Kölner Keeper.

Manfred Manglitz hatte bereits einen dicken Mercedes. Er wollte mehr. Der FC dümpelte im gesicherten Mittelfeld – nichts zu gewinnen und nichts zu verlieren in sportlicher Hinsicht. Was sprach also dagegen, eine eigene Rechnung aufzumachen? Am 31. Spieltag unterlag der 1.FC den Bayern mit 7:0. Auch die Münchner wurden Ende der Saison mit Korruptionsvorwürfen konfrontiert, die sich jedoch nicht gerichtsverwertbar erhärten ließen. Für Manglitz, immerhin Torhüter des Jahres 1970, war diese Packung mindestens rufschädigend. Jupp Müller, Sportredakteur des Kölner Stadt-Anzeiger, roch die Lunte: *„Das deklassierende, blamable, unverständliche 0:7 von München wird ganz automatisch den Gerüchten Nahrung geben, der 1.FC Köln habe dem FC Bayern trotz aller gegenteiligen Beteuerungen den Weg zur deutschen Meisterschaft ebnen wollen...ein Fehler der Primitiv-Kategorie ermöglichte dem Gegner das Führungstor. Thielens Kopfball ins eigene Netz! Warum blieb Torwart Manglitz nicht auf der Linie? Der nächste Fehler kommt bestimmt, kündigte ein Tribünennachbar an. Der Fehler kam, und wieder produziert von Thielen... Zwei Sekunden später 2:0 durch Kopfball des FC-Bayern-Abwehrspielers Breitner. Wo waren die Manglitz-Fäuste?“* Als der FC eine Woche später zuhause von Oberhausen mit 2:4 geschlagen wurde, die sechste Niederlage in Folge, sank die Stimmung in der Anhängerschaft auf den Nullpnkt. Manglitz pokerte weiter. Zum einen war er nun erpreßbar, denn die Schieberszene hinter den Kulissen wußte um seine Rolle im Spiel gegen Oberhausen, zum anderen konnte man die Abstiegskandidaten gegeneinander ausspielen und den Preis in die Höhe treiben. Der Druck der Öffentlichkeit, der auf der Kölner Mannschaft lastete, erschwerte jedoch das private Schicksalsspiel des Manfred Manglitz. Er forderte nun 100.000 DM für das letzte Saisonspiel gegen Offenbach. 50.000 in der Pause an seine Braut, 50.000 nach dem Spiel. Er behauptete, die Spieler Thielen, Biskup, Rupp, Simmet und Flohe seien Mitwisser. Nur Wolfgang Overath habe sich fürchterlich aufgeregt, sei außerdem von einem Spielervermittler gewarnt worden.

Manglitz hatte sein Blatt überreizt und konnte sich keiner Rükkendeckung aus der Mannschaft sicher sein. Er bat Trainer Ocwirk, ihn am letzten Spieltag nicht aufzustellen. Stattdessen sollte Ersatzkeeper Soskic zum Zuge kommen, was er Cañellas wiederum als gelungenen Coup verkaufen wollte. *„Normal kann Ihnen nichts Besseres passieren. Der Soskic hat in den letzten zwei Jahren zweimal gespielt.“* Statt zu passen, bluffte er um so dreister.

Die Geschichte platzte wie eine überreife Eiterbeule. Der 1.FC Köln – mit Soskic im Tor – schlug die Offenbacher Kickers mit 4:2. Rot-Weiß Oberhausen gelang ein manipuliertes 1:1 gegen Eintracht Braunschweig, was die Ruhrpötter auf den damals noch rettenden drittletzten Tabelleplatz beförderte. Die Kickers stiegen ab. Einen Tag später, am Sonntag, den 6. Juni 1971 wurde Horst Gregorio Cañellas 50 Jahre alt. Die Geburtstagsparty sollte eine besondere werden. Cañellas spielte den baß erstaunten Gästen Tonbandmitschnitte von Telefonaten mit Manglitz und dem Berliner Spieler Wild vor, die Spielmanipulationen bewiesen. Der Schampus wurde schal und die Käsehäppchen schmeckten ranzig. Cañellas beging öffentliches Harakiri mit Pressekonferenz, Bild-Zeitung etc. Der Skandal zog Tag für Tag weitere Kreise. Geständnisse, Denunziationen, Durchsuchungen. Bielefeld mußte nach der folgenden Saison zwangsabsteigen, während Rot-Weiß Oberhausen den Lizenzverlust höchst überraschend mangels Beweisen abwenden konnte. Zahlreiche Spieler wurden bestraft, darunter fast die gesamte Schalker Mannschaft. Zum Hauptangeklagten wurde Manfred Manglitz, der mit lebenslangem Spielverbot belegt wurde. Der Ruf der Bundesliga war zerstört und die sportliche Karriere einer ihrer begabtesten Torhüter jäh beendet.

Seine Karriere als gewiefter Geschäftsmann führte Manfred Manglitz fort. Er kaufte die Kölner Diskotheken „Old London“ und „Ex“. Auch seine Kontakte ins halbseidene Milljöh schienen nicht abzureißen. Anfang 1982 wurde er von zwei Unbekannten in einem Lokal zusammengeschlagen, sein altes Feuerwehrauto – Werbeträger für seine Diskos – wurde mit Benzin übergossen und brannte völlig aus. Aus seiner Wohnung wurden ihm Teppiche im Wert von 200.000 DM gestohlen. Bestimmt war er versichert.

Manglitz übersiedelte im Mai 1982 nach Villajoyosa bei Alicante, wo er eine Penthousewohnung und ein Grill-Restaurant erwarb.

Zwei Monate später spielte die deutsche Nationalelf im gar nicht so fernen Sevilla. Manfred lud Freunde zum Essen. Bei saftigen Steaks und schwerem Rioja verfolgte man das WM-Halbfinale gegen Frankreich im Fernsehen. Er war ganz der Alte. Cassius, das Großmaul, wie er beim FC stets geheißen hatte, kommentierte das Geschehen. Ein kölscher Schwades, dem man seine Sprüche nicht übelnehmen konnte, ein blendender Gastgeber. Je länger das Spiel dauerte, um so stiller wurde er. Das Foul an Battiston, die Aufholjagd wie im Rausch, Klaus Fischers Fallrückzieher. Elfmeterschießen. Der Mann des Abends hieß Toni Schumacher. Das war kein Fußball mehr. So ein Spiel hatten Manfreds Gäste noch nicht gesehen. Er schon, aber wen interessierte das noch... Er dachte an das Viertelfinale der WM 1970 in Mexiko. Das Jahrhundertspiel. Deutschland – Italien 3:4. Er war dabei. Er hätte damals im Tor stehen sollen, so war die Abmachung, doch er saß auf der Bank. Keine Chance beim Trainer. Stattdessen Sepp Maier, dieser Depp. Vier Dinger fing er sich. Zwei davon hätte ich mit Sicherheit gehalten, dachte Manfred Manglitz, und dann wäre ich die Nummer 1 gewesen. Dann wäre ich Weltmeister geworden, denn ich war der Beste, ich war der Größte.

In dieser Nacht blieb er schlaflos und es lag nicht am Rioja, daß er in sein Kissen weinte, der große Junge vom Lenauplatz in Ehrenfeld.

One day he could have been the champion of the world.

Toni Schumacher schwor allein auf die prickelnde Frische des Erfolgs. Seine Frisur hieß Vokuhila – vorne kurz, hinten lang. Sein Geheimnis – Doppeldusch.

Und im Tor da steht d'r Tünn

„Ich war gebaut wie eine Coca-Cola-Flasche." Vielleicht waren seine X-Beine der Grund dafür, daß Harald Schumacher schon als Kind ins Tor gestellt wurde. Selbst als FC-Keeper der 70er Jahre wurde er noch wegen seines Körperbaus belächelt. Doch einen Menschen mit seiner sturen Verbissenheit und seinem beinahe krankhaften Ehrgeiz konnten Hänseleien über seine leicht tollpatschig wirkende Erscheinung nicht vom Weg abbringen. Schumacher ist an seinen Widerständen gewachsen. *„Ich habe nie akzeptiert, daß einige von Geburt an nicht auf der Sonnenseite, sondern im Dauerregen stehen sollen."*

Im Laufe seiner Karriere brach er sich alle Finger einer jeden Hand, zweimal das Nasenbein, drei Rippen. Hinzu kamen doppelt gerissene Kreuz-und Außenbänder im Knie, fünf Gehirnerschütterungen. *„Ich bin ein Raubtier und der Ball ist die Beute"* hat er gesagt und sein Territorium, den Strafraum, mit allen notwendigen Mitteln verteidigt.

1972 kam er als 19jähriger Jugendnationalspieler aus Düren zum 1.FC Köln. Damals rieten einem die Eltern noch, lieber eine Lehre zu machen, bevor man sich solch ungewissen Dingen wie dem Fußball zuwandte. Harald wurde Kupferschmied. Im Sommer 1972 gings ins Trainingslager nach Mexiko, wo ganz lapidar die Reinkarnation des Toni Schumacher vollzogen wurde. *„Einen Harald haben wir schon – den Konopka. Und wer Schumacher heißt und beim FC im Tor steht, kann nur der Toni sein"*, soll Heinz Simmet gesagt haben. Nur wenige ahnten, daß weitaus mehr aus ihm werden sollte als die Wiederauferstehung des „Helden von Liverpool", des Toni Schumacher, der von 1964 bis 1966 Keeper des FC war. Am 8. September 1973 machte Toni Schumacher II. sein erstes Bundesligaspiel. Gerd Welz, die bisherige Nummer eins, hatte sich veletzt. Am Ende stand es 2:2 im Heimspiel gegen den VFL Bochum. Noch konnte er sich nicht durchsetzen und mußte nach vier Spielen seinem wiedergenesenen Vorgänger weichen. Erst ab dem Ende der Saison 1973/74 war der Mann mit den X-Beinen die erste Wahl für den Platz zwischen den Pfosten.

Er hatte seinen Stammplatz, doch er hat nicht begeistert. Seine Wandlung vom sicheren Rückhalt, vom korrekten aber nicht überragenden Mannschaftsspieler zum Charakterdarsteller vollzog sich im Sommer 1977. Der neue Trainer Hennes Weisweiler war nicht zum FC gewechselt, um sich mit dem Erreichen eines UEFA-Cup-Platzes zufriedenzugeben. Er wollte die Meisterschaft und er wußte, daß es dafür einen Keeper brauchen würde, der auch unmögliche Bälle halten kann, gegnerischen Stürmern Respekt einflößt, der eigenen Abwehr Sicherheit verleiht, sie dirigiert, zur Not zusammenstaucht. *„Schafft mir diesen Schumacher vom Hals!"*, war seine Order und im Sommer 1977 nahm der FC Verhandlungen mit einem alten Angstgegner auf: Norbert Nigbur. Er war in Köln zur Legende geworden, als er in einem der spannendendsten Fußballspiele des Jahrzehnts, im Pokalhalbfinale gegen Schalke 04 im Juni 1972, zum Matchwinner geworden war und den FC mit drei gehaltenen Elfmetern und einem selbst verwandelten aus dem Wettbewerb bugsiert hatte. Die Verhandlungen mit Nigbur – 1977 bei Hertha BSC – scheiterten, sonst wäre der Lebensweg unseres sympathischen Schlacks ein anderer geworden. Es folgte der Meisterschafts- und Pokalgewinn 1977/78. *„Die Titel verdanken wir in erster Linie dem Toni",* wußte Weisweiler eine sensationelle Saison später. Schumacher ließ sich die folgenden sechs Jahre von keinem Trainer, keiner Krankheit, keinem Präsidenten mehr in Frage stellen. Am 10. September 1983 sperrte ihn der 1. FC Köln aus disziplinarischen Gründen für ein Spiel gegen Waldhof Mannheim und machte damit einen Bundesligarekord unmöglich. 214 Spiele in Folge hätte der Tünn im Tor gestanden und es wären noch viele mehr geworden. Mittlerweile war er ein anderer. Längst hinausgewachsen über Mannschaft, Trainer und Funktionäre. Sie mochten wechseln – er war immer schon dagewesen und im Gegensatz zu den provinziellen Schlawinern und überdrehten Großsprechern, die sich in den 80ern um den FC zu versammeln begannen, kannte er seinen Wert und forderte nie mehr, als er selbst geben konnte. Damals verlangte er nicht weniger als die Ablösung von Trainer und Schleifer Rinus Michels, Schatzmeister und Gernegroß Thielen und Manager Löhr im Paket. Die Geschichte gibt ihm heute Recht. Der Stoß, den ihm der Verein damals versetzte – er muß seine Sperre als hinterhältige Gemeinheit empfunden haben zerrüttete sein Vertrauen in den Verein seines Lebens, sein Vertrauen in die Hintermänner des organisierten Fußballs an sich. *„Lieber ein Knick in der Laufbahn, als im Rückgrat."*

Die Karriere des Toni Schumacher in der Nationalmannschaft begann 1979. Die verkorkste 78er WM in Argentinien blieb ihm erspart. Im folgenden Jahr hatte Sepp Maier einen schweren Autounfall und Norbert (man trifft sich immer zweimal) Nigbur, der designierte Nachfolger, litt unter Meniskusproblemen. Die Zeit war reif für einen neuen Nationaltorhüter. Toni Schumacher spielte bis 1987 für Deutschland. Er wurde 1980 Europameister in Italien. Weitere Triumphe wurden ihm nicht gegeben. Seine Karriere ist eine Geschichte des großen Erfolges und des Scheiterns.

Zwei Szenen – beide wenige Sekunden lang – haben sein Leben verändert.

Im Halbfinale der WM 1982 -Frankreich gegen Deutschland- foult er den Stürmer Patrick Battiston so schwer, daß dieser bewußtlos liegenbleibt. In der 57. Minute fliegt der Ball tief aus dem Raum in den Rücken der deutschen Abwehr. Battiston sprintet ihm hinterher und er wird an den Ball kommen. Mutterseelenallein vor dem deutschen Tor. Er wird ihn einschießen. Toni Schumacher rennt wie ein Wahnsinniger auf die Stelle zu, an der Battistons Wege sich mit der Flugbahn des Balles kreuzen würden. *„Keeper ist das einzig Wahre für mich, denn gelaufen bin ich noch nie besonders gern."* Ihm muß klar gewesen sein, daß er den Ball nicht erreichen würde. Das will er auch gar nicht unbedingt. Er will ins Finale. Er will, daß dieser Eindringling in seinen Strafraum kein Tor schießt. Und er rennt auf ihn zu wie ein wilder Stier auf einen Torero. Battiston ist kein Torero. Er schafft es noch, seinen Schlappen an den Ball zu bringen, der darauf ins Irgendwo trudelt. Dann springt ihm Schumacher mit der rechten Hüfte und angewinkeltem Ellenbogen ins Gesicht. Sein Opfer hätte tot sein können. Schumacher, für den es stets eine Grundregel war, während des Spiels nie über Fehler nachzudenken, um sich keine Unsicherheit zu leisten, kümmert sich um gar nichts. Er läßt den reglosen Battiston liegen und wird zum Matchwinner in einem Fußballthriller. Im Elfmeterschießen hält er zwei Schüsse und bringt Deutschland ins Finale. Ein Held für eine Nacht. *„Wenn es nur die Jacketkronen sind – die bezahle ich ihm gerne",* ist sein Statement zum Battiston-Foul direkt nach dem Spiel.

Ein Sturm der Entrüstung geht von Frankreich aus durch die europäische Medienlandschaft. Da ist er wieder, der häßliche Deutsche. Schumachers Werbewert sinkt weit unter Null. In Frankreich braucht er Polizeischutz. Bei Auftritten gegen französische Teams ist jede seiner Ballberührungen Anlaß zu Haß-Orgien ungekannten

Ausmaßes. Die Reaktionen der französischen Seite, die nur vor dem Hintergrund der Besetzung Frankreichs durch die Nazis im 2. Weltkrieg verstanden werden können, bleiben ihm verschlossen. So weit denkt er nicht. Selbstbewußtsein und Rückgrat können in ignorante Halsstarrigkeit umschlagen. Er ist kein Nazi – also sollen sie ihn in Ruhe lassen. Er hat nichts gegen Franzosen, schon gar nichts gegen diesen Battiston. Er hätte jeden anderen genauso umgeholzt. Das Finale verliert Deutschland gegen Italien.

1986 in Mexiko steht d'r Tünn wieder im Finale einer Fußballweltmeisterschaft. Diesmal gegen Argentinien. In der 10. Minute tritt Burruchaga einen Freistoß, der halbhoch in den Strafraum trudelt. Schlecht gespielt – kein Problem für Schumacher, der dem Ball entgegenfliegt, der ihn mit Leichtigkeit aus dem Strafraum gefaustet hätte. Bloß vergißt er irgendwie im letzten Moment den Arm auszustrecken. Denkt er an Battiston? Oder an Uli Stein, seinen Rivalen, der Franz Beckenbauer einen Suppenkasper genannt hatte und deshalb nach Hause geschickt wurde? Hatte eine der zahlreichen Pillen, mit denen der Teamarzt die deutschen Kicker damals vollpumpte, wundersame Nebenwirkungen? Wir wissen es nicht. Freund und Feind stehen staunend im Strafraum, dem perplexen Brown fällt der Ball vor die Füße. Er schießt ein. Deutschland verliert das Spiel mit 3:2 – beim entscheidenden letzten Tor wird Schumacher getunnelt. *„Ich habe gehalten wie ein Arsch."*

Die Selbstsicherheit in Person wird von Zweifeln und Fehlern geplagt. Er ist kaum wiederzuerkennen. Zu Anfang der folgenden Bundesligasaison nimmt ihn kein Angreifer mehr ernst. Er verschuldet zahlreiche Tore und prompt sind die Feinde und Neider zur Stelle, sie wittern die Chance, ein Denkmal zu stürzen.

Aus dem Orbit schießt er sich selbst. Im März 1987 erscheint sein Buch „Anpfiff". „Der katholische Vorläufer der satanischen Verse" (so die taz) wartet auf mit massiven Dopingvorwürfen, sowie Beleidigungen und Rundumschlägen gegen Kicker, die er nie leiden konnte. Das Buch wird ein Bestseller. Der DFB und der 1.FC Köln verhängen die Fatwa gegen ihn. Schalke 04 nimmt ihn dankend auf und Toni steigt mit den Knappen ab. Er wird kein Nigbur.

Dann folgt er Jussuf Derwall in die Türkei, wo er bei Fenerbahce Istanbul zum Volkshelden avanciert. Türkischer Meister 1989. „Tünü, Tünü!" all night long. Vorletzte Station ist Bayern München, deren Team er nach rasanter Talfahrt 1991/92 stabilisiert.

Die Katze hat sieben Leben. Er macht drei Abschiedsspiele: Istanbul, München, Köln, an deren Ende großangelegte Versöhnungsinszenierungen stehen. Damit nicht genug. Mit 42 Jahren stellt er sich am letzten Spieltag der Saison 1995/96 für den kommenen deutschen Meister Borussia Dortmund ins Tor.

Irgendwann wird er zum 1.FC Köln zurückkehren. Vielleicht als Trainer.

Ohne **Yasuhiko Okudera** wäre der FC nicht Meister geworden.

Der Torpedo

Pfeilgenau, waagerecht in der Luft liegend, die Beine angewinkelt wie ein Bock beim Sprung über die letzte Hürde, flog Yasuhiko Okudera auf den Ball zu, der von der rechten Seite in den Strafraum des FC St. Pauli getreten wurde und in seiner Flugbahn die Form einer gelben, länglich-gebogenen Südfrucht beschrieb. Okudera und der Ball, sie sollten sich mit voller Wucht treffen, wobei das Leder gezwungen wurde, seine Flugbahn entscheidend zu verändern. Es schlug im Tor der Gastgeber im Hamburger Hafenviertel ein. Der Japaner landete bäuchlings im Fünfmeterraum. Er hatte am letzten Spieltag der Saison 1977/78 das 5:0 für den 1. FC Köln erzielt.

Daß sie mit Hennes Weisweiler einen mürrischen Kauz zum Trainer hatten, wußten die Spieler der Geißbockelf, aber warum zum Teufel hatte er nach dem 4:0 noch immer mit Grabesmiene am Spielfeldrand gestanden und das Team unerbittlich weiter nach vorn gescheucht? Auch die zu tausenden mitgereisten Fans wollten partout nicht in meisterschaftlichen Siegesjubel ausbrechen... komisch.

Erst nach dem wunderschönen Kopfballtorpedo, das anschließend zum Tor des Monats gewählt wurde, löste sich die Stimmung. Die Meisterschaft war zugunsten des 1. FC Köln entschieden. Was die Spieler auf dem Feld nicht wußten: Der punktgleiche Konkurrent aus Mönchengladbach hatte mit einem skandalösen 12:0 gegen Borussia Dortmund gewonnen, ein 2:0-Sieg hätte den Kölnern nicht gereicht.

Ohne Yasuhiko Okudera, der an jenem Tag zwei Tore schoß, wäre der FC damals nicht Meister geworden. Wichtiger noch als jenes Hamburger Tor, das allen Fans stellvertretend für die gesamte Saison in Erinnerung blieb, war sein Siegtreffer am vorletzten Spieltag gegen den VfB Stuttgart. In der ersten Halbzeit hatte Heinz Flohe die Führung erzielt – die Gladbacher lagen beim HSV mit 0:1 zurück. Die Meisterschaft wäre entschieden gewesen. Doch das Blatt wendete sich. In der 77. Minute schoß Ottmar Hitzfeld das Ausgleichstor für die Stuttgarter, die um den Einzug in den UEFA-Pokal kämpften. Zeitgleich führte die Borussia in Hamburg mit 4:2. Wäre Okudera nicht drei Minuten später der Siegtreffer gelungen, hätte der FC die Saison wie so oft als romantischer Verlierer beendet.

Oku, wie er von den Fans liebevoll genannt wurde, blieb nur kurz beim 1.FC Köln. Er kam 1977 vom FC Furukawa Tokio, nachdem ihn Hennes Weisweiler bei einem Trainigsaufenthalt der japanischen Nationalmannschaft in Deutschland entdeckt hatte. 1980, als sein Mentor gegangen war, endete auch die Kölner Zeit Okuderas. Er drückte die Bank, was mit der Ausländerregelung des DFB und der Blindheit der Trainer zusammenhing. Auf dem Feld waren nur zwei Gastarbeiter zugelassen – das Kontingent wurde besetzt durch die Millioneneinkäufe Roger van Gool und Tony Woodcock. Die Trainer Heddergott und Michels, die die Mannschaft systematisch in den Keller wirtschafteten, erkannten Okus Qualitäten nicht. Er wurde an Hertha BSC ausgeliehen und wechselte vor der Saison 1981/82 zu Werder Bremen, mit denen Otto Rehagel soeben aufgestiegen war. Der setzte den zähen Burschen, der beim FC stets Linksaußen gespielt hatte, als Allrounder ein. Meist sollte er den gegnerischen Spielmacher ausknipsen. Zweimal wurde Okudera mit Bremen Vizemeister. 1986 beendete er seine Spielerkarriere.

Yasuhiko Okudera wurde Manager seines alten Clubs, der mittlerweile JEF United Furukawa hieß. 1993 holte er Pierre Littbarski nach Nippon.

Am 9. Mai 1998, 20 Jahre nach seinem größten Erfolg, war er wieder zu Besuch. Er saß im Müngersdorfer Stadion, als der 1.FC Köln gegen Bayer Leverkusen seine vorerst letzte Bundesligavorstellung gab. Mit einem 12:0-Sieg wäre der FC erstklassig geblieben und die punktgleichen Gladbacher wären abgestiegen. Das Spiel endete 2:2. So ändern sich die Zeiten.

Littubaaski-San

Man kann nicht behaupten, daß Karl-Heinz Thielen als Manager des 1.FC Köln nur Fehler gemacht hat. Er verpflichtete 1978 den 18jährigen Berliner Pierre Littbarski von Hertha Zehlendorf, der in den 80er Jahren einer der großen Stars und Identifikationsfiguren im Dress des 1.FC Köln werden sollte. Weisweiler erkannte die Qualitäten des frech aufspielenden Dribbelkünstlers mit den unverwechselbaren Säbelbeinen. Allerdings war der Junge etwas schwächlich und so bekam er zunächst eine Spezialbehandlung verordnet, damit er groß und stark würde: Hanteltraining. Bereits in seiner ersten Saison 1978/79, im Jahr nach dem großen Erfolg, kam er in 16 Spielen zum Einsatz. Linksfuß Littbarski spielte zunächst Rechtsaußen, später war er im offensiven Mittelfeld zu finden und in den letzten Jahren seiner Karriere trug er die Nummer 10 des Spielmachers. Ab der Saison 1979/80 war er Stammspieler beim FC wie auch in der U 21-Nationalmannschaft. Seinen Einstand in der A-Nationalmannschaft hatte er im Oktober 1981 beim WM-Qualifikationsspiel gegen Österreich, in dem er zwei Tore zum 3:1 Sieg beisteuerte. Einen besseren Start konnte es kaum geben. Bei der WM 1982 in Spanien wurde er als 22jähriger Vizeweltmeister. Selten wurde ein deutsches Team für ein de facto beachtliches Resultat mehr verachtet. Bis auf das Halbfinale gegen Frankreich, welches durch das böse Foul Schumachers an Battiston überschattet war, hatte die Mannschaft unter Jupp Derwall kein einziges gutes Spiel gezeigt. Auch als der 1.FC Köln im darauffolgenden Jahr DFB-Pokalsieger wurde und Pierre Littbarski den einzigen Vereinstitel seiner Laufbahn gewann, wollte niemand jubeln. Das Endspiel 1.FC Köln gegen Fortuna Köln im Müngersdorfer Stadion hätte ein kölscher Fußballtraum werden können. Heraus kam ein ödes Gekicke, das der Favorit mit 1:0 gewann und das von den 60.000 Zuschauern mit Pfiffen quittiert wurde. Das Tor schoß Pierre Littbarski in der 68. Minute. 1991 im Pokalendspiel gegen Werder Bremen war er

Ein einziger Schuß von **Pierre Littbarski** reichte zum Pokalsieg gegen Fortuna Köln 1983.

weniger glücklich. Er verschoß im Elfmeterschießen. Werder wurde Pokalsieger.

Unter Rinus Michels, der 1980 auf Hennes Weisweiler folgte, begann eine lange Leidensphase für Litti. Der „General“ trainierte keine Fußballmannschaft aus Individuen und Charakteren, er sah eine Truppe vor sich, die geschliffen, gequält und bestraft werden wollte. Den inneren Schweinehund austreiben, durch Zwang und Angst zum Ziel hieß die Devise. Littbarski mußte Langstreckenläufe absolvieren, bis er vor Erschöpfung keinen Ball mehr treten konnte. Michels nervten die Verspieltheit, der Witz, die Tricksereien des Berliners, also genau das, was das Publikum an ihm liebte. Die Mannschaft hatte einer Maschine gleich den Ball direkt und ohne Umschweife immer und immer wieder nach vorn zu tragen, bis die Tore fielen. Sein Spielerideal waren uniforme, austauschbare und gehorsame Soldaten. Nach 3 Jahren schaffte es die Mannschaft, Rinus Michels abzusägen, doch Litti hatte einen Knacks weg, den auch der neue Trainer Hannes Löhr trotz einfühlsamer Pflege nicht beheben konnte. Litti machte Fehler wie ein Amateur, ließ jegliches Selbstvertrauen vermissen und wurde in der folgenden Zeit vom Publikumsliebling zum unsicheren Kantonisten und oft genug zum Gespött. Er verlor seine Position in der Nationalelf. Erst ab 1985 begann er, sich wieder zu berappeln. 1986 wurde ein turbulentes Jahr für ihn: Litti erlitt im März einen doppelten Bänderriß, schaffte es aber für die Europapokalfinals des FC gegen Real Madrid Ende April/Anfang Mai fit zu werden. Köln unterlag mit 1:5 und 2:0, danach sprang er auf den WM-Zug nach Mexiko, wo er jedoch nur sporadisch zum Einsatz kam und den Titel „Vizeweltmeister“ kaum für sich beanspruchen konnte. Ende des Jahres wechselte er für 2,75 Millionen zum Aufsteiger Racing Club Paris, der mit dem Rüstungskonzern Matra im Rücken die französische première division aufmischen wollte. Daraus wurde nichts. Racing kämpfte gegen den Abstieg und Pierre Littbarski verfolgte das traurige Treiben von der Tribüne. Das Ausländerkontingent des Vereins war durch andere Kicker erschöpft, für ihn war kein Platz. Udo Lattek – auch er versagte als technischer Direktor nicht immer – holte den Sympathieträger im August 1987 heim an den Rhein. In der Rückkaufsumme spiegelt sich der ganze kaufmännische Wahnwitz, der den FC in jener Zeit ausmachte. Littbarski, der nicht mehr war als der Tribünendrücker eines Flop-Teams, kostete 2,8 Millionen und er streckte dem FC 500.000 DM aus eigener Tasche vor, um wieder vernünftigen Fußball spielen zu dürfen.

Nach seiner Rückkehr erlebte er eine zweite Blüte. Christoph Daum machte ihn zum Herzstück der Mannschaft, die 1989 und 1990 Vizemeister wurde. Mit dem Gewinn der Weltmeisterschaft 1990 in Italien feierte Littbarski seinen größten spotlichen Erfolg. Er und Bodo Illgner waren die letzten großen Stars aus den Zeiten, in denen der 1.FC Köln noch eine Spitzenmannschaft besaß. Er mußte den tiefen Fall seines Vereins miterleben, der 1990 begann und in den Abstieg 1997/98 münden sollte. In der Saison 1992/93 beendete er seine Karriere als ernstzunehmender Fußballer und wechselte nach Japan, wo er für JEF-United Ichihara und andere kickte. Zunächst schien es so, als hätte ein gealterter Star den Absprung aus dem Geschäft nicht geschafft. Dieser Eindruck war falsch. Pierre Littbarski ist in Japan heimisch geworden. Er ist glücklich verheiratet und besitzt eine Firma namens „Litti Enterprise“, die Fußballschuhe für Kinder produziert. Seinen Namen kann dort niemand aussprechen. Alle nennen ihn Littubaaski-San.

Fußballgott

„Ich weiß ehrlich gesagt selbst nicht, wie ich ihn reingemacht habe. Ich stand irgendwie mit dem Rücken zum Tor. Und dann hatte ich das Gefühl, ich hätte minutenlang quer in der Luft gelegen", diktierte Toni Polster den Reportern in ihre Notizblöcke. Der gelockte, graumelierte Lulatsch aus Wien hatte soeben ein Tor erzielt, das sein wichtigstes für den 1. FC Köln hätte werden können. Der 3:2 Siegtreffer gegen Borussia Mönchengladbach im ersten Spiel nach der Winterpause 1997/98. Lorenz Köstner, sein fassungsloser Trainer, meinte nur, *„Ich weiß nicht, wie er das schafft. Das weiß nur der Fußballgott."*

Vor dem Spiel stand Köln im dunkelsten Keller, Platz 18, und der ewige Rivale aus Gladbach befand sich auf dem Weg dorthin. Das Müngersdorfer Stadion war rappelvoll, die Sonne schien hell und warm an diesem 31. Januar, und allen war klar, daß der FC erledigt wäre, wenn dieses Match verloren ginge. Zweimal waren die Geißböcke in Führung gegangen, zweimal hatten die spielerisch überlegenen Borussen um ihren genialen Kapitän Stefan Effenberg ausgeglichen. Der FC schien am Ende und wir alle hofften, daß er wenigstens ein Unentschieden würde halten können. Dann kam die 84. Minute. Der gottgesandte Azizi paßte auf die Bayern-Leihgabe Münch, der sich auf der linken Seite durchsetzte und den Ball in den Strafraum schlug. Dort am Fünfmeterraum stand – wie so oft – einzig und allein Toni Polster. Um ihn herum vier Gladbacher plus Torhüter. Der Ball kam ungünstig, halbhoch und lasch auf ihn zu. Toni stand mit dem Rücken zum Tor. Das war noch nicht einmal eine echte Chance, das war eigentlich gar nichts. Was tun? Ab jetzt begann die Zeit langsamer zu laufen, nicht nur für Anton Polster, auch für uns auf den Rängen. Das ganze Spiel über schien er untergetaucht, wäre fast verhungert vor dem gegnerischen Tor. Die Zeitungen hätten wieder genölt über seine Leistung, doch jetzt war sein Moment gekommen. Die entscheidenden drei Sekunden, die einen

Toni hat geweint... **Anton Polster** am 9. Mai 1998, gegen 17.30 Uhr.

Großmeister wie ihn trennten von den Vladoius, Gaißmayers, Juskowiaks und Pflipsens dieser Welt. Und er konnte die Sekunden dehnen, bis sie ihm wie Minuten erschienen. Toni legte sich in die Luft, in die Höhe des Balles, der langsam auf ihn zukam, schwebte wie auf einem Teppich, ließ sich von seinem Gefühl leiten. Und dann hielt er einfach seinen linken Puma-Schuh hin. Ganz sanft. Der Ball tropfte ab, wurde noch langsamer und hoppelte wie an einer unsichtbaren Schnur gezogen auf den linken Pfosten des gegnerischen Tors zu, in dem Uwe Kamps wie hypnotisiert auf der Linie klebte. Du wirst schwer Uwe, ganz schwer. Deine Beine sind wie Blei. Du siehst den Ball kommen, langsam, ganz langsam, doch Du kannst Dich nicht wehren. Deine Glieder gehorchen Dir nicht, Du bist machtlos gegen das Leder und gegen den, der es auf den Weg gebracht hat. Unfehlbar wird der Fußball seinen Lauf nehmen und ins Netz rollen. Ein ungläubiges Schweigen aus 42. 000 Seelen wird ihn begleiten. Dann wird der Torschrei durch das Stadion rollen und nach ihm die Gesänge. „Toni Polster – Fußballgott." Du wachst wieder auf Uwe, du bist wieder der Torhüter der Gladbacher Borussia, die soeben ein wichtiges Spiel verloren hat. Du darfst Dich jetzt ärgern.

Toni Polster kennt jene Bewußtseinszustände, die einen echten Torjäger prägen, und die in der Psychologie als „Flow-Erlebnisse" beschrieben werden. Das Verschwimmen der Grenzen von Zeit und Raum. Wo die meisten Menschen im Strafraum nervös und hektisch werden, besonders wenn ihnen Tausende zusehen, wo die Chance schon vorbei ist, bevor sie richtig da war, haben einige wenige die Fähigkeit, in solchen Situationen die Zeit zu dehnen wie ein warmes Gummibärchen. Toni Polster ist einer von ihnen. Er war in der Saison 1997/98 der erfolgreichste noch aktive Stürmer der Welt und er war der einzige verbliebene Star des 1. FC Köln.

Jetzt können wir es ruhig zugeben. Wir waren Ungläubige. Als er im Juli 1993 zu uns stieß und sein Transfer uns als großer Wurf von Morten Olsen und Udo Lattek präsentiert wurde, hatten wir unsere berechtigten Zweifel. Wurde Polster nicht mit denselben Floskeln eingeführt, mit denen uns schon Andrzej Rudy und Rico Steinmann angepriesen wurden, deren Versagen wir Samstag für Samstag mitansehen mußten? Und wo zur Hölle lagen Vallecano und Logrones, deren Fußballvereine angeblich in der ersten spanischen Division spielen sollten, und in deren Diensten Toni vorher gestanden hatte? Wir waren auf das Schlimmste gefaßt und fühlten uns bestätigt, als er zu Saisonbeginn nicht recht in Tritt kam. Die Lokalpresse hielt uns beinahe täglich über seine Laktatwerte auf dem Laufenden, die über seinen Trainingsrückstand Auskunft gaben. Der Österreicher hatte mit Rayo Vallecano im Streit gelegen und lange nichts mehr für seine Fitness getan. Er stakste leicht behäbig, scheinbar unbeholfen im Strafraum umher und war auf dem besten Wege, zu einer weiteren Lachnummer im Panoptikum des FC zu werden. Bis er sein erstes Doppelpack schoß und den FC in der Saison 1993/94 wie auch in folgenden Jahren fast im Alleingang vor dem Abstieg bewahrte. Da erkannten wir ihn.

Nur einer wollte ihm nicht folgen. Peter Neururer, ein für längerfristige Arbeit ungeeigneter Abstiegsretter, ein Strohfeuermann, legte sich mit Polster an, krittelte an ihm herum und setzte ihn einige Male zu oft auf die Bank. War er übergeschnappt? Hielt er sich für einen Weisweiler, der einen Overath demütigen konnte? Er sei zu langsam und zu unflexibel, solle mehr defensive Aufgaben übernehmen... Tatsächlich sah Toni in dieser Phase oft schlecht aus, was jedoch daran lag, daß die Mannschaft ihn hängen ließ. Ein Goalgetter wie er muß über außen bedient werden. Jemand muß die Räume aufreißen, in denen er agiert. Toni konnte sich schließlich nicht selbst die Vorlagen geben, auch wenn er dieses angesichts des drohenden Abstiegs dann oft genug versuchte. Neururers Nachfolger Köstner machte nicht mehr den Fehler, ihn auf die Bank zu setzen. Im Katastrophenspiel gegen 1860 München, das den Abstieg einläutete, übernahm Toni Polster völlig ungewohnt die Position des Spielmachers und Antreibers im Stile eines Hans Schäfer. Immerhin konnte ein 0:3-Rückstand noch in eine 2:3 Niederlage verkürzt werden. Hätte der FC nicht Leute wie einen Holger Gaißmayer in seinen Reihen gehabt, der kurz vor Schluß aus drei Metern über das Tor schoß, wäre der Abstieg auch diesmal verhindert worden.

Bereits Tonis Vater war ein respektabler Kicker gewesen, der es auf einen Einsatz in Österreichs Nationalelf gebracht hatte. Er erkannte das Talent seines Sohnes und lenkte dessen Karriere. In der Jugendabteilung von Austria Wien schoß der kleine Toni jedes Jahr zwischen 70 und 100 Tore. Mit 16 Jahren spielte er in Österreichs U 21-Auswahl, mit 17 wurde er an den Oberligisten SC Simmering ausgeliehen, den er zum Aufstieg schoß. Schnell holte ihn die Austria nach Wien zurück. Als 18jähriger feierte er 1982 sein Nationalmannschaftsdebüt, dann folgte ein erster Karriereknick. Sein großes Vorbild, die Österreichische Fußballegende Hans Krankl, schrieb ihm ins Stammbuch, *„Du bist mein Nachfolger, alle die sagen, Du mußt mehr laufen, sind Trottel"*. Der gemeine Österreicher sah dies offensichtlich anders. Polsters lässiger Stil und seine freche Schnauze kamen hier nicht gut an, zudem neidete man ihm seine lebensfrohe, zu Ausschweifungen neigende Art. Er kam als „Disco-König" und Faulpelz in Verruf. *„Ein schlechtes Image ist besser als keines"*, versuchte er sich zu beruhigen, doch die gellenden Pfiffe, mit denen er besonders in den Jahren von 1988 bis 1990 in der Nationalelf empfangen wurde, taten weh. Immerhin war er 1984, 1985 und 1986 mit Austria Wien Meister geworden und hatte 1985, 1986 und 1987 den Titel des Torschützenkönigs errungen. 1987 gewann er mit 39 Treffern gar den „Goldenen Schuh" als Europas erfolgreichster Goalgetter. Logischerweise wurde ihm Österreich bald zu eng, zumal er konstatierte, *„Nirgends auf der Welt wird der Fußball so wenig geschätzt."* Toni wechselte 1987 als teuerster Fußballexport seines Landes zum AC Turin, wo er jedoch Probleme mit dem Trainer hatte, der ihn in 32 Spielen 22 mal auswechselte. Er zog weiter nach Spanien. Ab der Saison 1988/89 spielte er für den FC Sevilla, wo er im zweiten Jahr mit 33 Treffern wieder in seinem Element war. 1991 konnte er ablösefrei wechseln und machte den Fehler, für ein paar Pesos mehr zum CD Logrones zu gehen. Nun begann ein kontinuierlicher Niedergang. Toni wurde zu Rayo Vallecano weitergereicht, das irgendwann kein Geld mehr zahlen wollte. 1993 landete er, der niemals abgestiegen war, auf dem Flughafen Köln-Wahn. Der Rest ist bekannt.

Als Mittelstürmer des 1.FC Köln kommt Toni Polster vielleicht nicht an die Verdienste eines Dieter Müller heran, der die Geißböcke 1978 zum Double schoß. Ein Fußballspieler ist jedoch mehr als nur Sportler. Was den Toni weit über den Dieter heraushebt, sind seine Medienpräsenz, sein Humor und seine Schlagfertigkeit. Das Kölner Publikum liebt seinen Wiener Schmäh, weil diese Sprache – und die Art, wie Polster sie interpretiert – genau wie das Kölsche einen unvergleichlichen Witz besitzt. Ebenso wurde die Berliner Schnauze eines Icke oder eines Litti mit Wohlwollen aufgenommen. Und welcher Fußballspieler des FC ist schon auf zwei Popstücken verewigt? Mit den Fabulösen Thekenschlampen sang er „Toni laß es polstern" und erreichte in Österreich, wo sich sein Image ab Mitte der 90er besserte, Platz 1 der Charts. Der Fanclub Erdberg und der DJ DSL widmeten ihm die musikalisch wesentlich anspruchsvollere Hip-Hop-Nummer „Toni, Du bist leiwand".

Toni Polster ist außerdem ein gerissener Geschäftsmann, der in seinem Spielerberater Skender Fani einen kongenialen Partner zur Seite hat. In Zeiten von Vertragsverhandlungen mit dem 1. FC Köln inszenierten sie über die Wiener Boulevardpresse schon mal eine große Rückholaktion zu Austria Wien, obwohl Polster nicht im Traum daran dachte, das Rheinland gegen die miefige Alpenrepublik einzutauschen. Nach dem Abstieg 1998 quälte er uns und das FC-Präsidium mit der Vorstellung, er könne ausgerechnet zu Borussia Mönchengladbach wechseln, wenn man ihm mit seinen 34 Jahren nicht einen Zweijahresvertrag und anschließend einen Managerposten geben würde.

O Toni, Du konntest auch grausam sein. Das war ein schlechter Scherz von Dir.

Max Annas

1948 – 1963: Die Oberliga

Fußball in der vormodernen Zeit

An einem Freitag den 13. gründet man eigentlich keinen Fußballclub. Man hütet sich tunlichst davor, unter Leitern durchzugehen und achtet auch sonst darauf, daß einem nichts auf den Kopf fällt. Es gehört schließlich zur emotionalen Grundausstattung der Bevölkerung der industrialisierten Länder, daß nichts gut gehen kann, was man an diesem Tag anpackt. Am Freitag, den 13. Februar 1948 wurde in Köln ein Fußballclub gegründet. Es war der Freitag nach Aschermittwoch.

Franz Kremer kann also kein abergläubischer Mensch gewesen sein. Der erste Präsident des neuen Clubs, der die Fusion der beiden Kölner Vorortvereine Klettenberger Ballspiel-Club und Sülz 07 energisch betrieb, hielt sich sowieso nicht mit Kleinigkeiten auf. Kremer hatte ein Ziel: die beste Fußballmannschaft Deutschlands aufzubauen, wenn nicht sogar die beste Europas. Da war es doch sonnenklar, daß der Club nur einen Namen haben konnte – 1. FC Köln.

Das wurde in der Stadt natürlich mit kühler Zurückhaltung aufgenommen. Gab es nicht ruhmreiche Vereine, die sich mit diesem als Titel verstandenen Namen weitaus eher als der Novize hätten schmücken dürfen? Dabei waren die beiden Clubs aus den Kölner Nachbarvororten Klettenberg und Sülz durchaus nicht ohne Meriten. Und – Nachbarschaft verpflichtet – sie pflegten eine traditionelle Rivalität, die ein Zusammengehen zunächst nicht wirklich logisch erscheinen ließ.

Der Klettenberger Ballspiel-Club, gegründet 1901, und die erfolgreichere Spielvereinigung Sülz 07, die ihrerseits eigentlich wiederum eine Fusion aus dem Sülzer SV 07 und dem FC Hertha Sülz 1908 war, hatten sich in regionalen Meisterschaften immer ganz gut geschlagen, waren aber in den entscheidenden Play.offs um die Deutsche Meisterschaft immer auf die Nase gefallen. Immerhin al-

Das Kölner Dreigestirn nach der ersten Meisterschaft: Prinz Franz I., Bauer Tschik und Jungfrau Hans.

lerdings hatten es die Sülzer auf einen Nationalspieler gebracht und die Klettenberger sogar auf zwei. Einer von ihnen, Karl Flink, sollte auch der erste Trainer des neugegründeten Clubs werden.

Nach der Fusion zum 1. Fußball-Club Köln 01/07, wie der Verein mit bürgerlichem Namen heißt, wird zuerst einmal streng nach Proporz aufgestellt: sechs Spieler vom KBC und fünf von Sülz 07 liefen stets auf – so ergab sich im Umgangston auch schnell die Sprachregelung „die Sülz-Klettenberger", die sich bis tief in die 50er gehalten hat. Die Rivalität beider Clubs allerdings war so groß, daß sich einige Spieler beider Alt-Vereine schlicht weigerten, im neuen Rahmen unter neuem Namen aufzulaufen.

Franz Kremer, der erste von bislang sieben Präsidenten, der die Geschicke des Clubs bis zu seinem Tod 1967 lenkte, sagte man eine bruchlose Bewunderung für Konrad Adenauer nach. Er prägte den Stil des Vereins, zwang seinen Erfolg herbei und schrieb indirekt die quasi logische Erbfolge bis zum November 1997 fest. Er sagte stolz über sich selbst: „Alle nennen mich Boß." Dieser Franz Kremer hatte diese Idee von einem Fußballverein, der nicht unbedingt sympathisch sein mußte, aber unbedingt erfolgreich sein sollte. Wer Erfolg hat, braucht sich um seine Freunde schließlich keine Sorgen zu machen. Und während seiner knapp 20jährigen Amtszeit als Präsident des 1. FC Köln wurde er seinem eigenen Anspruch einer Innovationsführerschaft im hiesigen Fußball sicherlich gerecht.

Zwei Sätze charakterisieren den Boß recht genau. Der mit Abstand meistzitierte ist: „Alles darf geschehen, nur eines nicht, daß der Klub die erste Klasse verlassen muß." Der zweite: „Der Klub muß finanziell so gestellt sein, daß er sich gute Spieler leisten kann; nur gute, engagierte Spieler, die sich beim 1. FC daheim fühlen, garantieren Erfolg." In vielen Portraits wird Kremer ein Visionär genannt. Nun ist es relativ frei von Visionen, einen Fußballclub zu gründen. Auch das Anschieben der eingleisigen Bundesliga, hier wird Kremer ebenfalls oft genannt, belegt dies nicht – im europäischen Ausland schließlich gab es schon viele erste Ligen, die nach dem Modell arbeiteten. Was diese Sätze Kremers viel mehr verdeutlichen ist, daß er um keinen Preis erfolglos sein wollte. Und relativ schmerzlich machen sie klar, daß die FC-Vorstände der letzten eineinhalb Dekaden diese einprägsamen Merksätze ihres Gründervaters nicht mehr beherzigt haben. Die Totalität des ersten Satzes paßte mit der Mediokrität ihrer Arbeit sicherlich nicht zusammen.

Fußball in den Kinderschuhen

Fußball war damals anders. Der monotheistische Charakter der Bundesliga war noch Zukunftsmusik, diese Idee wollte erst fünfzehn Jahre später realisiert werden. Das Fußballwesen war in fünf Oberligen organisiert – West, Nord, Süd, Südwest und Berlin. Theoretisch war auch der Osten zugeschaltet, das Gebiet der SBZ/DDR, doch die Leitung ihres Verbandes sagte die Teilnahme an der Meisterschaftsendrunde immer wieder ab.

Seit 1947 lief der Oberligabetrieb wieder, der die noch regionalisierteren Gauligen der Vorkriegs- und Kriegszeit ersetzte, und als Kölner Vertreter waren der VfR Köln und Preußen Dellbrück dabei, zwei Clubs aus dem Rechtsrheinischen, die aber beide nach einem Jahr gleich wieder abstiegen – der VfR versank hernach in der Bedeutungslosigkeit. Sülz 07 und der VfL Köln 99 waren die großen Nummern in der Bezirksliga, die der Oberliga hierarchisch folgte. In dieser Phase wurde der 1. FC Köln gegründet, gerade als sich der Abstieg der beiden Kölner Clubs aus der Oberliga abzuzeichnen begann. Ein geschickter Schachzug eigentlich.

In der Rheinischen Zeitung vom 14. Februar 1948 war ein Spielbericht zu finden über ein Freundschaftsspiel des Klettenberger Ballspiel-Clubs gegen die sogenannte „Kursisten-Elf“. Das waren Sepp Herbergers elf Freunde, die den Namen Nationalmannschaft noch nicht tragen durfte, weil es einen souveränen deutschen Staat noch nicht gab und dem deutschen Fußball internationale Spiele auf allen Ebenen verboten waren. Der viertklassige KBC siegte gegen die Elite-Kicker mit 5:2, ein Hennes Weisweiler wurde im Artikel als Mittelstürmer (!) gelobt. Im Anschluß an den Text war folgende Meldung zu lesen: »Wie wir erfahren, sind die Vorstände von Sülz 07 und KBC in grundsätzlichen Fragen einer Meinung, so daß die Vereinigung sehr wahrscheinlich zustandekommen wird.“

1948 war das Jahr vor der Bundesrepublik Deutschland. Die Währungsreform wurde erwartet und mit ihr die Deutsche Mark, in den Kinos war über Monate Rudolf Jugerts „Film ohne Titel“ zu sehen, fast schon eine Komödie, sicherlich ein Versuch, die Nachkriegsdepression für beendet zu erklären. Die Rheinische Zeitung, die als Organ der amerikanischen Streitkräfte erschien, war mittwochs und samstags für 20 Pfennige zu haben, unter der Woche mit vier Seiten, am Wochenende mit sechs oder acht. Die Lizenzen für neue oder alte Zeitungen wurden erst sehr langsam wieder vergeben. Damals wurde New York noch Neuyork geschrieben. Die Headline auf der Titelseite jenes 14. Februar 1948 war „USA-Senatsausschuß formuliert Bedingungen!“ Es geht um Finanzen, die in der „Europa-Hilfe“ zusammengefaßt wurden, um Voraussetzungen der Gewährung und der späteren Einstellung bei Nichtkooperation. – Andere Themen auf der Titelseite: Währungsreformdebatte; harte Haltung des britischen Schatzkanzlers zu Lohnerhöhungen; das Verhältnis Deutschlands zu Westeuropa. Allgemein wird in diesen Tagen die Machtübernahme der Kommunisten in der Tschechoslowakei nach ihrem Wahlsieg diskutiert und die Bodenreform verdammt, die sofort danach eingeleitet wurde. Und im noch sehr schmalen Sportteil werden – neben Fußball – vor allem Boxen, Radsport und Reiten behandelt.

Der Profifußball war damals noch nicht geboren, er wurde Vertragsfußball genannt, um wenigstens Standards zwischen Clubs und Kickern zu garantieren. Alles Finanzielle bewegte sich auf unsicherem Grund. Zum Thema Bezahlung von Fußballspielern äußerte sich der damalige Präsident des Deutschen Fußball Bundes Peco Bauwens in einem Brief an das in Saarbrücken erscheinende „Sport-Echo“: „Mir ist natürlich immer klar gewesen, daß jetzt eine Profisport-Einführung wahrer Unsinn ist, aber da es einige Verbrecher im anständigen Sport gibt, die bereit sind, das doch zu tun, muß man Vorbereitungen treffen, um gegebenenfalls selbst einzuspringen. Wenn es sich nur um diese Verbrecher handeln würde, so könnte man sie ruhig einmal beginnen lassen, jetzt kurz vor der Währungsänderung, und sie würden einen grausamen Absturz erleben. Aber es würde mir leid tun um die wenigen, die ihnen folgen würden, und die dann nicht mehr auf die Beine kämen..." – Kurz vor der Währungsreform mag man diese arg kryptischen Sätze als ganz gewöhnliches reaktionäres Geschwätz abtun. Geschwätz, das halt immer entsteht, wenn erhebliche Veränderungen anstehen. Doch mehr als diese Angst vor der kommenden Reform ist eine ganz normale Haltung von Konservatismus aus Bauwens' Worten herauszuhören, die Franz Kremer so sicherlich nicht geteilt hat. Immerhin aber mußten sich auch Kremer und der FC an die Spielregeln halten. Und so ergab sich die Notwendigkeit einer beruflichen Absicherung neben dem Job Fußball, so daß der Präsident einer Vielzahl von Kickern, auch seinem Star Hans Schäfer, auch einer Neuverpflichtung wie dem erfahrenen Coskun Tas aus der Türkei, Lehren und Anstellungen beim Kaufhof besorgte, dem Konzern, in dem er geschäftlich beheimatet war. Das war eine Praxis, die beim FC mit gewissen Transformationen bis in die 80er-Jahre beibehalten werden sollte, als der damalige Clubpatron Peter Weiand, der der Chef der hiesigen Lottozentrale war, zahlreichen Kickern nach ihrer Karriere Lottoannahmestellen vermachte.

Erfolg, Ruhm, Schönheit

Kremer wollte Erfolg. Und der sich andeutende Abstieg von VfR Köln und Preußen Dellbrück bot ihm eine einzigartige Chance. Der 1. FC Köln hatte schließlich den Platz von Sülz 07 in der Bezirksliga übernommen und wollte nun nach oben. Der Aufstieg in die Oberliga parallel zum Ende der anderen Vereine würde all jene mundtot machen, die über seinen neuen Club lästerten, die sich über die Eins im Namen mokierten. Es kam am 6. und 13. Juni 1948 zu zwei Aufstiegsspielen gegen Rhenania Würselen (ein Städtchen in der Nähe von Aachen, mit dem künftigen Bundestrainer Jupp Derwall im Team), die beide verloren wurden. Würselen war oben, Köln nicht. – Im späten Frühling 1948 beginnt auch die Blockade Berlins. Und nach der Gründung des Staates Israel gibt es heftige Gefechte zwischen palästinensischen und israelischen Truppen.

Schon vor dem Saisonende wilderte der 1. FC Köln bei den verschiedenen Kölner Vereinen, warb Spieler ab, zum Beispiel bei der direkten Konkurrenz wie dem VfR und vor allem dem VfL 99 aus Köln-Weidenpesch, der sechs Stammspieler innerhalb kurzer Zeit verlor. Aber auch in Bonn und im sonstigen Umland wurde nach jungen Männern gefahndet, die das Spielgerät zu benutzen verstanden.

Die Saison 1948/49 gestaltete der FC sehr einseitig, verlor nur ein Spiel beim Bonner FV, schoß im Durchschnitt mehr als vier Tore pro Spiel und trat in den Aufstiegsspielen gegen die SpV Leverkusen an, das heutige Bayer Leverkusen. Der Einstieg in die Erstklassigkeit führt über den Club, der heute als alter Rivale wahrgenommen wird, es aber mitnichten gewesen ist. Leverkusen war schließlich fast immer ein zweitklassiger Verein. Aber das Rückspiel – historisch gesehen – fand 49 Jahre später statt. Den Aufstiegsspielen aus dem Jahr 1948 steht das (bislang) letzte Bundesligaspiel des FC gegenüber, das am 9. Mai 1998 gegen Bayer Leverkusen den erstmaligen Abstieg aus der höchsten Spielklasse besiegelte.

Zwei Erfolgsmodelle: Am 8.5. 1949, eine Woche nach der Gründung der Bundesrepublik Deutschland, gewinnt der 1. FC Köln in der Radrennbahn vor 20.000 Zuschauern mit 2:0. – Am selben Wochenende hebt die FIFA das Verbot auf, wonach deutsche Vereine und die Nationalmannschaft nicht gegen ausländische Clubs spielen dürfen. Die Teilnahme an der Weltmeisterschaft in Brasilien 1950 allerdings bleibt ihnen noch verwehrt, die Qualifikationsrunden laufen längst schon. – Am 15.5. kommt es in Leverkusen zum Rückspiel in einem provisorischen Stadion vor 16.000 Zuschauern. Der FC gewinnt auch dieses Spiel, das Ergebnis lautet 3:1. Die Rheinische Zeitung headlinet im Sportteil: „Wir sind wieder erstklassig". Wir, das meinte Köln, schließlich waren die beiden Kölner Clubs ja am Ende der letzten Saison abgestiegen.

Nach der Qualifikation gegen Leverkusen kommt der neue erste Fußballclub Kölns in eine Oberliga, wo mit Borussia Dortmund, Schalke 04 und Arminia Bielefeld drei Bundesligisten der 90er-Jahre zu finden sind. Rot-Weiß Essen, Preußen Münster, Rot-Weiß Oberhausen, Alemannia Aachen und Vohwinkel 80, das sich später in Wuppertaler SV umbenennen sollte, waren andere Oberligateams, die später zeitweise in der deutschen Eliteliga zu finden waren. Außerdem war gleichzeitig mit dem FC nach nur einem Jahr Zweitklassigkeit Preußen Dellbrück wieder aufgestiegen.

In den beiden 2. Divisionen kickten damals zwei weitere Kölner Clubs, der SC Rapid Köln und der SC West Köln, aber auch die gerade bezwungenen Leverkusener, Fortuna Düsseldorf, Borussia Mönchengladbach und der VfL Bochum. Und in der darunter folgenden höchsten Amateurliga gab es mit der nur wenige Tage nach dem FC gegründeten Fortuna Köln (22.2.48), mit dem VfL 99 Köln, Blau-Weiß Köln und Schwarz-Weiß Köln noch einmal vier Clubs, die ein sattes personelles Reservoir für den 1. FC Köln bildeten.

Der zweite Mann

Wer Fotos aus jener Frühzeit des Clubs betrachtet, zum Beispiel aus der ersten Oberligasaison, erkennt ziemlich schnell, warum der nicht überdurchschnittlich begabte, sportlich eher defensiv orientierte Hennes Weisweiler zur Führungsfigur der Mannschaft wird und nur ein Jahr nach ihrer Gründung als Spielertrainer die Nummer zwei im Verein hinter Präsident Franz Kremer. Unter zehn mehr oder weniger jungen Männern, die allesamt aussehen, als wären sie ganz nette Kerls, mit denen man vielleicht mal ein Bier trinken gehen kann, fällt Weisweiler auf wie der Hecht im Karpfenteich. Sein grimmiger Blick verheißt nichts Gutes, er sieht stets so aus, als begänne er gleich zu schimpfen. Das wird Kremer, der den Begriff Autorität immer auch mit autoritär gefüllt hat, gewiß gefallen haben.

Weisweiler galt als junger Spielertrainer als sehr erfindungsreich.

Er stellte die Mannschaft um oder Spieler auf eine andere Position, wenn er darin einen Nutzen fürs große Ganze sah. Am 7. November 1949 berichtete ein Journalist unter dem Kürzel *f.* im Kölner Stadt-Anzeiger über die 1:4 Niederlage des FC gegen Hamborn 07 vom Vortag. „Die Kölner sind ... an ihrer (wie ein Zuschauer spöttisch meinte, an Weisweilers) Experimentierkunst zugrunde gegangen." Weiter schreibt er über randalierende Zuschauer: „Unschöne Szenen nach dem Spiel, aber das scheint ja heute modern zu sein." Der Begriff Zeitgeist war damals noch nicht populär.

Preußen Dellbrück, ein echter Rivale

Für den Neuling in der Oberliga West hätte eigentlich alles auch ganz anders kommen können. Der traditionsreichere Club Preußen Dellbrück hatte in der Saison 1949/50 immer die Nase vorn. Über einen großen Teil der Spielzeit belegte der Rivale den 2. Platz der Tabelle. Er hatte auch beträchtlichen Erfolg beim Publikum. 20.000 Zuschauer waren bei den Ligaspielen im Kölner Osten keine Seltenheit. Am letzten Spieltag entschied sich, wer hinter Borussia Dortmund, als Tabellenerster schon feststehend, noch in die Endrunde um die Deutsche Meisterschaft einziehen durfte. Während Preußen Dellbrück Rhenania Würselen (nicht mehr mit Derwall) mit einem 4:1 zum Absteiger machte, verlor der FC bei Alemannia Aachen (da spielte Derwall jetzt) mit 2:3 und wurde nur fünfter in der Tabelle. Preußen hingegen war zweiter. Die Berichte auf den Sportseiten der Tageszeitungen übrigens waren in Länge und Sympathie sehr ausgeglichen zwischen den beiden Clubs.

Wäre – hätte – könnte. Hätte Preußen Dellbrück ein wenig mehr Glück gehabt, wäre es nicht unglücklich gegen Kickers Offenbach im Halbfinale nach einem Wiederholungsspiel ausgeschieden, hätte es vielleicht im Finale gegen den VfB Stuttgart gewonnen (wo Kickers Offenbach übrigens verlor) – ja dann hätte möglicherweise die Kölner Fußballgeschichte anders ausgesehen. Was wäre in Köln passiert, wenn 1950 der Deutsche Fußballmeister Preußen Dellbrück geheißen hätte? Damals war der Sportstudent Fritz Herkenrath im Tor der Preußen und hielt so ungefähr jeden Ball, dem er begegnete. Es muß jedenfalls sehr schwer gewesen sein, ihn zu überwinden.

Allerdings muß man wohl einschränkend bemerken, daß die Rivalität zwischen dem linksrheinischen und dem rechtsrheinischen Köln vielleicht verhindert hätte, daß sich der größere (und arrogantere) Teil im Westen mit den Preußen angefreundet hätte. Und ob überhaupt ein Club mit dem Namen auf Dauer eine Chance in Köln gehabt hätte? Aber immerhin, er hat sich ja später umbenannt – 1957 in Viktoria Köln. In jedem Fall war der Erfolg der Vorstädter aus dem Osten ein deutliches Warnsignal für den erfolgshungrigen Franz Kremer. Mit dem hölländischen Keeper Frans de Munck und dem halblinken Läufer Jupp Röhrig holte er zwei Spieler, die dem FC den Sprung an Dellbrück vorbei möglich machen sollten. Fortan war der junge Club bis zur Abschaffung der Oberligen 1963 immer vor dem Rivalen Preußen/Viktoria plaziert.

Während der Endrunde 1950 verhandelten die DFB-Gremien unter Präsident Peco Bauwens über die Entlohnung der Spieler, eine Frage, die bis weit in die Zeit der Bundesliga hinein für emotional geführte Debatten sorgte. Mit zunehmendem Erfolg hatten die Clubs zum Beispiel durch den Ticketverkauf einen großen finanziellen Überschuß, der irgendwie verwertet werden mußte. Und jede Regelung, die es ihnen erlaubte, überhaupt etwas zu zahlen, war für sie besser als gar keine. Das nämlich hätte geheißen, mehr und mehr Gelder unter der Hand zu bezahlen. Beschlossen wurde, daß die Vereine, die sich im „Vertragsfußball“ engagierten, das waren nicht mehr als jene, die einen Platz in den Oberligen innehatten, fortan eine „Grund- und Aufwandsentschädigung“ von 80 DM im Monat zahlen durften, zu der noch 40 DM „Aktivitätszulage“ kamen. Die erste einigermaßen echte Profi-Saison endete so mit einer genauen Regelung deutscher Art. – Im Sommer 1950 fand die Fußballweltmeisterschaft in Brasilien statt, die Uruguay im Finale mit 2:1 gegen den Gastgeber gewann. – Geprägt war die Zeit vom Beginn des Koreakrieges. Am 25.6. überschreiten Truppen des Nordens die

Grenze zum Süden. Die Situation eskaliert bis zu jenem Punkt, wo der US-General MacArthur China mit Atomwaffen angreifen will – aber von Präsident Eisenhower zurückgepfiffen wird.

Das Erfolgsmodell des 1. FC Köln beruhte unter anderem auf einem Duo, das zehn Jahre lang, von 1950 bis 1960 das Spiel des FC dominierte oder wenigstens mitbestimmte. Der Linksaußen Hans Schäfer, mit 266 Toren in 459 Pflichtspielen eine nachgerade legendäre Konstante in den diversen FC-Teams zwischen 1949 und 1965, und Jupp Röhrig, lehrten alle Hintermannschaften des Landes das Fürchten. „Wie jeder Flügelstürmer", schrieb Schäfer später, „brauchte auch ich den Verbinder, den Einfädler. (...) Er gab die Vorlagen, ich vollstreckte. Wir verstanden uns blind. Da bedurfte es keiner Zurufe, ein Kopfnicken genügte. Röhrig/Schäfer – das war zu seiner Zeit der Zwillingsflügel aus Köln."

Angekommen im Wirtschaftswunder

Die Bilanzkurve führt steil nach oben. Nach zwei fünften und einem vierten Platz gibt es in der Saison 1952/53 den zweiten – und das bedeutet die erstmalige Teilnahme an der Endrunde zur Deutschen Meisterschaft. In zwei Gruppen stehen sich die Tabellenersten und -zweiten der Oberligen gegenüber. Die Gewinner der Gruppen bestreiten dann das Finale. Der 1. FC Köln gewinnt aber nur eins von sechs Spielen – gegen Holstein Kiel. Meister wird die überragende Mannschaft der Spielzeit, der 1. FC Kaiserslautern.

1954 dann, im Jahr der Weltmeisterschaft, wurde der FC zum ersten Mal Meister der Oberliga West. Wie im letzten Jahr mußte man in der Endrundengruppe gegen Eintracht Frankfurt und den 1. FC Kaiserslautern antreten, hinter denen man zuletzt geblieben war. Wegen der WM wurde die Endrunde verkürzt, es gab also nicht Hin- und Rückspiele, sondern nur jeweils eine Begegnung. Nach einem 3:2 gegen Frankfurt kam es zum entscheidenden Match gegen Kaiserslautern, das dem FC die erste Endspielteilnahme bringen sollte.

Aber nachdem Fritz Walter in der ersten Hälfte schon einen Strafstoß gegen den FC verwandelt hatte und als nach dem Wechsel schnell zwei weitere Tore zum 3:0 gefallen waren, hätte keiner mehr auch nur einen Pfifferling auf die Kölner gegeben. Als Hans Schäfer in der 63. Minute den Anschlußtreffer erzielte, wuchs Hoffnung in den Kölner Herzen. Doch Fritzens Bruder Ottmar Walter machte fünf Minuten später alles klar. Dachte man. Der 1. FC Köln warf alles nach vorn, kämpfte und rannte den Gegner nieder – und wurde auch belohnt. Nordmann und Stollenwerk schafften bis zur 83. Minute das 3:4. Aber mehr ging nicht. In der Presse wurde von einem gleichwertigen Spiel gesprochen – und auch wenn der FC das erste Endspiel seiner kurzen Karriere versäumt hatte, war doch eins klar geworden: Nun war der Club endlich dort angekommen, wo Franz Kremer ihn hatte haben wollen. An der Spitze des deutschen Fußballs. Der amtierende Deutsche Meister hatte gewankt und wäre fast gefallen. Daß der dann im Endspiel von Hannover 96 mit 5:1 eingemacht wurde, interessierte in Köln schon nicht mehr. Im gleichen Jahr verlor der FC auch sein erstes Pokalfinale gegen den VfB Stuttgart, am Ende hieß es 0:1. – Im vietnamesischen Dien Bien Phu wurden am Tag des Matchs Köln vs. Kaiserslautern die Verhandlungen zwischen französischen Offizieren und Vertretern des Vietminh aufgenommen, um die Kampfhandlungen zwischen den beiden Armeen zu beenden. Der endlose Vietnamkrieg stand an seinem Anfang.

So hätte es nun weitergehen können. Der Wirtschaftswunderverein hätte mit dem Schwung der gewonnenen Weltmeisterschaft im Rücken und einem Linksaußen Hans Schäfer, der einer der Stars der Veranstaltung gewesen war, das nächste Ziel ansteuern können: die Meisterschaft nach Köln zu holen. Oder wenigstens eine Endspielteilnahme zu erreichen. Doch an so etwas war nicht zu denken, die Mannschaft brachte es nicht mehr.

Was war geschehen? Frans de Munck hatte den Club verlassen, fortan kassierte die Abwehr stets mehr Tore pro Jahr. Und die erste Luft war raus. Kremer und zunächst auch Weisweiler hatten den FC nach oben geführt und dabei vielleicht mehr aus den Mannschaften herausgeholt, als andere es geschafft hätten. Das geht nicht auf Dauer.

Es folgten magerere Jahre. Nach einem siebten Platz 1955 kam Weisweiler wieder, der nach einem weiteren siebten Platz 1957 den Einzug in die Endrunde als Dritter der Abschlußtabelle nur um Haaresbreite verfehlte. Doch 1958 war es dann wieder soweit. Nachdem man in der noch zu überwindenden Qualifikation endlich den 1. FC Kaiserslautern aus dem Weg räumen konnte, gelang allerdings in den Gruppenspielen gegen den HSV, den 1. FC Nürnberg und den FK Pirmasens (!) nicht ein einziger Sieg. Der Traum vom Endspiel war schier unerfüllbar.

Im nächsten Jahr bot sich die Chance erneut. Doch schon im ersten Gruppenspiel wurde der FC vom Vorjahresgegner Pirmasens mit 4:0 gebürstet. Kein gutes Omen. Zuletzt wurden die Kölner Zweiter hinter den unschlagbaren Kickern der Eintracht aus Frankfurt, die dann auch Meister wurden und im folgenden Jahr das Endspiel des Europapokals gegen Real Madrid erreichten, das sie 3:7 verloren.

Die Moderne kommt

Langsam hatte sich die Mannschaft des 1. FC Köln verändert. Die Recken Jupp Röhrig und Hans Schäfer waren nicht mehr die jüngsten, feierten 1960 ihren 35. und 33. Geburtstag. Mit Helmut Rahn war der Schütze des Toooooor-Tores im WM-Endspiel gekommen, aber auch er war schon 30. Auch der phänomenale Allrounder Georg Stollenwerk, der seit 1953 beim FC auf allen elf Positionen zum Einsatz gekommen war und selbst im Nationaltrikot fünf verschiedene Jobs in 23 Spielen zu erfüllen hatte, war schon 30. Mit den jungen Kickern Christian Müller, einem der erfolgreichsten Scorer im FC-Trikot überhaupt, mit dem Rechtsaußen Karl-Heinz Thielen, der mehr als eine Dekade für den FC spielen sollte, und mit Karl-Heinz Schnellinger, der den ersten modernen Libero des Clubs verkörperte, gab es aber die entsprechenden Gegengewichte. Dazu kam der türkische Internationale Coskun Tas, der offensiv aus dem Mittelfeld heraus agierte, und mit Fritz Ewert wieder ein Torhüter, wie es sie in der Geschichte des FC einige Male gegeben hat. Der Mann mit der charakteristischen hohen Stirn war wie Toni Schumacher II. oder Bodo Illgner nach ihm über lange Zeit unangefochten die Nummer eins – eine der großen Konstanten war in der FC-Geschichte fast immer die Gewißheit der Abwehr, sich auf einen wirklich guten Keeper verlassen zu können. Ewert spielte von 1957 bis 1966 beim FC, davon war er sechs Jahre die Nummer eins im Tor.

Der FC hatte in der Oberliga West eine außerordentlich gute Zeit. In vierzehn Jahren mit jeweils 16 Mannschaften sprangen für den FC zwei siebte und zwei fünfte Plätze heraus, dazu jeweils ein vierter und ein dritter und insgesamt drei zweite. Schließlich gab es fünf Ligameisterschaften. Damit ist er der erfolgreichste Club jener Zeit. (Borussia Dortmund hat es in zwei Jahren mehr Zugehörigkeit zur Oberliga West allerdings auf sechs Meisterschaften gebracht.)

Es ist also 1960, und die fetten Jahre sollten genau jetzt anbrechen. Franz Kremers Saat sollte aufgehen. Seine Idee von einem etablierten und erfolgreichen Fußballclub wurde endlich Wirklichkeit. Von 1960 bis 1963 gewann der FC stets die Oberliga und war Stammgast in der Meisterschaftsendrunde. 1960 gewinnt der FC seine Gruppe gegen Werder Bremen, Tasmania Berlin und (schon wieder) den FK Pirmasens überlegen. In Frankfurt wird am 25.6. der Hamburger SV der Gegner sein.

Am Sonntag, den 26. Juni fahren die FC-Spieler mit einem Karnevalswagen durch Köln, Tausende säumen die Straßen. Jupp Röhrigs letztes Spiel überhaupt war das erste Meisterschaftsendspiel, das der FC erreichte. Leider gewann der HSV mit 3:2 – aber der FC wurde als ein großer Verlierer angesehen. Der Kölner Stadt-Anzeiger spricht von „einem der dramatischsten Kämpfe, die die Endspielgeschichte verzeichnet". Dem HSV wurde allerdings republikweit die Meisterschaft gegönnt. Der Club stand zum dritten Mal in vier Jahren in einem Endspiel und gewann endlich das erste von ihnen. Drei Endspiele in vier Jahren – genau das war es auch, was dem FC nun bis 1963 bevorstand.

Das nächste Jahr bringt eine Enttäuschung. Das eingespielte Team belegt nur den dritten Platz der Gruppe und muß beim Endspiel zusehen. 1962 dann ist wieder WM-Jahr. Die Meisterschaftsrunde ist verkürzt, es gibt nur drei Spieltage in der Vierergruppe. Tschik Cajkovski, der nach drei Jahren als Spieler (1955-58) nun zurückgekommen war, um als Trainer die Mannschaft nach dem deprimierenden Ausscheiden im Vorjahr zu übernehmen, liebt die offensive Spielweise. Nachdem Eintracht Frankfurt auswärts mit 3:1 geprügelt wurde, und der HSV mit 1:0 nach Hause geschickt wurde, durfte man gegen den FK Pirmasens (!) keine Blöße zeigen, denn Frankfurt hatte gegen diesen Gegner sein Torverhältnis geschönt. Cajkovski ließ voll auf Angriff spielen. Vier Tore von Thielen, drei von Müller, dazu jeweils eins von Schäfer, Habig und Sturm machten ein sensationelles 10:0. Gegner im Finale ist der starke 1. FC Nürnberg, der den FC im vorangegangenen Jahr um die Finalteilnahme gebracht hat. Tschik geht volles Risiko und läßt bedingungslos offensiv spielen. Die Nürnberger werden mit 4:0 eingemacht. Es ist eine entwürdigend hohe Niederlage für ein Meisterschaftsendspiel.

Am Sonntag, den 13. Mai 1962 sind es nicht nur ein paar Tausend Gesichter, die die Straßen säumen, sondern ca. 200.000 Menschen, die den Spielern des FC bei ihrer Triumphfahrt zujubeln. Der Kölner Stadt-Anzeiger eröffnet die Sportseite am Montag mit der fetten Headline: „...und nun Europapokal". Der FC dieser Tage wurde allgemein als die beste Mannschaft angesehen, die es seit langem gegeben hatte im Lande. – Trainer Cajkovski kündigte seine Erwartungen zum Europapokal entsprechend selbstbewußt an: „Aus Köln holt auch dann keine Mannschaft einen Punkt."

Meisterschaft und Absturz

Hier sollte er verdammt Recht behalten, denn in der folgenden Euro-Saison verlor der FC zuhause im Europapokal der Landesmeister nicht. Doch vielleicht kannte Tschik ja den Modus nicht, denn genutzt hat es dem Verein nix. Man flog trotzdem raus. Vor der Champions League wurde der Cup schließlich im K.o.-System gespielt, da kam es auf ganz andere Dinge an.

Dundee, ein schottisches Städtchen. Wenn es Reizworte gibt für den erfahrenen FC-Fan, dann könnten sie – alphabetisch geordnet – so lauten: Dundee, deswegen; Leverkusen, wegen der fürchterlich unangenehmen räumlichen Nähe; Liverpool, wegen der Münze; Madrid (Real), wegen viel zu vieler unnötiger Vergleiche; Mönchengladbach, wegen allem; München (Bayern), sowieso; Nottingham, wegen eigener Blödheit.

Dundee. Die Geschichte ist ja eigentlich bekannt. Den schottischen Meister FC Dundee wird man schon weghauen, hat man gedacht im Herbst 1962 – und zurück kommt man mit der höchsten Niederlage, die sich ein deutscher Club je in europäischen Wettbewerben eingefangen hat. Klar, Fritz Ewert, der Torwart, jettet mit seinem Kopf gegen den Pfosten, geht K.o., zur Halbzeit kann er sich nicht einmal an den Zwischenstand erinnern, der Abwehrspieler Toni Regh muß in den Kasten, Tore sind kein Problem mehr für die Stürmer der zweitklassigen Schotten. Klar, alles war eine Verkettung sehr unglücklicher Umstände. Doch eins bleibt. Das ist das Ergebnis: Der 1. FC Köln verliert in seinem ersten Match auf europäischer Ebene als Deutscher Fußballmeister beim FC Dundee mit 1:8. Tschiks Ausspruch Journalisten gegenüber auf dem Heimflug ist Legende: „Am besten, Flugzeug stürzt ab."

(Dundee, Nachlese. Es war die Gelegenheit, Rache zu üben. Jaja, man trifft sich immer zweimal. Neun Jahre später, im Herbst 1971, tritt der 1. FC Köln im UEFA-Cup gegen den schottischen Vertreter FC Dundee von der Ostküste der großen britischen Insel an. Das Heimspiel gewinnt der FC mit 2:1. Gute Aussichten eigentlich. Nach einer Stunde im Rückspiel in Schottland führt der FC wieder mit 2:1. Jetzt müßten die Schotten noch drei Tore machen, um weiterzukommen. Idiotischer Gedanke eigentlich. In der 70. Minute fällt das 2:2. Naja, zwei Dinger fehlen immerhin noch. Aber diese zwei Dinger machen die Kicker aus Dundee in der 79. und 83. Minute. Der FC ist raus aus dem UEFA-Cup. Diese Episode ist ein weiteres Beispiel für die These, daß der 1. FC Köln mindestens in den letzten drei Dekaden seiner Existenz unter seinen sportlichen Möglichkeiten geblieben ist. Außerdem ist da die vergebene Chance für eine verdammt notwendige Rache. Das bleibt. Und schmerzt. Der urtümliche Charakter des einfachen Spiels Fußball hätte in dieser Revanche seinen genialen Ausdruck gefunden.)

Schwamm drüber. Die nächste Saison aber ist wiederum Ausdruck für die These, daß der FC mehr aus seinem riesigen Potential hätte machen können – und auf der Ebene der Deutschen Meisterschaft spielte sich hier für den Club seine größte Katastrophe ab. Jedenfalls sollte man die Ereignisse der Spielzeit 1962/63 tragischer bewerten als die knapp vergeigten Meisterschaften unter Christoph Daum Ende der 80er, der seine Mannschaft immerhin weit übers Limit trieb. Der FC hatte seine Oberliga wie immer gewonnen, war als erster der Tabelle vor Borussia Dortmund durchs Ziel gelaufen, hatte den BVB dabei auch zweimal in den Meisterschaftsspielen geschlagen (2:1 und 3:2). Also auf in die Endrunde.

Hier vollbringt die Mannschaft des FC die wahrscheinlich beste Leistung der 50jährigen Club-Geschichte. In sechs Spielen schießen die Kicker 29 Tore – gegen die Konkurrenz um die Deutsche Meisterschaft wohlgemerkt. Dabei ist allein Christian Müller für neun Treffer verantwortlich, Karl-Heinz Thielen macht sechs Tore. Gegen Hertha BSC gewinnt man 5:1 und 6:3, der alte Angstgegner Nürnberg wird mit 6:2 davongejagt, und Kaiserslautern prügelt man nach einem 0:2-Rückstand noch mit 8:2 aus dem Stadion.

Und im Endspiel wartet Borussia Dortmund. Die hat man schon zweimal geputzt, das müßte doch zu machen sein. Weit gefehlt! Diese fantastische Mannschaft ist nicht in der Lage, die in sie gesetzten Erwartungen zu erfüllen. Wie so oft, patzt der FC im entscheidenden Augenblick. Borussia gewinnt das Endspiel mit 3:1.

Wieder mußte sich etwas verändern. Stollenwerk ist noch im Kader, wird aber nicht mehr eingesetzt, Schnellinger wird für die sensationell hohe Summe von 1,12 Millionen Mark zu AS Rom verkauft. Mit Heinz Hornig hat der FC schon in der letzten Oberligasaison einen guten Linksaußen von Rot-Weiß Essen verpflichtet, und seit einem Jahr schon warten mit Wolfgang Weber und Wolfgang Overath zwei vielversprechende Talente auf ihren Einsatz. Tschik Cajkovski verläßt den FC Richtung Süden in die Regionalliga zu einem unbedeutenden Verein mit ungewisser Zukunft, Bayern München. Der Fußball eröffnet ein neues Kapitel. Am 24. August 1963 wird die Bundesliga gestartet.

Eine grimmige Truppe. Der Deutsche Meister und Pokalsieger 1978.

Elmar Wigand

1963 – 1978: Die Ära der großen Spielmacher

Abenteuer Bundesliga

Die neugegründete Bundesliga war ein Kassenschlager. Die Idee, jeden Samstag Meisterschaftsfußball zu präsentieren, entsprach den Bedürfnissen des Publikums. Durch die kontinuierliche Verabreichung einer Droge ließ sich eine Sucht leichter stimulieren, als durch ungewisse Pokalwettbewerbe oder Meisterschaftsendrunden, in die nur die Sieger der Oberligen einziehen konnten. „Samstags gehört Vati mir!“ lautete der Slogan des DGB zum 1. Mai 1956, unter dem seit Ende der 50er Jahre schrittweise das arbeitsfreie Wochenende erstriten wurde. Die Bundesliga paßte in das Modell Deutschland. Nun konnte man an einem Samstagnachmittag mit Freunden und mit Sohnemann ins Stadion gehen oder den Wirtschaftswunderkleinwagen aus der Garage fahren und in Begleitung der WDR-Sportpalette polieren. Herrlich.

Die Bundesliga startete mit einem Zuschauerdurchschnitt von knapp unter 25.000 pro Spiel; in der zweiten Saison 1964/65 stellte sie mit einem Durchschnitt von 27.000 Gästen einen Rekord auf, der erst 1994/95 übertroffen wurde.

Nicht nur die Rahmenbedingungen, auch das Spiel selbst, die Art zu spielen, hatten sich grundlegend gewandelt. Das WM-System, Erfogsmodell der 50er Jahre, war historisch überlebt – die Zeit der großen Regisseure auf dem Rasen war angebrochen.

Ein kurzer Ausflug in die Geschichte der Fußballstrategie

Das WM-System:
Die Bezeichnung „WM“ rührte nicht daher, daß Deutschland mit dieser Art der Raumaufteilung die Weltmeisterschaft 1954 gewonnen hatte, sondern daher, daß die Spielformation so angeordnet war, wie ein W über einem M. Das System wurde in den 30er Jahren von Trainer Herbert Chapman bei Arsenal London eingeführt, deren Team mit ihm bis Kriegsbeginn den englischen Fußball dominierte.

	Torwart	
rechter Verteidiger	Stopper	linker Verteidiger
rechter Läufer		linker Läufer
halbrechter Stürmer		halblinker Stürmer
Rechtsaußen	Mittelstürmer	Linksaußen

Die Spielausrichtung des WM-Systems war offensiv. Die Musik spielte im gegnerischen Strafraum. Gewinnen würde, wem es gelänge, die meisten Tore zu schießen. Es wurden nicht weniger als fünf Stürmer aufgeboten, wobei den Halbstürmern die kreativste Rolle zukam. Hans Schäfer spielte sowohl beim 1.FC Köln als auch in der Nationalelf auf dieser Position, halblinks. Er konnte den tödlichen Paß auf seine Vorderleute spielen, so seinen Paß auf Rahn zum 3:2 im Berner Endspiel, oder selbst als Torjäger in Erscheinung treten. Auf der anderen Seite, in der Abwehr, wurden die Außen und der Mittelstürmer in Manndeckung genommen, die Läufer kümmerten sich um den Rest. Das Spiel pendelte zwischen Angriff und Verteidigung. Die Menschen hatten eine Vorstellung vom Raum, die in Rudimenten noch Züge des Rugbyspiels enthielt, der evolutionären Vorstufe des Fußballs. Es galt, Land zu gewinnen. Die Läufer hatten das Mittelfeld zu überbrücken. Sie wetzten entweder selbst mit dem Ball nach vorn und lieferten ihn beim Halbstürmer ab, oder er gelangte durch Kombinationen in Strafraumnähe. Ein erfolgreicher Halbstürmer wie Hans Schäfer war nichts ohne seinen Läufer und Einfädler namens Jupp Röhrig. Beide wurden als Tandem gesehen und auch in der Nationalelf zusammen eingesetzt. Ein anderer Stil – noch mehr Rugby – war das Kick and Rush. Ohne viel Federlesens wurde der Ball nach vorne gedroschen, wo man sich auf die Schnelligkeit der Außen und die Durchsetzungfähigkeit des Mittelstürmers verließ. Der HSV mit Uwe Seeler demonstrierte, daß man mit dieser nicht gerade schöngeistigen Spielauffassung durchaus erfolgreich sein konnte. Raum und Ball – beide galt es vom Gegner zu erobern, zu beiden herrschte ein gespanntes Verhältnis. Der Raum mußte überwunden werden und der Ball mußte nach vorne, bevor er Dummheiten machen konnte. Wie konnte man etwas lieben, das man so fest mit Füßen trat?

Der freie Mann:

Der nächste große Schritt in der Entwicklung des Fußballs wurde aus der Not getan. Der Fußballzwerg aus der Schweiz kam auf die Idee, eine sichere Niederlage abzuwenden, indem man zunächst die Tore des spielerisch überlegenen Gegners verhinderte, anstatt den hoffnungslosen Versuch zu unternehmen, selbst möglichst viele Tore zu schießen. Die Eidgenossen stellten hinter ihren Stopper einen weiteren Mann, dessen Aufgabe einzig darin bestand auszuhelfen, eben dorthin zu laufen, wo die Gegner durchgebrochen waren, wo es brannte. Der Schweizer Riegel, das System des Doppelstoppers, war erfunden.

Torwart

Doppelstopper/Libero

rechter Verteidiger — linker Verteidiger

Vorstopper

halbrechts — linker Läufer

halblinks

Rechtsaußen — Mittelstürmer — Linksaußen

Die Schweiz wurde von ihren Kontrahenten ob ihres defensiven Stils verhöhnt, erst nach 90 Minuten merkte man, was Sache war. Ein oder zwei Törchen gelangen auch der Schweiz und das reichte. Die Verlierer lamentierten über destruktive Taktik, Unfähigkeit ihres Gegners und dessen unschönes Spiel, aber was nützte es. Gewonnen war gewonnen. 1956 schlug die Schweiz den amtierenden Weltmeister Deutschland in Frankfurt mit 3:1. Zunächst begriff niemand – auch die Erfinder nicht –, welch ungeahnte Möglichkeiten die Idee des freien Mannes bringen konnte. Wenn man nun dem freien Mann auch einen freien Willen zusprechen würde? Wenn man seine Rolle anstatt mit einem Zerstörer mit einem intelligenten Wesen besetzen würde, einem Techniker, der das Gefühl für den Raum besäße, der Spielsituationen vorausahnen konnte? Warum sollte dieser Mann – man nannte ihn Libero – auf Abwehraufgaben beschränkt werden, wenn er in Ballbesitz war, warum sollte er nur Schild sein, warum nicht Schwert? Das Genie hatte den Rasen betreten. Karl-Heinz Schnellinger war der erste deutsche Kicker dieser Art und spielte beim 1.FC Köln. Mit ihm gewannen die Geißböcke 1962 die Deutsche Meisterschaft. Über den Libero hatte der Fußball den Raum neu entdeckt. Die Musik spielte nun im Mittelfeld, wohin der Libero vorrückte, wenn es ihm gefiel. Die Aufteilung in Läufer, sowie halbrechte und halblinke Position wurde unsinnig. Fortan gab es offensive und defensive Mittelfeldspieler. Gewissermaßen hat erst der Libero ein Verständnis vom Mittelfeld geschaffen. Hier wurden die Spiele entscheiden. Es war ein kleiner Schritt, bis das Genie als Spielmacher und Regisseur im Mittelfeld verblieb. Die klassische Nr. 10 war entstanden. Das Verhältnis zu Ball und Raum war revolutioniert. Der Spielmacher liebte den Ball. Günter Netzer streichelte ihn vor jedem Freistoß mit unverhohlener Erotik. Mit ihm ließ sich spielen, ja zaubern. Gleiches galt für den Raum, den freien Raum, in den der punktgenaue Paß segelte.

Karl-Heinz Schnellinger ging 1963 nach Italien. Die großen Spielmacher der ersten Bundesligaepoche hießen Wofgang Overath, Franz Beckenbauer und Günther Netzer.

Der zweite Titel

„Die erste Mannschaft, die aus der Spitzengruppe zurückfällt, ist der 1.FC Köln“, prognostizierte Bundestrainer Sepp Herberger in der Winterpause der Saison 1963/64. Der FC war souverän Herbstmeister geworden. Seit dem 6. Spieltag stand das Team auf Platz 1. *„Die Kölner spielen zu gerne. Darüber vergessen sie die notwendige Deckungsarbeit. Das kann gegen starke Gegner nicht gutgehen.“* Was für den späteren FC durchaus ein zutreffendes Urteil war, erwies sich damals als falsch. Herbergers Kritik an der FC Mannschaft betraf vor allem die Außenläufer Sturm und Benthaus, die mit 28 zu den Ältesten des Teams gehörten (abgesehen von Routinier Hans Schäfer); sie würden ihre Defensivaufgaben nicht ausreichend wahrnehmen, nicht schnell genug auf Abwehr umschalten. So schlimm kann es nicht gewesen sein, denn der FC verlor in der gesamten Saison nur zwei Spiele. Die Höhpunkte waren in der Hauptkampfbahn zu sehen, als der KSC mit 4:0 eingeseift, Kaiserslautern mit 5:1 gebürstet und der 1.FC Nürnberg mit 5:0 unter die Dusche geschickt wurde. Beinahe eine halbe Million Menschen besuchten die Heimspiele, was einen Durchschnitt von 33.000 bedeutete.

Die junge Mannschaft wurde mit sechs Punkten Vorsprung Deutscher Meister. Zum zweiten Mal nach 1962. Sie hatte den Weggang des Karl-Heinz Schnellinger verkraftet, außerdem einen Trainerwechsel von Tschik Cajkovski, der in Köln allseits geliebt wurde, zu Georg Knöpfle, einem drögen Pitter, dessen Markenzeichen eine stets blankpolierte Glatze war, die ihm ein hartes, leicht brutales Äußeres verlieh. Es war erklärte Strategie des FC-Boß, der Elf alle zwei bis drei Jahre einen neuen Trainer zu geben, um für frischen Wind zu sorgen. Im Gegensatz zu Cajkovski, einem Propheten des bedingungslosen Offensivfußballs, schwor der unnahbare Knöpfle vor allem auf körperliche Qualitäten. Durch seine beinharte Schule wurde das FC-Team zum konditionsstärksten der Liga. Er schuf eine gute Grundlage, die wichtig war, um die zusätzliche Belastung durch den internationalen Wettbewerb zu überstehen. Im Messepokal 1963/64, dem Vorläufer des UEFA-Pokals, gelangten die Geißböcke bis ins Halbfinale, wo der CF Valencia die Endstation war. Zuvor wurden Gegner mit so poetischen Namen wie „La Gantoise Gent“ oder „Sheffield Wednesday“ ausgeschaltet. Im Viertelfinale gelang es der Mannschaft um Overath, Schäfer und Weber, den AS Rom mit 4:0 aus dem Rennen zu schießen, nachdem das Hinspiel in Rom mit 1:3 verloren worden war.

Für die folgende Saison 1964/65 konnte das Ziel nur die Titelverteidigung sein. Doch im Laufe der Spielzeit machten sich Ermüdungserscheinungen bemerkbar. Die Diva legte mit einer 2:3 Heimniederlage gegen das Kellerkind Hertha BSC und einer Auswärtsniederlage bei Hannover 96 einen ihrer mittlerweile klassischen Fehlstarts hin, gelangte aber durch eine Serie von elf Spielen ohne Niederlage an die Tabellenspitze. Dort schafften es die Kölner nicht, den Titelkampf für sich zu entscheiden. Im Europapokal ließen sie zuviele Kräfte. Die Folgen der drei Viertelfinalspiele gegen den FC Liverpool, die zu den dramatischsten und meistbeachteten Spielen der 60er Jahre gehörten, waren so leicht nicht wegzustecken. Zudem spielte Hans Schäfer lange Zeit nicht mit. Fortwährende Bänderdehnungsprobleme setzten ihn für dreizehn Spiele außer Gefecht. Eine Folge überzogener Trainingsmethoden? Gegen Liverpool war er nur Zuschauer. Für die letzten fünf Saisonspiele kehrte die Gallionsfigur der Kölner Offensive zurück. Zunächst gelangen zwei Siege gegen Schalke 04 und 1860 München, doch in der entscheidenden Meisterschaftsphase schaffte der FC nur drei schlappe Unentschieden, was den Verlust des Titels bedeutete. Die Geißböcke hätten ins Halbfinale des Europapokals der Landesmeister vorstoßen können, sie hätten Deutscher Meister werden können. Am Ende standen sie mit leeren Händen da. Hans Schäfer beendete seine große Karriere im Moment des Scheiterns. Die jungen Stürmer Christian Müller und Hannes Löhr hatten es schwer, die entstandene Lücke zu schließen.

Dreimal gegen Liverpool

Die drei Matches des 1.FC Köln gegen den FC Liverpool fesselten Fußballfans in ganz Deutschland. Kaum ein anderes Ereignis bescherte dem Club derartig viel Sympathie. Das alles, obwohl man letztendlich ausschied. Die Spiele sind durchaus in einer Linie zu sehen mit den Endspielen der Nationalmannschaft gegen Ungarn 1954 in Bern und gegen England 1966 in London, beide mit entscheidender Kölner Beteiligung. Der sensationelle Sieg gegen die hochgelobte und spielerisch überlegene ungarische Elf war 1954 für die Nation eine „Auferstehung aus Ruinen". Erstmals nach dem 2. Weltkrieg war wieder eine Deutsche Mannschaft zu Weltmeisterschaften zugelassen. Vieles war improvisiert; das Team hatte den Status eines krassen Außenseiters, um so mehr als man im vorausgegangenen Gruppenspiel gegen Ungarn bereits mit 8:3 gedemütigt worden war. Der Sieg gab dem in seinem Selbstbewußtsein gebeutelten Volk der Richter und Henker das Gefühl, wieder dabei sein zu dürfen im Konzert der zivilisierten Welt, zu vergessen, was gewesen war, ja mehr noch das Gefühl, zum ersten Mal in diesem Jahrhundert aus scheinbar aussichtsloser Position gewinnen zu können. Der Sieg brachte einen enormen Motivationsschub zur Restauration Westdeutschlands.

Wollen wir den Bogen weiter spannen, so bedeutete das Ausscheiden Kölns gegen Liverpool eine sportliche Wiederholung der Dolchstoßelegende des 1. Weltkriegs, des Mythos der „im Felde ungeschlagenen Mannschaft" (so der Radiokommentar), die durch böse Geschicke, gar Verschwörungen, um die Früchte ihres aufopferungsvollen Kampfes gebracht wurde. Köln schied erst durch einen Münzwurf aus. Gleiches wiederholte sich im 66er Endspiel gegen England, als Geoff Hurst sein berühmtes Wembley-Tor schoß, dem in Deutschland während der folgenden 30 Jahre nachgejammert wurde. Das Verlieren hat man hier nie gelernt.

Zugegebenermaßen wurde selten so tragisch verloren wie im März 1965: Der FC Liverpool war eine der renommiertesten Vereinsmannschaften Europas. Mit dementsprechend viel Respekt gingen die Kölner in die erste Begegnung, zumal man die verheerende 8:1 Niederlage gegen den FC Dundee im Landesmeisterwettbewerb des Jahres 1962 im Nacken hatte. Das Hinspiel in Köln brachte nur ein enttäuschendes 0:0, was für das Rückspiel Schlimmes befürchten ließ. Zahlreiche Fans reisten an den Mersey, um dem FC den Rücken zu stärken, doch plötzlicher Schneefall erzwang einen neuen Termin. Das kostete Nerven. Zwei Wochen später, bei besserem Wetter, rannten die Briten ununterbrochen gegen das Kölner Tor an, doch es gelang ihnen nicht, Toni Schumacher I. zu überwinden, der das Spiel seines Lebens machte. Es endete ebenfalls mit 0:0, dennoch war es voller Spannung. Der FC Liverpool hätte drei oder vier Tore schießen können, Endstation war stets Schumacher, der an diesem Tag zur Legende, zum „Helden von Liverpool" wurde.

Eine Woche später, am 24.3. 1965 fand das Entscheidungsspiel in Rotterdam statt. In der 28. Minute gelang St. John das 1:0 und zum allgemeinen Entsetzen erhöhte Hunt elf Minuten später auf 2:0. Die Geißböcke steckten nicht auf. Kurz vor der Pause markierte Thielen den Anschlußtreffer zum 2:1, was die Liverpooler psychologisch gesehen aus der Position der überlegenen Führung in die Rolle der Gejagten warf.

In dieser Nacht wurde eine weitere Legende geboren. Wolfgang Weber war durch einen Zusammenprall schwer lädiert und lahmte besorgniserregend. Die Erfindung des Auswechselns hielt erst später Einzug in den Fußball, so daß sich zur Halbzeitpause die bange Frage stellte, ob Weber weiterspielen würde, oder ob der FC mit nur 10 Akteuren aufs Spielfeld zurückkehren würde. Zu diesem Zeitpunkt wußte niemand, daß Wolfgang Weber einen Wadenbeinbruch erlitten hatte. Er spielte die folgende Halbzeit und die anschließende Verlängerung, war als regulärer Spieler kaum zu gebrauchen, durchhumpelte das Feld, war aber immerhin Anspielstation, trennte einige Gegner vom Ball und hätte beinahe noch ein Tor geschossen. Ein Hauch von Stalingrad wehte durch Rotterdam.

Die 2. Halbzeit war drei Minuten alt, da hämmerte Hannes Löhr einen unglaublichen Schuß aus 25 Metern, so flach und so hart, wie es der menschliche Körper und die Gesetze der Physik im äußersten Notfall zulassen, ins linke Eck des gegnerischen Tores. Kawumm! Das Spiel war wieder offen, mehr noch, die Engländer demoralisiert. Nerven langen blank, das Fußballspiel begann, sich in seine rohe Urform zurückzuentwickeln: Rugby. Schubsen, Schlagen, Klammern, Grätschen. Heinz Hornig erzielte den Siegtreffer für die Kölner, der aus nicht überlieferten Gründen vom Schiedsrichter annulliert wurde. Yeats schlug Löhr mit der Faust ins Gesicht – ohne Folgen; ein klarer Elfmeter wurde den Kölnern verwehrt. Nach 90 Minuten Spielzeit und 30 Minuten Verlängerung stand es immer noch 2:2. Das Elfmeterschießen war genausowenig erfunden, wie das Auswechseln von Spielern. Stattdessen sollte ein Münzwurf das Drama entscheiden. Rot-Weiß, die Kölner Farben. Rot für Köln, weiß für Liverpool. Der Schiedsrichter wirft die Münze an der Stelle des früheren Mittelkreises, wo nunmehr ein amorpher schlammig-durchpflüger Acker ist. Die Münze fliegt, fast hält die Spannung sie für einige Sekunden länger in der Luft, dann senkt sie sich zu Boden — und — bleibt aufrecht im Acker stecken! Der Schiedrichter muß diese Farce wiederholen. Weiß gewinnt. Liverpool kommt weiter.

Wechseljahre, Tod und Abstiegsangst

Im folgenden Jahr gewann Borussia Dortmund als erste deutsche Vereinsmannschaft einen internationalen Titel, den Europapokal der Pokalsieger gegen eben diesen FC Liverpool. Der Trainer hieß Willi Multhaup, derselbe, der in der Saison 1964/65 Werder Bremen zur Meisterschaft führte und den FC auf Platz 2 verdrängte. Kein Wunder, daß Franz Kremer ihn für die Saison 1966/67 als neuen FC-Coach verpflichtete, nachdem sich Georg Knöpfle, der harte Hund, endgültig verbraucht hatte und Hennes Weisweiler allem Werben der Kölner widerstand. Auf welches Rezept konnte Multhaup seinen bisherigen Erfolg zurückführen? In Köln blieb diese

Frage offen und bald schon beorderte Kremer seinen Adlatus Hans Schäfer als Assistenten und heimlichen Herrscher an die Seitenlinie. Ohne Erfolg. Der Erste Fußballclub rutschte weiter ab. Nach einem 5. Platz in der Saison 65/66 folgte ein glücklicher 7. Platz in der Spielzeit 1966/67. Seit 1965 hatte die Bundesliga zwei Mannschaften mehr (18 statt bisher 16). Sie hießen Bayern München und Borussia Mönchengladbach. Dem FC bescherte diese Veränderung einen scharfen Konkurrenten um die Nummer 1 am Rhein und in der Region gibt es seither ein emotionsgeladenes Derby. Leider gewannen meist die Gladbacher, die sich von 1968 bis 1971 am Saisonende stets vor dem FC auf der Abschlußtabelle wiederfanden. Von 1966 bis 1970 verlor der FC jedes (!) Spiel gegen die Gladbacher und ihren Coach, den schlauen Bauern aus Lechenich, der nichts so persönlich nahm, wie diese Duelle. Es war stets auch ein Kampf zwischen Stadt und Land, Metropole und Provinz, arroganter Diva und frech gewordener Landpomeranze.

Der 1. FC Köln mußte die bittere Erfahrung machen, daß Erfolg zwar relativ planbar, aber schwer wiederholbar ist, und daß er sich mit Millionen nicht erzwingen läßt. Erfolgreiche Fußballer und erfolgreiche Trainer können sich in Nieten verwandeln, wenn man sie aus ihrer Umgebung reißt. Andererseits konnte ein ein intuitionsgesteuerter Monomane wie Hennes Weisweiler das Mauerblümchen Borussia Mönchengladbach zu unverhoffter Blüte bringen.

1967 starb Franz Kremer, der große Vorsitzende. Der Boß starb Samstagnachmittag am Elften im Elften, als er am Radio das Spiel seines FC gegen Eintracht Frankfurt verfolgte. Es war der dreizehnte Spieltag, die Karnevalssession hatte begonnen. Er sackte zusammen und war von dannen, seine Seele auf dem Weg in eine Welt ohne Abstiegsangst, ohne Blutgrätschen, Bestechung, Handspiel und Schiedsrichterfehlentscheidungen. Ihm sollte einiges erspart bleiben. Der große Trainer hatte ihn aus dem Spiel genommen. Einfach so.

Den Verein traf sein Abgang unvorbereitet, wie hätte man sich auch zu Lebzeiten des Patriarchen Gedanken über seine Nachfolge machen können? Unmöglich. Der FC war sein Privatclub, er funktionierte nach demselben Modell, nach dem Jean Löring die ebenfalls 1948 gegründete Fortuna aus Köln regierte. Ein Sonnenkönig – der Mittelpunkt des Universums. Der König ist tot – es lebe ...? Ja wer? Die absolutistische Ära war vorbei. Es folgte eine Herrschaftsform, die Wladimir Iljitsch Uljanow den „demokratischen Zentralismus" getauft hatte: Die Diktatur einer in sich geschlossenen Nomenklatura, die nach undurchschaubaren Mechanismen aus ihrem Kreis die anfallenden Pöstchen besetzte und nur mit einem hauchdünnen und aufreizend durchsichtigen demokratischen Mäntelchen bedeckt war. Es gehört zu den quälenden Schizophrenien des modernen Großstadtmenschen, daß er durch die Liebe zum Fußball beginnt, sich mit solchen Vereinsgebilden zu identifizieren. Für die nächsten 20 Jahre gelangten Charaktere an die Spitze, die aus ähnlichem Holz geschnitzt waren wie der Dahingeschiedene – strenge, seriöse, alte Männer, in ihrer persönlichen Entwicklung zwischen „den besten Jahren" und der Vergreisung stehend, mit einem Background aus kölscher Bourgeoisie, Kaufhof, West-Lotto und CDU. Anders als Franz Kremer fehlte ihnen der Fanatismus und die volle Identifikation mit dem Fußball. Auch hatten sie auf nationaler Ebene, beim DFB, einen geringeren Stellenwert. Werner Müller saß dem Verein als Interim bis 1968 vor, es folgte Oskar Maaß, der 1973 sein Amt niederlegte und von Peter Weiand beerbt wurde. Die Ära der alten Männer im Präsidentensessel endete erst 1987 mit der Wahl des jungen, sich dynamisch darstellenden Aufschneiders Dietmar Artzinger-Bolten, neben dem der gescheiterte Parlamentarier Bernhard Worms sein Gnadenbrot zehren durfte. Besser wurde dadurch nichts.

Der Tod des Franz Kremer erschütterte den Verein in seinen Grundfesten, hatte aber keinen direkten sportlichen Einbruch zur Folge. Der sollte mit zeitlicher Verzögerung eintreffen. In der Saison 1967/68 erreichte das Team einen guten 4. Platz, ohne jemals in den Titelkampf eingreifen zu können. Mit einem 2:5 gegen Borussia Mönchengladbach setzte es eine vernichtende Heimniederlage. Andererseits schlug man Schalke 04 in der Hauptkampfbahn mit 7:0, den 1.FC Kaiserslautern mit 5:0 und den KSC mit 4:0. Hannes Löhr wurde mit 27 Treffern Torschützenkönig der Bundesliga. Trotz dieser Heimstärke (bei gleichzeitiger Auswärtsschwäche) sank der

Zuschauerschnitt auf 22.000 pro Spiel. Das erfolgsverwöhnte Publikum begann sich zu langweilen.

Mit einem 4:1 gegen den Regionalligisten und Favoritenschreck VfL Bochum gewann der FC nach Saisonschluß den DFB-Pokal. Hätten die Fans geahnt, daß sie von diesem Titel die nächsten 8 Jahre würden zehren müssen, wäre die Euphorie sicherlich größer gewesen. Als Favorit gegen eine Außenseitermannschaft zu gewinnen, brachte keinen besonderen Ruhm.

Am Ende der folgenden Saison 1968/69 stand ein Abstiegsduell, wie Köln es noch nicht erlebt hatte. Der Deutsche Meister des Vorjahres, der 1.FC Nürnberg, und der amtierende Pokalsieger, der 1.FC Köln, trafen am letzten Spieltag in Müngersdorf aufeinander. Der Verlierer mußte absteigen. Das Stadion war erstmals seit 1 ½ Jahren wieder ausverkauft. Eine unvorstellbare Katastrophe stand bevor, die sich im Saisonverlauf angebahnt hatte und die zunächst niemand für möglich gehalten hatte. Kölsche Siegesgewissheit wandelte sich in eine regelrechte Fußballpsychose. Nichts ging mehr; die Mannschaft um Overath spielte verkrampften Angstfußball, wie er kennzeichnend ist für ein Team aus Technikern, ein Team mit Spielkultur, das beständig unter Niveau spielt, dem die Erfolgserlebnisse ausgehen und dessen Spielsystem schließlich in sich zusammenbricht. Im Abstiegskampf waren andere Qualitäten gefragt als der gepflegte Kick: Zweikampfstärke, Geradlinigkeit, Nervenstärke. Zunächst keine Tore kassieren und dann aus der geringsten Chance einen Treffer machen. Plötzlich wurde man zum Gejagten, in der Republik machte sich Schadenfreude breit und in Köln wandelte sich Hochmut in Enttäuschung und Spott. Der FC blieb in der Liga, weil er nach wie vor eine heimstarke Mannschaft besaß, die 26:8 Punkte zuhause holte und im entscheidenden Moment den 1.FC Nürnberg mit 3:0 ausknockte. Die Kölner Auswärtsbilanz war ein Desaster, ebenso die Torwartleistungen. Stammkeeper Soskic war verletzt, die Vertreter Birkhölzer und Heyeres boten keinen Ersatz. Das Team hatte einen Umstrukturierungsprozeß wegen Überalterung hinter sich, der möglicherweise zu lange aufgeschoben worden war. Zudem bemängelte die zeitgenössische Presse das Fehlen eines Antreibers, einer Führungspersönlichkeit, zozusagen eines „Leitbocks", der seine Kollegen mit den Hörnern stieß. Overath war es nicht. Er wollte durch Leistungen auf dem Platz glänzen, nicht durch Kraftmeiereien in der Kabine.

Das Umfeld, welches vom Verein profitierte, schlug denselben Klagegesang an, der uns auch während der 90er Jahre in den Ohren klingen sollte. Der unermeßliche Schaden für die Region. In den umliegenden Gaststätten sank der Kölschkonsum um 80 Prozent und die Frikadellenverkäufer sandten Stoßgebete zum Himmel. Die Stadt Köln bangte um eine Vergnügungssteuer von damals 224 000 DM und eine Stadtionmiete von 230 000 DM. Die DuMont-Blätter Express und Kölner Stadt-Anzeiger starteten eine großangelegte Kampagne namens *„Der 1.FC Köln darf nicht untergehen!"*, da mit ihm vor allem die Auflage in den Keller gegangen wäre. Sie gipfelte in einer Aktion, die Spielern insgesamt 17 500 DM Prämie bei Leistungssteigerung versprach – zu beurteilen von den Lesern. Sie durften Spielerbewertungsscheine ausfüllen, unter den Einsendern wurden Freikarten verlost. Mit Fleißkärtchen und Durchhalteparolen versuchte man, gegen die Rezession zu kämpfen. Auch das Lamento über die hohen Spielergehälter ließ nicht auf sich warten. Was steckte anderes dahinter als schäbiger Sozialneid auf ein paar auserwählte Proleten, die es durch den Fußball geschafft hatten, ihrer tristen Zukunft aus Arbeit, Arbeit, Arbeitslosigkeit zu entrinnen? Der FC war immer auch ein Hinterlandsverein und so schrieb der Leser Ludwig Brett aus Nauroth im Express: *„Ich fühle mich um die lange Anreise und ums Eintrittsgeld betrogen. Aus diesem Grunde muß ich Ihnen für 240 km per km 0,30 DM = 72,- DM in Rechnung stellen."* Glücklich der Verein, der solche Anhänger zu den seinen zählen kann. Der FC blieb trotzdem erstklassig.

„Das Wunder kam von heute auf morgen – der FC ist die Elf der Superlative" textete die Lokalpresse nur wenige Monate später. Am 11. Spieltag der Saison 1969/70 hatte man den FC Schalke 04 mit 8:0 geschlagen und damit den höchsten FC-Sieg in der Geschichte der Bundesliga erzielt. Der Verein war erstmalig seit 1964 wieder Spitzenreiter der Tabelle. In der Woche drauf schlug man die Bay-

ern in München mit 2:1 und selbst die mittlerweile obligatorische Niederlage gegen Borussia Mönchengladbach am 13. Spieltag fiel mit 0:1 recht milde aus, wenngleich es tragisch war, den Treffer in der 89. Minute zu kassieren. Vergessen waren die Sorgen von gestern. Man konnte zufrieden sein. Der kölsche Patient war über nacht quietschfidel geworden. Für die folgenden 20 Jahre war er von der Abstiegskrankheit kuriert. Das hatte Gründe: Mit Manfred Manglitz, der vom Meidericher SV kam, hatte der Verein einen der besten Torhüter der Liga verpflichtet und sein dringendstes Problem gelöst. Wichtiger noch war das Engagement von Rolf Herings, mehrfacher Deutscher Meister im Speerwurf, Dozent an der Sporthochschule Köln. Er war in den folgenden Jahrzehnten Konditionstrainer der Mannschaft. Sein Spezialgebiet wurde das Torwarttrainig. Er verstand es, sein Know-how als Leistungssportler, sein Wissen über Bewegungsabläufe und Trainigsmethoden zu verbinden mit der Logik des Fußballspiels und der Psychologie der Torwartrolle. Rolf Herings machte in den folgenden Jahren Toni Schumacher zu Deutschlands Nr. 1 und nach ihm Bodo Illgner. Er sollte inmitten aller Vereinswirren zu einer der wenigen verläßlichen Konstanten werden.

Durch die Zerreißprobe des Abstiegskampfes hatte die Mannschaft zu sich selbst gefunden. Sie hatte neben dem Spielen auch das Kämpfen gelernt. Das Mittelfelddreigestrin aus Overath, Flohe und Simmet war gefunden und sollte für Jahre bestehen. Auch die erfolgsverwöhnten, launischen Fans hatten schlagartig begriffen, wie wichtig ihnen der FC war und wie schmerzhaft sie ihn in der ersten Liga vermißt hätten. Der Fastabstieg von 1969 hatte therapeutische Wirkung gezeigt.

Rot-Weiß Oberhausen, die Erste: Gewalt

Am 21. März 1970 verlor der FC im heimischen Stadion gegen die Langweiler von Rot-Weiß Oberhausen mit 0:1. Neun Spiele in Folge hatten die Geißböcke gewonnen, mit Siegen wie dem 6:1 gegen Kaiserslautern, dem 5:1 gegen Hertha BSC und einem 5:0 gegen Hannover 96. Seit sechs Spieltagen war man Spitzenreiter der Tabelle, die Saison bog in die Zielgerade. Es ging um den Titel, der am 28. Spieltag greifbar nah erschien. Der FC lieferte sich ein nervenaufreibendes Fernduell mit Borussia Mönchengladbach und ausgerechnet im Spiel gegen Rot-Weiß Oberhausen knickte die Mannschaft ein. Die Oberhausener setzten voll auf Abwehr, sie spielten superhart, was durch die lasche Amtsausübung des Schiedrichters begünstigt, ja gefördert wurde. In mehreren Szenen hätte er die rote Karte gegen Oberhausen zücken müssen. Er tat es nicht. Zwei Minuten vor Schluß bezahlten die konsternierten Kölner einen Konter der Gäste mit der Tabellenführung. Die Zuschauer waren außer sich. Es kam zu Ausschreitungen, wie sie Köln noch nicht erlebt hatte. Die Menge versuchte, zu den Kabinen vorzudringen. Der Oberhausener Mannschaftsbus wurde mit Wurfgeschossen eingedeckt, bis seine Scheiben löchrig waren, Torwart und Geschäftsführer der Gäste wurden verletzt. Mit einer benzingetränkten Fahne steckte der Mob einen PKW aus Oberhausen in Brand. Die Fans griffen die Polizei an. *„In Sprechchören riefen sie immer wieder „Mörder, Mörder", sprengten die Ketten eines Eisentores und versuchten schließlich, einen vor dem Eingang parkenden Lautsprecherwagen der Polizei umzukippen",* berichtete die Kölnische Rundschau. Man war klug genug gewesen, den Schiedsrichter heimlich aus dem Stadion zu schmuggeln, ansonsten verloren die Ordnungskräfte jede Kontrolle. 60 Polizisten standen gegen 1000 Fans. Die Staatsmacht war überfordert. An jenem Samstag standen noch andere Konflikte auf der Tagesordnung, die Polizeihundertschaften fesselten. Zwei Demonstrationen fanden statt. Unter lauten „Ho Ho Ho Chi Minh"-Rufen marschierten mehrere tausend Protestler durch die Innenstadt und taten ihren Unmut gegen den Vietnamkrieg und ihre Begeisterung für den Kampf des Vietcong kund. Gleichzeitig erforderte eine großangelegte Feier des griechischen Nationalfeiertags höchste Sicherheitsvorkehrungen. Störungen waren zu erwarten, da in Griechenland ein faschistisches Regime von Obristen herrschte, die durch einen Militärputsch an die Macht gekommen waren. Auch das sahen die 68er nicht gern.

FC-Geschäftsführer Hans-Gerd König ließ folgendes verlauten: *„Fanatismus verbunden mit Krawall und Gewaltanwendung ist eine Zeiterscheinung, in die der Skandal von Samstag auch einzuordnen ist. Ich bin nicht der Meinung, daß der Geist solcher Untaten lediglich den FC-Fans zuzuschreiben ist. Für mich ergibt sich die Problematik nicht nur aus dem Fußballfanatismus, sondern aus einem um sich greifenden Zeitgeist."*

Der gesellschaftliche Konsens des Nachkriegsdeutschland war zerbrochen. Man demonstrierte nicht mehr still und friedlich nach den Anweisungen der Polizei. Nachdem der Student Benno Ohnesorg am 2. Juni 1967 von einem Polizisten erschossen worden war und nach dem Attentat auf Rudi Dutschke ein Jahr später hielten sich die Demonstranten nicht mehr an die Spielregeln. Die Studenten schlugen militant zurück. Neben ihnen tauchten die „Gammler" auf – Langhaarige, arbeitsscheue Gesetzlose, die harte, fremdartige Musik hörten und Drogen konsumierten. 1967 verarbeiteten sie die Berliner Waldbühne anläßlich eines schlechten und überteuerten Rolling-Stones-Konzertes zu Kleinholz und vermöbelten die Polizei. Die wehenden Mähnen der drei Musketiere Overath, Netzer und Beckenbauer wären ohne diese Gammler, Hippies und Beatnicks nie in Mode gekommen.

Das Ende der 60er brachte zudem eine wirtschaftliche Rezession; erstmalig stand für die arbeitende Bevölkerung die Arbeitslosigkeit drohend im Raum. Die Spannung stieg. Auch in den Fußballstadien änderten sich die Umgangsformen. Kannte man vorher den „Schlachtenbummler", der leicht angetrunken, aber in ungefährlicher Wochenendausflugslaune dem Spiel beiwohnte, so trat nun die Figur des „Rowdie" auf den Plan, ein unkontollierbarer, gewalttätiger Prolet, der den braven Bürger gerade deshalb erschreckte, weil seine Motive völlig im Dunklen lagen. Die RAF bombte für den Sozialismus und gegen den US-Imperialismus, das konnte man, wenn man wollte, zumindest verstehen. Aber was wollte der Rowdie? ...Maoam?

Bis dato war es bei brisanten Partien völlig normal, daß die Zuschauer dichtgedrängt bis nah an den Spielfeldrand standen, nun zu Beginn der 70er häuften sich die Spiele, in denen Mannschaften verloren, um nicht von den Zuschauern gelyncht zu werden. Als der FC im Pokalfinale gegen die Offenbacher Kickers im August 1970 kurz vor Schluß einen Elfmeter zugesprochen bekam, drohte der Spielabbruch. *„Der Offenbacher Block setzte sich in Bewegung und rückte bedrohlich nahe ans Spielfeld heran“,* schilderte ein Zeitzeuge. Erst nach minutenlanger Unterbrechung lief der Kölner Schütze zum Elfmeter an. Als er verschoß, warfen die anwesenden Polizisten vor Freude ihre Mützen in die Luft und der Schiedsrichter bekreuzigte sich vor Dankbarkeit. Es hätte ein Massaker geben können. Ähnliche Szenen spielten sich beim Halbfinalspiel des 1.FC Köln 1972 gegen Schalke 04 ab, als gleich zweimal Zuschauer aufs Feld stürmten, den Referee angreifen wollten und dieser die Partie so lange laufen ließ, bis die heimischen Schalker den Ausgleich schossen. 1971 wurde das 1. Endspiel um den Europapokal der Landesmeister annulliert, welches die Borussia in Mönchengladbach mit einem sensationellen 7:1 gegen Inter Mailand gewonnen hatte. Der Inter-Spieler Boninsegna war von einer Cola-Büchse getroffen worden und mußte ausgewechselt werden.

Die Zuschauer hatten den Konsens aufgekündigt, der stets darin bestand, das Spielfeld, die Mannschaften und den Schiedsrchter unangetastet zu lassen. Nun schlug die Gegenseite aus Vereinsführung, Stadtverwaltung und Polizei zurück. Sie entwarf (auch im Hinblick auf die WM 1974) neue Stadien, in denen sich die Inhaber der billigen Plätze hinter hohen Stahlgittern und tiefen Gräben wiederfanden, eingepfercht wie wilde Tiere, weit entfernt vom Spielfeld. Die Idee des Massenkonsumenten als entindividualisierte Nummer bestimmte die Architektur der 70er Jahre. In den Fußgängerzonen wurde die optimale Fließgeschwindigkeit der Masse genauestens berechnet und durch das Aufstellen von Blumenkübeln reguliert. Das Prinzip des Fließbands, von Henry Ford begründet, griff über auf alle gesellschaftlichen Bereiche. Trabantenstädte wie Köln-Chorweiler wurden gebaut, es entstanden Lernfabriken, Medizinfabriken, wie die Kölner Uniklinik und Erholungsfabriken wie Benidorm und Lloret de Mar. Das Müngersdorfer Stadion ist ein Kind dieser Zeit. Die Zuschauer wurden einerseits gebraucht, da sie die Kassen der Vereine füllten und durch ihre Anwesenheit, ihr Geschrei dem Spiel Stimmung und Theatralität gaben, andererseits wurden sie verachtet als eine triebgesteuerte Masse, die es zu kontollieren galt und der man nicht mehr zu geben brauchte als eben nötig. Die sanitären Einrichtungen waren und sind eine Katastrophe und zwingen dazu, die eigene Arena vollzuurinieren, von Gastronomie wagt keiner zu reden, da die Qualität der dargereichten Bockwürstchen an Körperverletzung grenzt. Wer wie ein Tier behandelt wird, benimmt sich irgendwann auch so.

Rot-Weiß Oberhausen, die Zweite: Bestechung

In der Saison 1970/71 spielte der 1.FC Köln wieder gegen Rot-Weiß Oberhausen. Diesmal – drei Spieltage vor Saisonschluß – hatte der FC nichts zu verlieren als seinen guten Ruf. Der Verein stand auf einem gesicherten 4.Tabellenplatz ohne Meisterschaftsambitionen. Rot-Weiß Oberhausen hingegen kämpfte gegen den Abstieg und zwar mit allen Mitteln. Das Spiel endete mit 2:4. Nennenswerte Zuschauerausschreitungen sind nicht überliefert, auch wenn sie an diesem Tag vollkommen verständlich gewesen wären. Der Oberhausener Präsident Maaßen hatte Manfred Manglitz für 30.000 DM gekauft. Der Kölner Keeper gab an, weitere Kumpane in der Mannschaft gehabt zu haben, doch sie konnten das Spiel nicht allein verlieren. Köln ging zweimal in Führung, zweimal glichen die Oberhausener aus. Zur Halbzeit mußte Maaßen noch einmal 10.000 DM drauflegen, um den Sieg der Tabellenletzten zu sichern. Nicht nur Rot-Weiß Oberhausen, die sich durch zahlreiche gekaufte Spiele schließlich vor dem Abstieg retten konnten, auch Arminia Bielefeld und die Offenbacher Kickers schlichen mit prall gefüllten Geldkoffern um die Stadien der Republik. Bestochen wurden Spieler von

Hertha BSC Berlin, Eintracht Braunschweig, Werder Bremen, dem 1.FC Köln sowie die gesamte Schalker Mannschaft. Diese Fälle wurden aktenkundig, niemand konnte sich sicher sein, was darüber hinaus noch manipuliert worden war. Hinter den Kulissen maggelte eine komplette Schieberszene, viele Fälle flogen nur durch die Dummheit oder übertriebene Dreistigkeit der Beteiligten auf. Die Staatsanwaltschaft entdeckte bei einer Hausdurchsuchung der Bielefelder Vereinsräume eine Quittung über Bestechungsgelder an Schalke 04, Manfred Manglitz wurde zum Hauptangeklagten, da ihn der Offenbacher Präsident Cañellas schwer belastete und darüberhinaus Tonbandmitschnitte von Telefongesprächen als Beweismittel vorlegen konnte. Als klar war, daß die Offenbacher Kickers abgestiegen waren und im Bestechungspoker gegen Bielefeld und Oberhausen den Kürzeren gezogen hatten, ließ ihr Präsident die Bombe hochgehen. Er beraumte eine Pressekonferenz ein und beichtete alles, was er wußte. Er hatte Hunderttausende in den Sand gesetzt und sein Club war trotzdem abgestiegen. Der Untergang war besiegelt, als die Offenbacher am letzten Spieltag in Köln mit 4:2 untergingen. Manglitz wollte das Match für 100.000 DM verkaufen, doch er wurde nicht aufgestellt. Stattdessen lieferte Soskic bei seiner vorletzten Partie für den FC eine Weltklasseleistung.

Der „Bundesligaskandal“ erschütterte die Glaubwürdigkeit des Fußballs in seinen Grundfesten. ARD-Kommentator Dieter Gütt brachte am 10. Juni 1971 auf den Punkt, was viele dachten:

„Der Skandal im deutschen Fußball ist eine Schande... Immer neue Spieler und Vereinsfunktionäre sind in den Strudel der Bestechlichkeit gezogen worden. Ein Ende ist nicht abzusehen. Und das ist kein Wunder, denn die Satzungen des DFB enthüllen, daß sie zur Bestechung geradezu einladen, wenn dort nicht steht, eine Zahlung von Prämien an andere Mannschaften sei strafbar. Und solche Ankündigungen werden sogar über Lautsprecher in die Stadien gedröhnt. Unter dem Jubel der Fanatiker selbstredend... Eingeweihte sagen heute: Die Bestechungen liefen schon seit Jahren. Erst jetzt habe sich durch die Selbstenthüllung des Offenbacher Vereinsfürsten die Schleuse geöffnet... Auch das Fernsehen wird sich überlegen müssen, ob es

einen solchen kriminellen Unsinn, der sich Fußball nennt, noch weiterhin übertragen soll... Die Vereinsmeier und die Kicker, die Bestochenen und die Bestecher und schließlich ein williges Publikum, das das, was mit schmutzigen Stiefeln geschieht, noch für Sport hält, wären dann unter sich. Schade für die Gutgläubigen...“

Zu dieser Zeit, Anfang der 70er Jahre, wurde der Fußball schmutzig. Die Mischung aus Gewalttätigkeiten im Stadion und Korruption hinter den Kulissen machte das Spiel suspekt. Die Zuschauerzahlen der Bundesliga sanken ins Bodenlose. In der Saison 1972/73 erreichten sie ihren historischen Tiefstand von 16.000 pro Spiel. Wenn wir als Fußballfans heute von unseren Freundinnen und Freunden schäl gemustert werden, sobald wir uns als Liebhaber eines Vereins outen, dann wurde die Saat der Verachtung in jenen Jahren gelegt. Fußball war Volksverdummung, Opium fürs Volk, eine Veranstaltung korrupter Geldsäcke, um die Aggressionen der Unterschichten in unsinnige Bahnen zu lenken. Fußball weckte die niederen Instinkte, verwandelte brave Angestellte, fleißige Arbeiter und treusorgende Familienväter für 90 Minuten in reißende Bestien. Diese Sichtweise hat nach wie vor ihre Berechtigung, aber sie betrachtet nur eine Seite des Spiels. Die Diskussion ist zwecklos: Wie sollen wir Leuten beikommen, die kein gelungenes Kombinationsspiel kennen, keine Overath-Flanke in den freien Raum, kein Häßler-Dribbling und kein Polster-Tor aus unmöglicher Lage, Leuten, die keine Liebe zu einem Verein empfinden und folglich über kein Tor jubeln können? Welchen Sinn macht es, mit Vegetariern über die Zubereitung von rheinischem Sauerbraten zu fachsimpeln? Keinen.

Pokalfieber

Aus der Sicht der 90er Jahre mutet es an wie eine Mär aus vergangenen Zeiten, wenn man sich klar macht, daß der FC dereinst eine kampfstarke Pokalmannschaft besaß. Sie hätte den Wettbeweb beherrschen können. Zwischen 1968 und 1978 stand das Team allein sechsmal im Finale. Die Domstädter konnten nur dreimal gewinnen. Die Pokalstärke der Mannschaft wurde ab der Saison 1971/72 begünstigt durch die neue Spielstätte des FC. Die alte Hauptkampfbahn wurde abgerissen, der Neubau des Müngersdorfer Stadions, das ursprünglich zur WM 1974 fertiggestellt werden sollte, verzögerte sich und der FC spielte bis 1975 in der benachbarten Radrennbahn. Eine skurrile, dichtgedrängte Arena, deren Spielfeld um einiges kleiner war, die zwar wesentlich weniger Zuschauer aufnehmen konnte und den Verein in ernste finanzielle Schwierigkeiten brachte, athmospärisch jedoch unbeschreiblich gewesen sein muß. Die Radrennbahn war eine echte Bastion, ein ums andere Mal schrie das Publikum den FC förmlich zum Sieg. Ihre Rolle war umso wichtiger, als im Pokal 1971/72 neuerdings Hin- und Rückspiele ausgetragen wurden, und sich manche Auswärtsschlappe noch in einen Sieg verwandeln ließ.

Endspiel: 29.8.1970 gegen Kickers Offenbach in Hannover

Die Wimpel für das Pokal-Bankett nach dem Spiel standen schon auf dem Tisch. „Pokalsieger 1970 – 1. FC Köln“ lautete ihr Aufdruck, alles andere wäre im Match gegen den Regionalligisten undenkbar gewesen. Auch der Triumphzug in Form eines Autokorsos durch die Kölner Innenstadt war bereits minutiös geplant.

Dummerweise mußten die haushohen Favoriten vorher noch ein Spiel absolvieren und dabei eine mit Luft gefüllte und von Leder umspannte Gummiblase innerhalb von 90 Minuten öfter ins Tor befördern als der Gegner. Daraus wurde nichts. Offenbach: 2, Köln: 1 lautete die ernüchternde Bilanz. Lag es am überhöhten Erwartungsdruck, der alles andere als einen hohen Sieg ausschloß? Lag es an den Gesetzen des Pokals, die immer den Underdog begünstigen? Hatte man sich auf das Spiel nicht richtig vorbereitet? War Manglitz zu diesem Zeitpunkt bereits mit dem spendierfreudigen Offenbacher Präsidenten in Kontakt? Lag es an den Offenbacher Fans, die bedrohlich ausrasteten?

Die Kölner begannen übernervös und zerfahren, Offenbach setzte auf knallharte Manndeckung ab dem Mittelfeld, die das Kölner Kreativzentrum lahmlegte. Overath sah schlecht aus, konnte sich kaum von seinem Bewacher lösen, seine Flanken fanden keine Abnehmer. Im Sturm stand zwar ein Wiener, doch Thomas Parits besaß nicht die Qualitäten eines Anton Polster. Der FC rannte ab der 24. Minute einem Rückstand hinterher und kassierte in der 63. Minute aus einem Konter heraus das 0:2. Löhr gelang in der 73. Minute der Anschlußtreffer nach Vorarbeit von Flohe und Weber. Der Rest war ein einziges Anrennen auf das Tor des grandiosen Offenbacher Keepers Volz, das kurz vor Schluß belohnt wurde. Rupp kam im Strafraum zu Fall, dem FC wurde ein Elfmeter zugesprochen. Eine Entscheidung, die nicht zwingend, aber vertretbar war. Die Zuschauer waren außer sich. Alle – bis auf die mitgereisten Geißbock-Fans – wollten den Favoriten jetzt stürzen sehen. Erst nach Minuten legten sich die Tumulte und Biskup lief zum Strafstoß an. Er schoß in die rechte Ecke, auf die er meistens zielte, schoß dem Keeper direkt in die Arme. Biskup hatte Angst.

Der „große Bahnhof" der Kölner Mannschaft, der offizielle Empfang vor dem historischen Rathaus am nächsten Tag wurde nicht abgesagt. War es völlige Selbstüberschätzung der Vereinsführung, oder war es ein pädagogischer Schachzug gegenüber der Mannschaft? Der Autokorso fuhr durch menschenleere Straßen, die Atmospäre war gespenstisch. Stell Dir vor, es ist Karneval und keiner geht hin. Wolfgang Overath beschrieb dieses Erlebnis als eines der düstersten in seiner Laufbahn.

Endspiel: 19. Juni 1971 gegen Bayern München in Stuttgart

Wieder stand der FC im Finale. Zwar hieß der Gegner Bayern München, aber der Offenbacher Präsident Cañellas war auch heute allgegenwärtig. Es war das erste Spiel nach dem Bestechungsskandal. Die Bayern hatten in der Meisterschaft knapp hinter Borussia Mönchengladbach gelegen. Auch ihnen wurden Bestechungsversuche nachgesagt. Köln hatte in München mit Manglitz im Tor 0:7 verloren, alle hatten geargwöhnt, daß sie den Bayern zur Meisterschaft verhelfen wollten. Dann wäre der FC im internationalen Wettbewerb vertreten, egal wie dieses Pokalfinale ausgegangen wäre. Es kam anders: Manglitz mußte seinen Beruf wechseln, Bayern wurde nicht Meister, das Ansehen des deutschen Fußballs lag darnieder. Alle Blicke richteten sich nach Stuttgart. Die beiden Teams spielten nicht nur für den eigenen Erfolg, sondern um den Ruf des gesamten Profifußballs. Sie machten ihre Sache gut. Das Spiel galt als das beste Pokalendspiel in der Geschichte des Wettbewerbs. Franz Bekkenbauer, der seine Mannschaft lenkte und öfter als gewöhnlich nach vorn stieß, wurde zur überragenden Figur der Begegnung. Diesmal wurden die Kölner gegenüber dem zweimaligen Vizemeister der vergangenen Jahre als Außenseiter gehandelt. Zunächst gingen die Geißböcke in Führung. Der als Fehlkauf abgehakte Parits spielte ausnahmsweise großartig. Sein Gegenspieler Breitner sah ihn in der gesamten ersten Halbzeit nur von hinten. Parits machte sich eine zeitweilige Verwirrung in der Bayernabwehr zunutze und paßte in der 15. Minute auf den am Elfmeterpunkt freistehenden Rupp, der einschoß. Der Kölner Keeper Milutin Soskic machte das letzte Spiel seiner Karriere und lieferte eine umwerfende Leistung ab. Niemand vermißte Manfred Manglitz. Soskic sicherte bis zur Pause die Führung. In der 2. Halbzeit setzten die Münchner zur großen Offensive an. Mrosko tauchte allein vor dem Kölner Tor auf, Soskic warf sich ihm entgegen, parierte den Torschuß, der Ball fiel Beckenbauer vor die Füße: 1:1. Sechs Minuten später dieselbe Szene. Mrosko frei vor Soskic, der wieder rein in den Zweikampf. Diesmal zog der Bayer voll durch und verletzte den Kölner Keeper, der am Kopf behandelt werden mußte. Die Bayern wurden nun brutal. In der 70. Minute säbelt Koppenhöfer den Kölner Linksaußen Hannes Löhr um und tritt ihm als Dreingabe in den Unterleib. Er hatte ihn das ganze Spiel über nicht in den Griff bekommen. Rote Karte. Obwohl die Bayern nun dezimiert waren, ergab sich keine Überlegenheit der Kölner. Das Spiel ging in die Verlängerung. 120 Sekunden vor Schluß fiel das Siegtor für die Bayern durch den kurz zuvor eingewechselten Schneider. Ein Sonntagsschuß soll´s gewesen sein, volley, auf gut Glück angenommen. Er donnerte in den rechten Winkel des Kölner Tors.

Wieder nix. Bayerns fünfter Pokalsieg im fünften Pokalendspiel. Kölns zweite Niederlage im vierten Pokalendspiel.

Viertelfinale und Halbfinale 1972: Bayern und Schalke

Im Pokalwettbewerb des Jahres 1972 konnte sich der 1.FC Köln für die Niederlagen in den vorausgegangenen Endspielen revanchieren. Er hatte mit Gerd Welz einen neuen sicheren Schlußmann, auf spektakuläre Transfers hatte der Verein verzichtet und dafür vielversprechende Talente wie Jürgen Glowacz und Harald Konopka aus dem eigenen Nachwuchs ins Team eingebaut. In der 2. Runde verlor man in Offenbach mit 3:1, konnte aber in der Radrennbahn mit 4:0 die Oberhand behalten. Der nächste Gegner hieß im Viertelfinale Bayern München. Das Hinspiel in München ging mit 0:3 verloren. Die Niederlage hatte die Entlassung des Trainers Gyula Lorant zur Folge. Wie der Kölner Stadt-Anzeiger berichtete, *„ist die Beurlaubung Lorants dadurch ausgelöst worden, daß Maaß [der FC-Präsident, Anm. d. A.] seinem Trainer von der Tribüne des Münchner Stadions an der Grünwalder Straße aus laut und vernehmlich taktische Ratschläge ('Der Glowacz soll endlich stürmen!') erteilt hatte. Der Fußballehrer soll vom Spielfeldrand aus mit götzähnlichen Bemerkungen geantwortet haben, zudem mit diesem Satz: 'Halt's Maul, Du alte fette Sau!'"*

Nein, so kann man einen Präsidenten nicht behandeln.

Rolf Herings sprang in die Bresche, und das von ihm eingestellte Team erzielte im Rückspiel am 13. April einen wahnwitzigen 5:1-Sieg über die erfolgsverwöhnten Bayern. Die Kölner kämpften rachsüchig, kompromißlos und spielten sich mit einem fanatischen Publikum im Rücken in Trance. Wieder lohnt ein Blick in die Lokalpresse. Die Kölnische Rundschau schrieb damals: *„...dieser hohe Sensationssieg kann keine ungeteilte Freude auslösen, denn es gab im Spiel zahlreiche Fouls mit bösen Verletzungen, dazu blutige Schlägereien auf dem Rasen und sogar noch beim Abgang der Mannschaften in die Kabine, als sich zuerst Flohe und Krauthausen mit den Fäusten beharkten, später auch noch Zuschauer ihr Mütchen an dem Ex-Kölner kühlten, der schließlich zwei Zähne verlor und* *den ersten Teil der Heimfahrt vom Stadion zum Bahnhof auf der Tragbahre zurücklegte. Eine zweite Tragbahre benötigte der FC Bayern für Sühnholz, der sich nach einem Zweikampf mit seinem Bewacher Kapellmann das Schienbein brach. In diesem Spiel wurde ein neues Kapitel zum Krimi 'Fußball brutal' geschrieben...“* Gerd Müller tönte nach dem Spiel, *„Wenn die Kölner demnächst zu uns kommen, können sie gleich einen Sanitätswagen mitbringen“* und Bayern-Coach Udo Lattek meinte: *„Die Kölner haben bei mir jede Sympathie verloren. Der Verein kommt für mich als Trainer nicht mehr in Frage. Jetzt wünschen wir nur noch, daß er von Schalke 04 mächtig einen draufkriegt.“*

Das erste Halbfinale gegen Schalke gewann der FC am 30.5. 1972 in der Radrennbahn mit 4:1. Cullmann erlebte seinen Ritterschlag als Libero und Overath ein erstes Comeback, nachdem er durch Verletzungen und Formschwäche gebeutelt worden war und seinen Mittelfeldposten in der Nationalelf an Günter Netzer hatte abtreten müssen. Das Rückspiel am 10. Juni in Gelsenkirchen wurde erneut zu einem Meilenstein. Es war das spannendste Spiel der 70er Jahre. Erst nach zweieinhalb Stunden fand es ein Ende, die Zuschauer blieben minutenlang auf ihren Bänken, gerädert und fassungslos. 35.000 Menschen füllten die Glückauf-Kampfbahn schon zwei Stunden vor Anpfiff, sangen „Hopp, hopp, hopp – heut schlachten wir den Ziegenbock!“ und ähnlich unerfreuliche Dinge. Schon in der 41. Minute war der Kölner Vorsprung aus dem Hinspiel futsch, denn Rüßmann, Fischer und Scherr hatten eingelocht gegen eine nonchalant-pomadige rheinische Diva. Schalke 04 spielte nach dem 2. Weltkrieg nie wieder so gut wie in dieser Halbzeit. Das Schlachtfest hatte begonnen, dachten alle, doch Hannes Löhr verkürzte vor dem Halbzeitpfiff auf 1:3. Er war es auch, der in der 60. Minute den ersten Elfmeter dieses Tages ausführte und das 2:3 für die Geißböcke erzielte. Die Zeit spielte nun für die Kölner, die alles daran setzten, das Ergebnis zu halten und mauerten wie eine Baukolonne. Das Publikum steigerte sich in Raserei. In der 73. und 75. Minute stürmten Schalke-Fans das Feld und erzwangen Spielunterbrechungen. Damit nicht genug. Man schrieb die 80. Minute, als Beverungen im königsblauen Dreß einen Elfmeter verschoß. Erste Herzprobleme auf Seiten der Schalker Fans. Magenkrämpfe. Fünf Minuten vor Schluß wieder ein Elfmeter. Diesmal rennt Helmut Kremers an und verwandelt sicher. 2:4. Es müßte doch mit dem Teufel zugehen, wenn der FC den Vorsprung nicht über die Zeit retten könnte. Das Spiel jedoch will und will nicht enden. Nicht wenige behaupten, Schiedsrichter Heckeroth ließ solange spielen, bis Schalke endlich das letzte Tor schösse. In der 95. Minute riß Kapellmann den Schalker Rüßmann im Strafraum um. Heckeroth pfiff gern auf Elfmeter – der Vierte in der regulären Spielzeit. Wieder Helmut Kremers, die Zeit blieb stehen auf Schalke, wieder Tor. 5:2. Die folgende Verlängerung brachte nichts ein. Fast nichts. Zehn Minuten vor Schluß hallte erneut des Schiedsrichters Trillerpfeife durch das Stadion, die der Lederkugel mittlerweile den Status des wichtigsten Spielgeräts streitig machte. Diesmal waren die Kölner an der Reihe. Man kann Herrn Heckeroth keine Feigheit vorwerfen. Harald Biskup läuft an. Harald Biskup, jener Mann der im Endspiel gegen Offenbach den entscheidenden Elfer vergeigt hatte? Ja, Harald Biskup. Ein Trainer ist nicht eine Idiot, sollte man meinen... wieder scheitert Biskup, Norbert Nigbur hält.

Nun folgt das reguläre Elfmeterschießen. Die ersten beiden Penalties werden verwandelt, dann verschießt Libuda. Wolfgang Overath hat nun die Chance, Köln in Führung zu bringen. Die ersten Fans fallen in Ohnmacht, werden durch einen tosenden Jubel reanimiert. Nigbur hält! Den nächsten Elfer für Schalke soll wieder Beverungen schießen, der Versager aus der 80. Minute, doch Nigbur nimmt ihm den Ball aus den Händen, schießt selbst und verwandelt sicher. Hin und her geht es bis zum 11:11 in der Gesamtrechnung, auch Biskup trifft inzwischen. Jetzt schießen jene Spieler, die noch nicht zum Zuge kamen in loser Reihenfolge so lange, bis der erste verschießt und sein folgender Rivale verwandelt. Strafstoß Nummer 13 für Schalke: Beverungen ist jetzt an der Reihe. Mein Gott, Beverungen. Wieder scheitert er in dieser alptraumartigen Situation, in der eine Welt zusammenzubrechen scheint. Er läuft hemmungslos weinend vom Platz. Wieder brechen reihenweise Menschen mit blau-weißen Schals zusammen. Die Kölner Kicker springen und tanzen feixend und froh auf dem Rasen, als wollten sie einen Rumpelstilzchen-Darstellerwettbewerb gewinnen. Der jüngste Spieler des Tages, Jürgen Glowacz, hat nun die Möglichkeit, alles zu entscheiden. Er wird Beverungen folgen, vom Weinkrampf geschüttelt, als Nigbur, der seine Seele an dunkle Mächte verkauft zu haben scheint, schon wieder hält. Die Kölner sind am Ende. Der nächste Schalker trifft. Bernd Cullmann hämmert den letzten Ball dieses denkwürdigen Tages, an dem Norbert Nigbur sich ein Denkmal setzte, unhaltbar an den Pfosten. Der 21. Elfmeter. Ende.

(Das folgende Finale gewann Schalke mit 5:0 gegen den 1.FC Kaiserslautern.)

Endspiel: 23.6.1973 gegen Borussia Gladbach in Düsseldorf

Dieses Pokalendspiel war in mancher Hinsicht eine Wiederholung, eine Folge II, des ´71er Endspiels gegen Bayern München. Wieder schwärmte ganz Deutschland, das schönste Finale seit Menschengedenken gesehen zu haben. Es sollte seinen legendären Ruf bis heute behalten. Wieder ging es nach einem 1:1 in die Verlängerung und wieder verlor der 1.FC Köln nach einem Sonntagsschuß, diesmal von Günter Netzer, mit 1:2. Was die Partie gegenüber der Vorgängerin heraushob, war der Lokalderbycharakter, für den das Düsseldorfer Rheinstadion wie geschaffen schien, die vollkommene Ausgeglichenheit der Spielanteile und das strahlende brüllend heiße Wetter. Wer die Epoche der großen Spielmacher und ihre Spielkultur begreifen will, muß sich eine Aufzeichnung dieser Begegnung anschauen. Der Fußball war damals stärker von Zweikämpfen geprägt, von strikter Manndeckung, Dribblings, dem Bemühen, seinen Gegner aussteigen zu lassen und dadurch Oberhand zu gewinnen, von großzügigem Szenenapplaus, Doppelpässen, weniger Athletik, mehr individueller Kreativität als heute. Es hagelte im Minutentakt dicke Chancen auf beiden Seiten. Die beiden Torhüter machten sie mit großartigen Leistungen eine nach der anderen zunichte. Gerd Welz hielt zudem in der 58. Minute einen Elfmeter von Jupp Heynckes. Die großen Spielmacher Overath und Netzer sollten kurioserweise nicht aufeinander treffen. Overath schied in der 70. Minute nach Wadenkrämpfen aus. Netzer schmorte das gesamte Spiel auf der Bank, bis er in der Verlängerung vom halben Stadion lautstark aufs Feld gefordert wurde, sich selbst einwechselte und mit seiner ersten Ballberührung das Siegtor schoß.

Diesmal wurde die Mannschaft des 1. FC Köln nach der Niederlage gefeiert; alle sprachen von einer Partie mit zwei Gewinnern, nur das Glück habe entschieden. Leider entschied es in diesen Jahren ständig gegen die Geißbockelf.

Tschik kehrt zurück

In der Bundesliga hatte der FC immer passable Ergebnisse erzielt. In der Bestechungssaison 1970/71 wurde der Klub nur zehnter, ansonsten stand die Mannschaft zweimal als Nr. 4 auf derTabelle (1969/70 und 1971/72) und einmal als Nr. 2 (1972/73), allerdings mit elf (!) Punkten Abstand auf den Meister Bayern München. Im UEFA-Pokal dasselbe Bild, spätestens im Viertelfinale war Schluß. Das Team um Overath zeigte an guten Tagen begeisternden Fußball, aber es erlangte beim besten Willen keine Konstanz. Ein paar schöne Spiele, einige wunderbare Kombinationen und Traumtore, an die man sich an schlechten Tagen erinnern konnte, reichten dem Verein anscheinend vollkommen aus. Was gern mit mangelndem Glück umschrieben wurde, war im Grunde mangelnde Cleverness. Wen kümmerte es, daß ein Siegtor in letzter Minute als ungerecht und glücklich erscheinen mochte? Was zählt, und was für die Nachwelt erhalten bleibt, sind die Ergebnisse, die Siege und letztendlich die Titel. Hier war beim 1.FC Köln völlige Fehlanzeige.

Die Saison 1973/74 begann mit der für Köln typischen Negativserie, die sich allerdings über das normale Maß hinaus zu einer Katastrophe zu entwickeln begann. Nach sieben Spielen, die zwei Unentschieden und fünf Niederlagen einbrachten, stand das Team erstmals seit langem wieder auf einem Abstiegsplatz. Über Nacht wurde der Trainer Rudi Schlott entlassen und schon am Montag nach der letzten Niederlage stand Tschik Cajkovski wieder auf der Matte – 11 Jahre nach seinem letzten Engagement. Er hatte sich mittlerweile eine Pudelmütze zugelegt, die wunderbar zu seinem Image als jugoslawisches Original, als Spaßmacher und Motivationskünstler paßte. Einige bezweifelten, daß der in die Jahre gekommene Tschik mit der Entwicklung im modernen Fußball Schritt gehalten hatte, andere träumten von vergangenen Glanztaten und zukünftigen Triumphen. Sicher läßt sich aus dem Engagement des Tschik Cajkovski schließen, daß der 1. FC Köln gewillt war, die Phase der Erfolglosigkeit zu beenden.

Direkt stellte sich eine Wende ein. Die Offenbacher Kickers wurden mit 2:0 geschlagen, danach ging es zum Angstgegner nach Mönchengladbach. Tschik sagte seinen Jungs: *„Ihr gutes Spieler und Tschik wird machen eine Taktik, die altes Fuchs Weisweiler werden verschlagen Sprache.“* Es sprang ein achtbares 1:1 heraus. Man war auch deshalb nervös geworden, weil in der Saison 1973/74 erstmals zwei Kölner Mannschaften in der ersten Liga vertreten waren. Die Fortuna war aufgestiegen, sie hatte ihre Vereinsfarben von Gelb-Schwarz in Rot-Weiß gewechselt – eine Kampfansage an den FC – und sie beanspruchte ebenfalls die Radrennbahn als Spielstätte. Es war keineswegs klar, daß der FC seine Vorherrschaft in Köln ohne größere Einbußen behalten würde. Cajkovski: *„Wir gewannen gegen die Bayern 4:3. Danach kam das Lokalderby gegen Fortuna Köln.... Wir mußten gewinnen, um in Köln weiterhin die Nummer 1 zu sein. Es war eines jener Flutlichtspiele und die Radrennbahn war total ausverkauft. Die Leute würden fortan zum Sieger halten und auch seine Spiele besuchen. Also durfte keinerlei Risiko eingegeangen werden. Fortuna war genauso stark motiviert wie wir. Sie stürmten aber ohne richtiges System einfach drauflos... Wir gewannen 2:0. Die Mannschaft hatte sich gefangen, wir schlugen alles, was kam.“* Nach einem Jahr hatte sich das Kapitel Fortuna erledigt. Das Rückspiel gewann der FC mit 5:0, die Löring-Truppe stieg postwendend ab und sollte den FC nur noch einmal behelligen – im Pokalendspiel 1983, in dem sie 1:0 verlor. Bislang konnte Fortuna Köln nicht einen Treffer gegen den 1.FC Köln für sich verbuchen. In der Saison 1998/99 hat sie die Gelegenheit zur Revanche.

Tschik war ein gerissener Taktiker geblieben und er hielt an seinen Prinzipien fest, erstens die Mannschaft durch Motivation, Liebe und Unterstützung zu festigen und zweitens bedingungslosen Offensivfußball spielen zu lassen. Lieber 4:5 verlieren, als nach einem öden Kick 1:0 gewinnen. Er lobte Overath, den Sensiblen, von Selbstzweifeln Geplagten, und verlieh ihm neues Selbstvertrauen. Aus unerfindlichen Gründen nannte er ihn stets liebevoll „meinen Nikita“ und hegte ihn wie seinen Augapfel. Overath lief zu alter Form auf, eroberte sich seinen Nationalmannschaftsplatz von Günter Netzer zurück und wurde 1974 Weltmeister. Die zweite große Leistung Cajkovskis war die Entdeckung Dieter Müllers, der in den kommenden Jahren Kölns Sturmproblem beheben sollte und zum besten Mittelstürmer wurde, der jemals einen Geißbock auf der linken Brust trug. Bei aller Liebe schaffte es aber auch Tschik Cajkovski nicht, der Mannschaft die nötige Konstanz zu verleihen, um sich in die greifbare Nähe eines Titels zu bringen. Nach dem letzten Spiel der Hinrunde 1975/76, das im neuen Müngersdorfer Stadion mit 0:4 gegen Mönchengladbach verloren ging, nahm er, der keinen Hut trug, seine Pudelmütze und ging.

Georg Stollenwerk sprang bis zum Saisonende ein, dann sollte einer kommen, der andere Saiten aufzog beim FC.

Hennes Weisweiler wieder am Rhein

Er hatte mit Borussia Mönchengladbach alles erreicht, was mit einer deutschen Vereinsmannschaft möglich war, dann wollte er es seinem Superstar Günter Netzer gleichtun, der 1973 zu Real Madrid wechselte. Hennes Weisweiler ging 1975 zum FC Barcelona, womit er sich gründlich verhob. Ein kleines überschaubares Universum, in dem er schalten und walten konnte, wie es ihm beliebte, das brauchte er. In diesem Weltverein waren gleich mehrere mächtiger als der egozentrische Trainer: der Präsident, die Presse und letztendlich auch der Mittelfeldstar Johann Cruyff, mit dem Weisweiler sich nie arrangieren konnte und der Weisweilers Ablösung noch vor Saisonende erwirkte. In der glanzvollen Geschichte des katalanischen Klubs blieb Weisweiler nur ein kleines Licht.

FC-Chef Weiand holte ihn zurück an den Rhein. *„Wenn wir jetzt erklären würden, wir könnten Weisweiler nicht mehr bezahlen und müßten deshalb eine Sammlung durchführen, ich wäre sicher, Tausende würden ihren letzten Groschen hergeben“,* beschrieb Geschäftsführer König die Stimmung in der Domstadt. Für den fußballbegeisterten Kölner Katholiken klang die Kunde „Weisweiler kehrt zurück!“ unmißverständlich wie „Der Messias kehrt zurück!“. Jauchzet, frohlocket und freuet euch all. 8.000 Menschen strömten zusammen, um das erste Training des Meistermachers in Köln zu sehen. Alles würde gut werden. Schließlich wurde auch der Kölner Dom, der fünfhundert Jahre lang als Torso einer größenwahnsinnigen Idee in der Gegend stand, am Ende fertiggebaut. Warum sollte der verlorene Sohn, der die Dynastie der Hennes-Geißböcke begründete, nicht nach 20 Jahren vollenden, was er 1958 hatte liegen lassen? So und nicht anders funktioniert die kölsche Mentalität. So und nicht anders bringt man sich für gewöhnlich um jeden Erfolg, indem man schon vor dem Sieg feiert, anstatt danach. Das Erstaunliche an dieser Episode ist, daß der Mann, der von sich sagte, *„Meister werden zu müssen, ist nun mal mein Schicksal“* tatsächlich im ersten Jahr seiner Rückkehr Pokalsieger und im zweiten Jahr Deutscher Meister und Pokalsieger zugleich wurde.

Er schenkte den Kölnern viel, doch er gab es ihnen nicht umsonst. Vorher mußten sie opfern, was ihnen am liebsten war: Wolfgang Overath, ihre Ikone, die Versinnbildlichung rheinischer Fußballkunst. Für Weisweiler versinnbildlichte Overath auch die launische Diva, das Unstete, das Scheitern. Wie zuvor in Barcelona legte er sich mit seinem Mittelfeldstar an, der Konflikt wurde verbittert und schmutzig. So gemein der Trainer zu dem Weltmeister war, so aufmunternd und bestärkend war er gegenüber jungen Talenten und denjenigen, die bislang im Schatten standen. Die Demontage Overaths ist auch als Versuch zu sehen, eine verkrustete Struktur aufzubrechen, neuen Ehrgeiz und neue Energien zu wecken. Hinzu kam mit Roger van Gool, erster Millionentransfer der Bundesliga, ein neuer Rechtsaußen und mit Preben Larsen ein Linksaußen.

Die Saison 1976/77 begann furios. Kaiserslautern, Essen, Frankfurt, Düsseldorf und Braunschweig wurden geschlagen. Der 1.FC Köln hatte die Tabellenspitze erobert und spielte wie der kommende Meister. Dann knickte er bei Tennis Borussia Berlin, dem späteren Absteiger, ein. Toni Schumacher patzte beim entscheidenden Tor, die Mannschaft hatte in der ersten Halbzeit lässig und überheblich gespielt. Als nächstes verlor man gegen die Bayern mit 4:1 in München und hatte sich aus dem Titelkampf fürs erste verabschiedet, als wolle man sich den Stress erst gar nicht antun. Ein UEFA-Cup-Platz ist doch auch schön, oder? Als das Heimspiel gegen Borussia Mönchengladbach am 12. Spieltag mit 0:3 verloren ging, das wichtigste Spiel einer jeden Saison, war klar, daß die Mannschaft und ihr Trainer nun ein Problem haben würden. Der Konflikt Weisweiler versus Overath eskalierte, wurde bald öffentlich ausgetragen und fand seinen Höhepunkt am ersten Spieltag der Rückrunde, als die Geißböcke mit 2:4 in Kaiserslautern untergingen. Overath, der sonst immer jammerte, wenn er ausgewechselt wurde, lief zweimal zum Spielfeldrand und bat darum, aus dem Spiel genommen zu werden. Zweimal schickte ihn Weisweiler zurück auf den vereisten und matschigen Rasen. *„Ich wollte damit nur deutlich machen, was er noch leistet. Und heute haben es alle gesehen"*, sein Kommentar. Weisweiler verfiel auf den irrwitzig anmutenden Plan, Overath nur noch zu Heimspielen aufzustellen. Dieser ging an die Öffentlichkeit und beschuldigte Weisweiler, durch eine falsche Taktik die Niederlage verschuldet zu haben. Er mäkelte an der offensiven Ausrichtung gegen die heimstarken Lauterer herum, an der Entscheidung, Weber den Libero spielen zu lassen und und und. Doch der Wind hatte sich gedreht, wehte ihm immer stärker ins Gesicht. *„Wegen Overath ist Köln seit 1964 nicht mehr Meister geworden"*, ließ Ex-Präsident Maaß verlauten. Aus der Mannschaft mehrte sich die

Kritik an der zunehmend leidenschaftslosen Einstellung ihres angestammten Regisseurs.

Alles ging sehr schnell. Nach der Saison machte Wolfgang Overath am 17. Mai 1977 sein Abschiedsspiel. Danach gewann der FC in zwei Finalspielen gegen Hertha BSC den DFB-Pokal. Nichts hat Overath mehr geschmerzt, als am Tag des Triumphes die Bank drükken zu müssen. Aber stellt man einen Spieler auf, der bereits seinen Abschied gefeiert hat? Man wechselt ihn höchstens ein, wie Günter Netzer in der Verlängerung des Endspiels von 1973. Dazu war der trotzige Weisweiler diesmal nicht aufgelegt.

Die Saison 1977/78 begann mit einer herben Niederlage gegen Fortuna Düsseldorf, die alle Meisterschaftsträume im Keim erstickte. 1:5. Es folgten Siege, Kantersiege (6:0 gegen Braunschweig, 7:2 gegen Bremen mit sechs Treffern von Dieter Müller!), und eine peinliche Niederlage gegen Saarbrücken. Das Übliche also – Kurs UEFA-Cup-Platz. Die Initiation des 1. FC Köln, der Moment des Wandels und des Erkennens, fand am 10. Spieltag in Mönchengladbach statt. Das Team um den neuen Kapitän und Regisseur Heinz Flohe demütigte die Borussia in ihrem eigenen Stadion mit 5:2. Ab diesem Tag wußte die Mannschaft, daß sie jeden Gegner schlagen könnte und daß sie niemals Meister werden würde, wenn nicht in diesem Jahr. Der 1. FC Köln wurde Herbstmeister, leistete sich in der Rückrunde bis zum 31. Spieltag nur eine Niederlage, dafür 9 Siege und drei Unentschieden. Borussia Mönchengladbach blieb den Geißböcken auf den Fersen wie ein Rudel Wölfe, das seine Beute zu Tode hetzt. Den Atem immer im Nacken. Dann, vier Wochen vor Saisonende, war es soweit. Der Geißbock knickte um. Köln verlor zuhause gegen Eintracht Frankfurt. Die Borussia aus Mönchengladbach war punktgleich herangezogen und psychologisch im Vorteil. Alle erwarteten ein abermaliges Scheitern der launischen Diva, die nur durch ihr phänomenal gutes Torverhältnis auf Platz 1 blieb, das durch die hohen Siege in der Hinrunde erarbeitet worden war. Dennoch blieb die Mannschaftsleistung konstant, die letzten Spiele wurden gewonnen. Fast nebenbei wurde der 1.FC Köln Pokalsieger gegen Fortuna Düsseldorf.

Am letzten Bundesligaspieltag hatte der 1.FC Köln den FC St.

Pauli am Millerntor zu schlagen und würde deutscher Meister sein. Köln lag bei gleicher Punktzahl mit sieben Toren vor Mönchengladbach und hatte zudem 3 Tore weniger kassiert. Sie hatten es also selbst in der Hand. Die Dramatik dieses Spieltags ließ sich nur erfassen, wenn man ihn am Radio verfolgte. Die Bundesliga schrammte nur knapp an einem Skandal vorbei, der den Bestechungsskandal von 1971 in den Schatten gestellt hätte. Borussia Mönchengladbach spielte gegen Borussia Dortmund, deren Trainer Otto Rehagel vor dem Spiel zu Protokoll gab, ihm wäre ein Meister aus Mönchengladbach gewiß lieber als einer aus Köln. Schon in der 27. Sekunde hieß es 1:0 für Mönchengladbach durch Jupp Heynckes, der an diesem Tag sechs Tore schießen sollte. Dortmund zeigte keinerlei Gegenwehr und ihr Trainer Rehagel, sonst ein Energiebündel, verfolgte das Treiben seiner Truppe, die aufspielte wie Malta gegen Brasilien, als ginge es ihn nichts an. Jeder Schuß ein Treffer. Am Ende stand es 12:0 für Borussia Mönchengladbach, ein 2:0 in Hamburg hätte dem FC nicht zur Meisterschaft gereicht. Glücklicherweise gewann er mit 5:0. Gladbach hatte drei Tore zuwenig geschossen. So ein Pech auch. Am nächsten Tag war Otto Torhagel, den heute alle „König Otto" nennen, seinen Job bei Borussia Dortmund los. Köln war deutscher Meister.

Und wenn Köln auch nicht die Hauptstadt des deutschen Fußballs geworden ist, wie es an jenem Tag schien, zu feiern verstanden die Menschen dieser Stadt wie niemand sonst im Land. 30 Stunden lang wurde gesoffen, gequalmt, gepraßt, der Völlerei und allen erdenklichen Leibesfreuden gehuldigt, vom Störtebeker-Keller in St. Pauli, wo die Mannschaft war, über den Kiez, die Reeperbahn nach Köln vor das Rathaus und in offenen Sportwagen ins Geißbockheim. *„So etwas habe ich noch nie erlebt"*, meinte Hennes Weisweiler. Wie sollte er auch. Er war ja meist in Mönchengladbach bei den Kartoffelbauern.

Auf den Tag genau 20 Jahre nach dem Sieg in St. Pauli geschahen zwei Dinge: Der 1.FC Köln verlor gegen Arminia Bielefeld und besiegelte so seinen Abstieg aus der 1. Bundesliga. Otto Rehagel wurde mit dem 1. FC Kaiserslautern Deutscher Meister.

Ralph Christoph

1978 – 1998: Der Abstieg als Chance

Von Wiederkäuern und anderen Mythenträgern

Seien wir doch ehrlich: Mit dem 1.FC Köln ist 1998 die schlechteste Mannschaft aus der Bundesliga abgestiegen. Nach den Gesetzen der Logik, die eben über den Gesetzmäßigkeiten kölscher Weisheiten anzusiedeln sind, war das traurige Finale der Saison 1997/98 die Konsequenz einer Entwicklung, die den Club zuletzt fünfmal in Serie um einen der wenig begehrten Plätze, die zum Abstieg in die zweite Liga berechtigen, hat spielen lassen. Die beiden anderen Möglichkeiten, seine Existenz in der Bundesliga zu fristen, nämlich als Anwärter auf einen Uefa-Cup-Platz oder gar auf die Meisterschaft bzw. den lukrativen zweiten Platz zur Champions-League-Qualifikation, existierten nur noch als Wunschgedanke, der sich eben aus genau jenen Weisheiten speiste, daß erstens noch immer alles gut gegangen sei und zweitens auf Regen Sonnenschein folge. Nun kann aber einem Bundesliga-Verein andererseits nichts Schlimmeres widerfahren, als einen der ungeliebten Plätze im sogenannten „gesicherten Mittelfeld", also der Egal-Zone im Visier zu haben. Da hat man mit dem Kampf ums nackte Überleben schon ein besseres Geschäft gemacht. Angetrieben vom um Auflage und Einfluß fürchtenden Boulevard-Schlachtroß EXPRESS, zog es die Zuschauer in solchen Massen ins Stadion, wie seit dem Gewinn des Doubles 1977/78 nicht mehr. Gemeinsam delektierte man sich an Not und Elend, und am Ende knallten die Kölsch-Kronkorken. Im Prinzip ein schönes Ritual, bei dem es zwar nichts zu gewinnen gab, aber eigentlich auch nichts zu verlieren. Derweil erhöhte der Verein die Preise und ließ die Stehplätze peu à peu verschwinden. Wenig value für viel money, doch das bloße Aussprechen des Namens Meppen förderte ein Verhalten zu Tage, das man den Kölner Fans gar nicht zugetraut hätte.

Niemals geht man so ganz. FC-Fans zwischen Abschiedstränen, Resignation und Trotz.

Derweil jagte ein Notstandsplan das nächste Sanierungskonzept, und der nächste Trainer samt des neuesten Noteinkaufs wurden, gemeinhin als „erfahrene Kräfte im Kampf gegen den Abstieg“ getarnt, als Heilsbringer präsentiert. Doch mit etwas Abstand und getrockneten Tränen erweist sich der „Untergang“ des 1. FC Köln als halb so schlimm. Von Schadenfreude kann nicht die Rede sein, aber Mitleid? Samstag für Samstag die Grenzen der Kölner Selbstüberschätzung aufgezeigt zu bekommen? Im Gegenteil: Die Fans sollten froh sein, nicht mehr Zeugen solch grausamer Veranstaltungen sein zu müssen. Vom „Real Madrid des Westens“ war der FC so weit entfernt wie das Kölsch vom Altbier, und von der früher oft zitierten „Diva vom Rhein“ war nicht mehr übrig geblieben als eine Karikatur ihrer selbst.

Über das Ausmaß der Krise beim 1.FC weiß man seit langem Bescheid. Nur zeigten die letzten Jahre, daß die Prämisse „Bundesliga um jeden Preis“ zu allem möglichen geführt hat, nur nicht zur Bewältigung der Probleme. Jetzt, da zum ersten Mal seit Menschengedenken ein Präsident dem Verein vorsteht, von dem man annehmen kann, daß unter seiner Ägide Schluß sein wird mit dem Verschiebebahnhofprinzip, nach dem die Posten zwischen Chefetage und Trainerbank besetzt wurden, könnte man wieder vorsichtige Hoffnung hegen. Dabei ist das letzte Wort natürlich noch nicht gesprochen. Wie einschneidend und erfolgreich das Unterfangen vonstatten gehen wird, hängt unter anderem von einer Mannschaft ab, die ihre Zweitligatauglichkeit erst noch unter Beweis stellen muß. Da man deren Gesicht im Augenblick noch nicht so genau kennt, bleibt nur so viel zu sagen: Während man die zentralen Spieler nur wird halten können, indem man ihnen den Aufenthalt im Unterhaus mit einer noch höheren Gage versüßt, als sie sie für ihre nur selten erbrachten Dienste in der belle étage des deutschen Fußballs bekommen haben, bleibt die bange Frage, wie man den unterdurchschnittlichen Rest elegant los wird. Früher gab es da einen Bundesliga-Verein, der in solchen Situationen mit Millionen-Angeboten zur Stelle war: der 1. FC Köln.

Aber darüber hinaus gibt es keinen wirklich ernsthaften Grund zur Sorge. Der Patient erfreut sich trotz Zweitklassigkeit bester Gesundheit. Das finanzielle Risiko hält sich laut Präsident Caspers in Grenzen, die Zuschauer werden den Club auch nicht im Stich lassen, und die vielbeschoworene Region, die angeblich auf Gedeih und Verderb vom Erfolg des 1.FC abhängig ist, wird auch nicht aufhören zu existieren. Nein, der Abstieg in die zweite Liga ist ohne und Wenn und Aber zu begrüßen. Wenn auch in naher Zukunft nicht alles besser, so wird zumindest alles anders. Die Person, mit der die meisten eine positive Besetzung des Unterfangens „Neubeginn" verbinden, heißt bekanntlich Bernd Schuster. Nun soll aber an dieser Stelle nicht in den Kanon der weitverbreiteten Hoffnungsphantasien eingestimmt, sondern vielmehr, sozusagen als letzte Mahnung – und gegen das Vergessen – ein Rückblick auf die letzten 20 Jahre 1. FC Köln geworfen werden. Und zwar nicht zuletzt deswegen, weil der damals 19jährige Schuster an einem Kapitel FC-Geschichte beteiligt war, das ebenfalls mit einer Phase des Umbruchs zusammenfiel. Die unterschiedlichen Vorzeichen des Gestern und Heute – damals Meister und Pokalsieger, jetzt frischgebackener Zweitligist mit ungewisser Zukunft – sollen dabei weniger interessieren als vielmehr die Tatsache, daß sich die anstehende Zäsur in ihrer Tragweite und Konsequenz nur mit den Veränderungen jener Tage im Sommer 1978 vergleichen läßt.

Blutrecht

Signifikantestes Kriterium der Vereinspolitik ist seit Jahrzehnten das Handeln nach dem Motto: ius sanguinis coloniensis, dem kölschen Blutrecht. In keinem anderen Fußballverein in Deutschland gibt man mehr auf dieses Leitmotiv, das Denken, Handeln und Wirken gleichermaßen beeinflußt. Die geballte Macht von Spielern, deren zweites und drittes Leben beim FC in die Funktion als Trainer oder Manager mündete, ist Legion. Wenn es auch stimmen mag, daß der Verein wenige bis keine Spieler in den Reihen seiner Profimannschaft hat, die das Kriterium „aus Köln“ oder „aus der Region“ für sich in Anspruch nehmen können, so sei den Verfechtern dieser dämlichen Forderung nur ein Blick auf die weitverzweigten Führungs- und Kontrollgremien ihres Lieblingsvereins empfohlen – selbst ein Fußball-Laie könnte erkennen, daß die Situation, in welche der Verein manövriert wurde, weitestgehend von genau solchen Helden vergangener Kölner Fußballkunst mitverschuldet wurde.

Was also, in Fußball-Gottes Namen, haben Kleinstaaterei und Zwangsregionalismus eigentlich zu bedeuten? „Alle paar Monate kehrt der Verein turnusmäßig an den Ausgangspunkt zurück.“ Das hat er nach einer Beobachtung des Kölner Stadt-Anzeigers wohl seinem Maskottchen abgeschaut. „′Der Geißbock ist ein Wiederkäuer′“, so die Süddeutsche Zeitung im September letzten Jahres. Aber jenseits des Rheinlands hatte man längst plausiblere Erklärungen parat, denn, so die SZ weiter: „Anders als bei den meisten Klubs mit verblassendem Ruhm produziert in Köln die nach Ermittlungen der Fußball-Fachzeitschrift HATTRICK zur ‘rückwärts gewandten Sehnsucht’ verkümmerte Begeisterung ein gestörtes Verhältnis zur Wirklichkeit.“ Umso besser, daß im selben Artikel auch der zukünftige FC-Trainer Bernd Schuster zitiert wird: „Da fehlt jeglicher Bezug zur Realität.“

Der Realitätsverlust ist natürlich nicht vom Kölner Himmel gefallen, und viele, die heute zurecht mit Schimpf und Schande belegt werden, haben einst mit Voraussicht die Geschicke des Vereins geleitet. Wie es sich für einen Verein gehörte, der zu Beginn der Saison 1978/79 stolz darauf war, sich Meister und Pokalsieger zu nennen, und der zum neunten Mal in Folge in einem internationalen Wettbewerb vertreten war, wurde groß gedacht. Als ernstzunehmende Konkurrenten kamen nurmehr die Bayern und der aufstrebende HSV in Frage. Insofern verdient der Schnitt, den Trainer Weisweiler, Hannes Löhr (im Meisterschaftsjahr mit 37 Jahren seine letzte Saison spielend und danach zum Co-Trainer aufgestiegen) und Manager Karl-Heinz Thielen vollzogen, größte Bewunderung. Wie schon Overath, der unfreiwillig das Zepter an Heinz Flohe abgeben mußte, und Wolfgang Weber ein Jahr zuvor, zog sich neben Löhr auch der 33jährige Heinz Simmet zurück. Vor einem solch radikalen Schnitt schrecken bis zum heutigen Tage die meisten Vereine gerade in der Stunde des Erfolgs zurück. Nicht so die Troika, die damals beim FC das Sagen hatte. Als Neuzugänge verpflichteten sie Bernd Schuster, Pierre Littbarski und den aus der eigenen A-Jugend in den Profi-Kader beförderten Stefan Engels.

Das Kölner Publikum, zu diesem Zeitpunkt noch nicht der Tatsache gewahr, wie dieser Umbruch eigentlich zu bewerten sei, bedankte sich auf seine Weise – es blieb zu Hause, der Zuschauer-Schnitt sank um sage und schreibe 13.000 auf 21.500. Daß die Saison mit einem eher enttäuschenden sechsten Platz beendet wurde, war vor allem einigen kuriosen Wochen im April und Mai des Jahres 1979 geschuldet, vielen primär wegen der Halbfinal-Niederlage gegen Nottingham Forest in Erinnerung. Doch alles begann mit einer 1:5 Niederlage am 21.4. beim direkten Konkurrenten um einen Uefa-Cup-Platz, dem FC Bayern München, vier Tage vor dem schmerzhaften 0:1 im Rückspiel, das den schon sicher geglaubten erstmaligen Einzug ins Finale des Europapokals der Landesmeister zunichte machte. Zwei Tage danach folgte mit einem 0:2 nach Verlängerung das Aus im DFB-Pokal in Berlin gegen die Hertha. Und gekrönt wurden die turbulenten Wochen durch ein 0:6 im Nachholspiel beim späteren Meister HSV am 8. Mai. Nicht nur, daß der FC mit dieser Niederlage seine letzte Chance auf einen Platz unter den ersten fünf der Liga verspielte, zu allem Überfluß wurden auch noch die beiden Kreativspieler Heinz Flohe und Herbert Neumann vom Platz gestellt. Für beide war damit die Saison beendet, für Flohe war es gar das letzte Pflichtpiel für den 1.FC Köln. Er sollte nach Differenzen mit Trainer Weisweiler nach der Saison zu 1860 München wechseln, wo seine Karriere nach einer halben Spielzeit ein abruptes Ende fand: Der Duisburger und spätere Kölner Spieler Paul Steiner brach ihm das Schien- und Wadenbein.

Doch anstatt in kopflose Panik zu verfallen, reagiert man an den Schaltstellen des Clubs mit italienischem Selbstbewußtsein. Mit dem Kauf des Stürmers Tony Woodcock von Nottingham Forest entscheidet man sich für einen offensiven Umgang mit dem traumatischen Ergebnis der Vorsaison, und auch ansonsten nutzt Weisweiler die Saison ohne internationalen Wettbewerb, um aus Pierre Littbarski einen torgefährlichen Stammspieler zu formen. Selbst Gordon Strachan sollte von Glasgow Rangers auf die Gehaltsliste des FC, wechselte aber schließlich doch zu Manchester United – was dem FC immerhin eine Entschädigung von 500.000 DM einbrachte. Doch nachdem mit einer 0:1 Niederlage bei Hertha BSC (!) die Chancen auf die Meisterschaft verspielt sind, wechselt Hennes Weisweiler sechs Spieltage vor Schluß zu Cosmos New York. Und ab diesem Punkt macht sich zum ersten Mal bemerkbar, wie unflexibel das kölsche Herrsche und Teile in Wahrheit sein sollte. Unter dem als Weisweiler-Nachfolger verpflichteten Karl-Heinz Heddergott, ausgestattet mit der Prokura eines Trainerausbilders beim DFB, gerieten die Teilchen des fragilen Konzepts durcheinander. Nicht nur, daß nach 1:7 Punkten zum Einstand der Uefa-Cup-Platz in große Gefahr geriet – es bahnte sich unter der Ägide des völlig überfordertem Heddergott ein einschneidendes Zerwürfnis an. Daran änderte auch die Tatsache nichts, daß der FC in dieser Saison zum neunten Mal das Endspiel um den DFB-Pokal erreichte.

Exodus

Nachdem Toni Schumacher, Bernd Schuster und Bernd Cullmann (plus dem nicht zum Einsatz gekommenen Ersatzspieler Herbert Zimmermann) als Europameister nach Köln zurückkehrten, hatte sich der FC mit dem just aus Valencia zurückgekehrten Altinternationalen Rainer Bonhof und dem Schweizer Nationalspieler René Botteron verstärkt. Zusammen mit dem im Laufe der Vorsaison zum FC gewechselten Tony Woodcock wurden insgesamt 4,8 Millionen investiert, während der Verkauf von Flohe (1860 München), Glowacz (Bayer Leverkusen) und Roger van Gool (Coventry) umgerechnet über 2,2 Millionen an Einnahmen brachte. Doch schnell bestätigte sich der Eindruck, der Trainer könne nicht mit der mit Stars gespickten Mannschaft umgehen. Besonders das Verhältnis zum Jung-Star Schuster erwies sich als untragbar. Schuster bezeichnete Heddergott als Amateur, der Trainer wiederum den Mittelfeldspieler als Rotzlöffel. Auch wenn beide hinterher in der Presse diesen Vorfällen widersprachen, regierte plötzlich König Chaos im Verein. Mit harter Hand versuchten der im Juli 1980 vom Co-Traineramt ins Management gewechselte Löhr, der die Nachfolge von Thielen antrat, und Präsident Weiand die Lage zu beruhigen. Daß Thielen jedoch weiterhin an entscheidender Stelle die Geschicke des Vereins mit beeinflussen sollte, erklärt sich aus der Tradition des Vereins. In der imposanten Reihe von Spielern, die den Club auch über das Ende ihrer aktiven Laufbahn begleiten, nimmt Thielen jedoch die unangefochtene Spitzenposition ein. Nach dreizehn Jahren als Spieler und den darauf folgenden sieben Jahren als Manager sollte er sich, bis zu seinem vorläufigen Rücktritt 1986, noch als Schatzmeister, Geschäftsführer und Vizepräsident in die Annalen eintragen. Legendär allerdings wurde er durch den Umstand, daß er nach einem Intermezzo als Sportdirektor bei Fortuna Düsseldorf im Dezember 1991 zum FC zurückkehrte, und einen Platz im Verwaltungsrat und schließlich, nahezu 20 Jahre nach seinen ersten Gehversuchen an gleicher Stelle, erneut die Position des Managers übernahm. Wie das Triumvirat auf die Ereignisse im Verein reagierte, ist hinlänglich bekannt: Binnen weniger Wochen wurden zuerst Herbert Neumann (zum FC Udine) und dann Bernd Schuster (zum FC Barcelona) verkauft. Das brachte dem Verein zwar weitere 4,6 Millionen, doch stand man vor einem Scherbenhaufen. Innerhalb von nur 3 Jahren hatte der 1.FC Köln mit Overath, Flohe, Neumann und Schuster seine komplette Kreativabteilung verloren.

Das nächste Opfer sollte schließlich Karl Heinz Heddergott sein, der zuvor als Trainerausbilder beim Deutschen Fußballbund tätig gewesen war. Er sollte das Uefa-Cup-Rückspiel Zuhause gegen IA Akranes nicht mehr als Trainer des 1.FC Köln erleben. Nach 7:9 Punkten mußte er nach dem 8. Spieltag seinen Arbeitsplatz räumen. Heddergott hinterließ verbrannte Erde. Und erst nach seiner Entlassung sollte sich herausstellen, daß auch DFB-Boß Hermann Neuberger froh war, den ungeliebten Ausbilder nicht mehr auf der Gehaltsliste zu haben. Der personelle Aderlaß und die sich schwierig gestaltende Suche nach einem geeigneten Trainer-Nachfolger waren bestimmend für den Verlauf der gesamten Saison. Auch die Verpflichtung des ehemaligen holländischen Bond-Coachs Rinus Michels, den man dort auslöste, wohin es Hennes Weisweiler einige Monate zuvor gezogen hatte, nämlich aus der als Opperetten-Liga verhöhnten Soccer-League der USA, konnte die Mannschaft, die zuvor sieben Spieltage von Interimscoach Rolf Herings betreut worden war, nicht sofort wieder in ruhigere Gewässer führen. Die Spielzeit endete erwartungsgemäß mit einem wenig erfreulichen 8. Platz im Niemandsland der Liga, sah den Verein aber nach 2 Jahren wieder in einem europäischen Halbfinale gegen Ipswich Town, das der 1.FC jedoch – Duplizität der Ereignisse – wieder durch ein 0:1 im Rückspiel im Müngersdorfer Stadion (nach einem 0:1 im Hinspiel) verlor.

Wieder stand der Club also vor einer Saison ohne internationale Beteiligung. Aber wie schon in der letzten Spielzeit unter Weisweiler, wurde der Mißstand als Chance genutzt. Michels setzte die Marschroute, die Manager Löhr zu seinem Amtsantritt ausgegeben hatte („Unser Kader von 27 Akteuren ist einfach zu groß.“), konsequent um. Löhr, der nach dem Weggang von Dieter Müller die vakante Position im Sturm mit Klaus Allofs und Klaus Fischer gleich doppelt besetzte, schuf die Voraussetzungen. Rinus Michels kam in der Spielzeit 1981/82 mit nur 16 eingesetzten Spielern aus, wobei Dieter Prestin nur auf dreizehn, Frank Hartmann nur auf elf und Rene Botteron gar nur auf sechs Einsätze kamen. Nach dem ersten Platz zum Ende der Hinrunde spielte der FC bis zum Schluß um die Meisterschaft mit und mußte am Ende nur den in dieser Spielzeit überragenden HSV an sich vorüberziehen lassen. Der kurzzeitige Schiffbruch, den der Club in den Wirren der Post-Weisweiler-Ära erlitten hatte, schien endgültig Geschichte. Michels formte den FC zu einer Mannschaft, die mit ihrer unspektakulären, aber hoch-effektiven Fußballkultur in der Tradition des auch damals von Ernst

Happel beim HSV praktizierten, und höchste Disziplin erfordernden, Pressing-Systems das Verdikt überwand, eine Mannschaft lebe nur von ihrem Spielmacher.

Auch den Weggang von Tony Woodcock zu Beginn der Saison 1982/83 konnte der FC verschmerzen – zu gut war die Sturmreihe jener Tage besetzt. Littbarski, Fischer und Allofs steuerten alleine 40 der 69 Treffer dieser Saison bei. Es reichte wieder zu einem Uefa-Cup-Platz – was die Zuschauer im Übrigen mit rekordverdächtigen Minusrekorden kommentierten. Nicht nur am letzten Spieltag beim Heimspiel gegen Hertha BSC kamen weitaus weniger als 10.000 Zuschauer ins Müngersdorfer Stadion, auch drei weitere (jeweils klare Heimsiege) konnten nur einen vierstelligen Besuch verzeichnen. Und das in einer Saison, in der der 1.FC ganze fünf Punkte im heimischen Müngersdorf abgeben mußte. An der Mannschaft kann es nicht gelegen haben, immerhin fanden sich dort jede Menge Namen, auf die man sich noch heute retrospektiv besinnt, wenn die Sprache auf das mangelnde Identifikationspotential der FC-Teams der jüngsten Zeit kommt: Schumacher, Strack, Cullmann, Zimmermann, Konopka, Engels, zugereiste Stars wie Fischer, Klaus Allofs oder der eingemeindete Pierre Littbarski – lange nicht mehr bekundeten die Kölner Zuschauer ein solches Desinteresse an ihrem dabei so erfolgreichen Club. Selbst der Pokalsieg am Ende der Saison – in einer Runde, in der der FC kein einziges Mal auswärts antreten mußte – änderte nichts an der abblehnenden Haltung der Fans: Bekanntermaßen liefen die Zuschauer im ersten rein Kölner DFB-Pokal-Finale in Scharen zu Fortuna Köln, dem Underdog aus der Südstadt, über. An der Misere konnte nur der holländische Coach Schuld tragen, so daß man ihn nach – ebenfalls rekordverdächtigen -zwei Spielen zu Beginn der Saison 1983/84, natürlich Niederlagen, durch Hannes Löhr ersetzte. Womit das Prinzip der ius sanguinis coloniensis ein weiteres Mal zu seinem Recht gekommen war. Es sollten indes Jahre ins Land ziehen, bis wieder ein etwas weltmännischerer Ton im und am Geißbockheim angeschlagen werden sollte.

Freizeitpark FC

Die folgenden Jahre unter Hannes Löhr gestalteten sich wie eine Achterbahnfahrt. Einem sechsten folgten ein dritter und dann ein dreizehnter Platz. Und der Trainer Löhr widersprach dem ehemaligen Manager Löhr in vielerlei Hinsicht. Prangerte er Jahre zuvor noch den zu großen Kader an, den der Verein mit sich herumschleppe, so schöpfte er als Coach aus dem vollen desselben. 22 bzw. 23 Spieler brachte er in zwei Spielzeiten zum Einsatz. Die Folge einer immer zielloseren Einkaufspolitik verschlug in dieser Zeit Spieler wie den formschwankenden Uwe Bein, den verletzungsanfälligen Norbert Dickel und den lustigen Altstar Jimmy Hartwig an den Rhein. Zwar funktionierte die Angriffsmaschine um Allofs, Littbarski und Fischer (in der Saison 1983/84 steuerte das Trio 49 aller 70 erzielten Tore bei). Doch die Abwehr um Nationalkeeper Schumacher erwies sich immer mehr als Schwachstelle im System. Wenigstens gab es etwas zu Lachen, als Richard Schmidt, Mitbesitzer des Brühler Freizeitparks Phantasialand, im Februar 1984 an den FC herantrat und 2,5 Millionen für den Kauf eines Stars vom Kaliber Schuster oder Matthäus in Aussicht stellte. Der FC müsse sich nur in 1. FC Phantasialand Köln umbenennen... Als einzig wirklich erfreuliches Ereignis jener Tage bleibt jedoch der 29.9.1984 in Erinnerung. Nicht nur, weil der FC an jenem Tag Dortmund mit 6:1 nach Hause schickte und Klaus Allofs vier Tore gelangen, sondern weil in Gestalt des damals 18jährigen Thomas Häßler ein Spieler die Bundesliga-Bühne betrat, der dem Verein noch viel Freude, aber auch viel Leid bereiten sollte. Auf sein erstes – und für längere Zeit einziges – Bundesliga-Tor sollte der später teuerste Spieler der Liga jedoch noch einige Zeit warten müssen, denn der Aufstieg des Spielmachers fällt zusammen mit der größten Krise, die der Verein seit den Tagen Heddergotts zu überstehen hat.

Zum ersten Mal scheint das paritätische Verhältnis von Auf und Ab entscheidend aus dem Gleichgewicht zu geraten. Nach Löhrs Abschied, einer 2:3 Heim-Niederlage gegen Bayer Leverkusen folgend (wie man sieht, kreuzten sich die Wege der beiden Lokalrivalen mehr als einmal an entscheidender Stelle), ging zum ersten Mal so etwas wie Abstiegsangst um. Daß die Wahl ausgerechnet auf Georg Keßler als Löhr-Nachfolger fiel, zählt zu den vielen Geheimnissen und Mißverständnissen, die den Verein in den folgenden Jahren umgeben sollten. Keßler schaffte fast das für unmöglich Gehaltene: den Abstieg. Zu seinem Amtsantritt legte die Mannschaft 0:6 Punkte hin, und erst ein 3:0 Sieg am letzten Spieltag gegen Bochum brachte den Klassenerhalt – den wiederum nur 18.000 Zuschauer zur Kenntniss nahmen. Keßler, der nach eigener Aussage das „Wohl des deutschen Fußballs“ im Auge hatte und dabei den Blick auf die Tabelle vergaß, war defintiv der falsche Mann, um eine im Abstiegskampf unerfahrene (immer noch) Startruppe wie den 1.FC zu leiten. Da half es ihm auch nichts, daß er einst als Nationalcoach der Niederlande den großen Johann Cruyff nach Hause geschickt hatte.

Das Kapitel Georg Keßler ging so unspektakulär zu Ende, wie es begonnen hatte – nach 7:9 Punkten zu Beginn der Saison 1986/87 war Schluß. Dennoch hatte er Karl-Heinz Heddergott, der seinerzeit aus ganzen 14 Spielen als Cheftrainer eine Billanz von 12:16 Punkten vorweisen konnte, zumindest eines voraus: nämlich vier Spiele und acht Minuspunkte mehr. Doch in die kurzen, wenn auch erfolglosen Trainer-Tage Keßlers fallen auch zwei Ereignisse, die zu erwähnen man nicht umhinkommt: das erstmalige Erreichen eines europäischen Finales (1:5 und 2:0 gegen Real Madrid – Keßler hatte die Mannschaft zum Viertelfinale übernommen) und der Kauf des dänischen Rekord-Internationalen Morten Olsen, den Keßler gegen den erbitterten Widerstand von Manager Thielen an den Rhein geholt hatte. Doch sollten die von Spöttern kurzerhand als „Domlotterie“ bezeichnete Arbeit von Keßler und deren Ende bald durch einen neuerlichen Skandal überschattet werden. Elf Spiele nach Keßlers Entlassung stand auch Toni Schumacher auf der Abschußliste – sein Buch „Anpfiff“ machte es möglich.

Erstmals vernahm man das Läuten der Alarmglocken auch jenseits von Dom und Geißbockheim: „Trotz des überraschenden Einzugs ins Uefa-Cup-Finale der vorherigen Spielzeit haben die Kölner eine schlechte Saison hinter sich, vielleicht die schlechteste seit vielen Jahren", mahnte die FAZ schon am 4.9.1986. „Es drängt sich nämlich der Eindruck auf", so die FAZ weiter, „die Rheinländer hätten in einem Anfall von Sammelwut nach Eichhörnchen-Mentalität wahllos eingekauft, was ihnen angeboten wurde, Spitzenqualität gleichermaßen wie Schlußverkaufsschnäppchen." Wie gut, daß damals Bodo Illgner wie auf Bestellung nicht nur Schumachers Erbe im FC-Tor, sondern kurze Zeit später auch in der Nationalmannschaft antrat – und daß mit Häßler der erste Spielmacher seit Schusters Weggang seinen Weg machen sollte.

Die Ära Daum, in welcher der Club in den folgenden Jahren wieder zu sportlichem Erfolg zuürckkehrte, fand bekanntlich ein noch unrühmlicheres Ende als die seiner Vorgänger Heddergott und Keßler. Aber zuerst galt es, Schadensbegrenzung zu betreiben. Dazu gehörte unter anderem, daß sich Manager Thielen für viele Fehler in der Peronsalpolitik der vergangenen Jahre verantwortlich erklärte. „So bedauert er", wie die FAZ schrieb, „den Dänen Morten Olsen gegen seinen Willen und auf ausdrücklichen Wunsch des Trainers aus Belgien geholt zu haben." Thielen konnte nicht wissen, daß der mit 500.000 DM netto Jahresgehalt fürstlich entlohnte Olsen in den Planungen des jungen Trainers Daum eine zentrale Rolle spielen sollte und diese Rolle auch bestens auszufüllen wußte. Vielleicht ist es ja auch dem Zögern des Managers zu verdanken, daß nicht Karl-Heinz Feldkamp, damals noch in Diensten von Bayer Uerdingen, die Keßler-Nachfolge antrat.

Lattek und die Folgen

Dennoch kehrte keine Ruhe ein. Im Gegenteil: Baurechtliche Gründe wurden vorgeschoben, als die Jahreshauptversammlung 1986 am Tage derselben kurzerhand abgesagt wurde. Da staunte der Fachmann und die Laien bzw. Fans, die zum Teil weite Reisen auf sich genommen hatten, wunderten sich. Während Toni Schumacher mit dem Silbernen Fußball als zweitbester WM-Teilnehmer ausgezeichnet wurde und Präsident Weiand über nächtlichen Telefonterror klagte, konnte man der Kölner Boulevardpresse etwas sehr Interessantes entnehmen: die bevorstehende Präsidentschafts-Kandidatur des Kölner CDU-Ratsmitglieds Artzinger-Bolten. (Als weiterer Kandidat war auch Richard Schmidt von der Partie, jener Mann, der den FC drei Jahre zuvor zum Vergnügungspark der Liga machen wollte.) Zeitgleich bahnt sich die nächste einschneidende Entscheidung an: die Verpflichtung Udo Latteks als Sportlicher Direktor. Und von nun an sollte es richtig kompliziert werden beim FC.

Während mit dem Einkauf von Povlsen und Giske, der den nach München abgwanderten Kohler ersetzte, noch sinnvolle und effektive Akzente gesetzt werden, liegt man mit der Mehrzahl der kommenden Neuzugänge schwer daneben: Dreßen, Rahn oder Jensen, aber auch Andrzej Rudy klingen dabei besonders in den Ohren – und das Minus in der Kasse. Auch Frank Ordenewitz sollte einige Zeit brauchen, bis er sich aufgrund eines besonderen Vorfalls in die Herzen der Kölner spielte. Doch das abrupte Ende der Amtszeit Daum und der kurz zuvor vollzogene Transfer von Thomas Häßler waren die Themen, die bis zum Abstiegsjahr der Saison 1997/98 immer wieder die Gemüter bewegen sollten. Dabei waren die reichlich absurden Umstände der Daum-Entlassung immerhin ein Novum für die Personalpolitik der letzten Jahre: Es geschah nämlich zwischen zwei Spielzeiten. Natürlich muß man dem hinzufügen, daß Daum zuvor noch die Einkaufsliste für die kommende Saison zusammenstellen durfte. Darauf befanden sich u.a. Uwe Fuchs (Fortuna Köln), Hansi Flick (Bayern) und Maurice Banach (Wattenscheid), für die der Verein zusammen 3,5 Millionen überwies. Aber was war das schon für eine Summe, denn, so die FRANKFURTER RUNDSCHAU, die es damals noch nicht besser wissen konnte: „Der Klub schwimmt im Geld.“ Man zeigte sich generös, auch wenn die Anzahl der berühmten Häßler-Millionen von anfangs 17,4 peu à peu auf 14,1 Millionen nach unten korrigiert wurde. Aber da waren ja auch noch die 4,5 Millionen brutto, die aus dem verlorenen Halbfinal-Rückspiel im Uefa-Cup gegen den zukünftigen Häßler-Club Juventus Turin hängengeblieben waren.

Daß der Daum-Nachfolger Rutemöller in der folgenden Saison das 10. DFB-Pokalendspiel in der Vereinsgschichte erreichte, schützte ihn nicht davor, nach zwei Spieltagen der Saison 1991/92 seinen Stuhl räumen zu müssen. Der FC konnte es sich ja weiterhin leisten, mit Geld um sich zu schmeißen. Immerhin prangte mit der Citibank ein potenter neuer Sponsor auf den Trikots, der weitere 2,2 Mio im Jahr fließen ließ. Artzinger-Bolten im Kölner Stadt-Anzeiger am 22.5.1991: „Wirtschaftlich stehen wir erstklassig da." Udo Lattek, mittlerweile in seiner zweiten Amtszeit als Chefeinkäufer am Geißbockheim tätig, macht sich hingegen nichts vor: „Es gibt nur einen Trost, es hätte noch schlimmer kommen können...". Damit kann er aber nicht die wirtschaftliche Situation gemeint haben, sonst wäre es ihm nicht möglich gewesen, zum Saisonbeginn für 8,2 Millionen (!) neue Kicker zu besorgen. Darunter, wie alle Einkäufe angeblich auf Wunsch des resignierten Trainers Rutemöller, der Chemnitzer Rico Steinmann, „ein Mann, dem auch der Bundestrainer eine steile Karriere in der Bundesliga zutraut" (FAZ, 14.8.91). Als hätte diese Aussage allein nicht schon stutzig machen müssen. Steinmann, im Zuge der Ost-West-Wanderung als größtes Talent des dahingeschiedenen DDR-Fußballs gehandelt (Sammer, Kirsten und Doll klammerte man vorsichtshalber aus), kostete überzogene 2,8 Millionen (später wurden daraus an anderer Stelle 3,5 Millionen), die sich für den FC in den nächsten Jahren als schwere Hypothek erweisen sollten. Ein nicht minder beachtetes Hasardspiel von Lattek brachte dem 1.FC Saarbrücken 1,1 Millionen auf die leeren Konten und dem FC einen Edel-Ersatzspieler namens Adrian Spyrka in den Kader. Die Vorschußlorbeeren jedoch waren groß – das als „Bermuda-Dreieck" tituilierte Trio Littbarski/Heldt/Steinmann sollte es richten. Aber selbst die Tatsache, daß Trainer Berger, der Rutemöller am sechsten Spieltag ablöste, als bislang letztem Übungsleiter das Kunststück gelang, den Verein in die Uefa-Cup-Ränge zu führen, konnte nicht darüber hinwegtäuschen, daß sich die verfehlte Personalpolitik der letzten Jahre nun rächen sollte.

Die gesamte Saison ist davon geprägt, daß die Ereignisse in der Führungsetage rund um Präsidium, Vorstand und Verwaltungsrat die bestimmenden Themen in Presse und Öffentlichkeit sind. So äußerte sich Bodo Illgner im Oktober 1991 gegenüber dem Kölner Stadt-Anzeiger über die Zukunft des Vereins und ließ dabei ungewohnt scharfe, aber auch mahnende Töne von sich: „Er (Klaus Hartmann, R.C.) ist Chef des Verwaltungsrates, er hat die Entscheidungen des Vorstands mitgetragen. Das ist keine 100prozentig befriedigende Lösung. Meiner Meinung nach kann die Zukunft nur ein absoluter Neuanfang sein (...) Wenn erst mal gründlich ausgemistet wird, und das muß sein, wenn endlich reiner Tisch gemacht wird, dann weiß man auch, woran man ist.“ Vor dem Hintergrund dieser Aussagen darf sich im nachhinein niemand ernsthaft wundern, daß der geschäftstüchtige Illgner eine Ausstiegsklausel im Vertrag hatte, von der er später bekanntlich Gebrauch machte.

Derweil rückt man beim FC enger zusammen – gute alte Freunde stehen sich bei: Dem Präsidium steht nun der frischgewählte Klaus Hartmann vor, Bernd Cullmann verdingt sich als dritter Vorsitzender, während im Verwaltungsrat eine illustre Runde aus Overrath, Thielen, Löhr, Weber und Zimmermann dem Vorstand beratend zur Seite stehen soll. Ergebnisse freilich bleiben zumindest der Öffentlichkeit und den Medien verborgen. Die begnügen sich aber nun nicht mehr damit, den wiederholt aufgeblähten Kader, 28 Spieler an der Zahl, und das gigantische Jahressalär von Sportdirketor Lattek (750.000 DM) anzuprangern, sondern verlangen Aufklärung über die wirtschaftliche Situation. Präsidiumsmitglied Neukirch rechnet dem Express auf, daß die Einnahmen durch die Transfers von Häßler, Rahn, Görtz und Gielchen ausgegeben wurden für Hendrik Andersen, Rico Steinmann, Henri Fuchs, Uwe Fuchs, Maurice Banach, Hansi Flick, Adrian Spyrka und André Trulsen – fertig war die Milchmädchen-Rechnung.

Das Loch

Die Lokal-Presse läßt nicht mehr locker. Und im Februar 1992 verkündet der STADT-ANZEIGER: „Der Verein ist nicht mehr liquide; er muß, und das steht außer Frage, um die Lizenz bangen, wenn die finanzielle Talfahrt nicht gestoppt werden kann.“ Und Karl-Heinz Thielen wird wie folgt zitiert: „Ich war schockiert, als ich von den Verbindlichkeiten erfuhr, solche Zahlen hauen einen glatt vom Hokker.“ Die offizielle Größe des Finanzlochs bleibt weiterhin im Dunkeln, doch, so der STADT-ANZEIGER weiter in seiner Prognose: „Die Rede ist von 5,5 Mio.; zum Saisonende könnten es gut und gerne 6,5 Mio. sein. Und wenn der Verein wiederum den Einzug in den lukrativen UEFA-Pokal-Wettbewerb verpaßt, dann, mutmaßen viele, werde den FC bald eine Schuldenlast von zehn Millionen Mark plagen.“

Der Saison-Etat explodierte von einem Jahr auf das nächste, während die Spielzeit 1989/90 noch mit 13 Millionen Mark zu Buche schlug, waren es im Jahr darauf schon doppelt so viel. Da aber eine Besserung im sportlichen Bereich nur möglich gewesen wäre, wenn sich der Verein gezielt verstärkt und durch eine Ausdünnung des nach wie vor übervollen Kaders finanziellen Spielraum verschafft hätte, war das Desaster perfekt – der Verein und seine Politik saßen endgültig fest. „Man hatte trotz fehlender UEFA-Pokal-Einnahmen nur auf eine einzige Karte gesetzt, anstatt einen rigorosen Sparkurs zu steuern – nämlich auf den Verkauf von Spielern“, so der STADT-ANZEIGER im Februar 1992. „Und die stach nicht – kein einziger aus dem aufgeblähten teuren Kader konnte an den Mann gebracht werden.“ Trotzdem gibt Präsident Hartmann nicht auf: „Das Aufgebot wird auf 20 Spieler reduziert.“

Mit dem Beginn der Saison 1992/93 werden kurzzeitig die strukturellen Probleme von den sportlichen überdeckt: Immerhin gilt es, den schlechtesten Start aller (Bundesliga-)Zeiten zu vermelden: 0:6 Punkte und 0:5 Tore; es folgen weitere 1:7 Punkte, Trainer Berger darf bis auf weiteres bleiben. Doch die Führungsetage kommt nur kurzzeitig aus den Schlagzeilen heraus, man scheint endgültig den Überblick ob der verworrenen Lage verloren zu haben. Daraus folge, so der Express: „Die Hauptprobleme blieben bislang ungelöst. Der Profikader umfaßt immer noch 27 Spieler, chancenlose Profis wie Adrian Spyrka und Günther Baerhausen trainieren noch immer mit."

Im November veröffentlicht der KICKER eine Schuldenliste, bei der der FC endlich wieder einen Uefa-Cup-Platz einnimmt. Daß vor ihm mit Nürnberg und Dresden zwei Mannschaften stehen, die sich kurz darauf für längere Zeit aus dem Profibetrieb verabschieden müssen, scheint niemanden weiter zu beunruhigen. Aber Präsident Hartmann scheint zu wissen, was die Stunde geschlagen hat: „Wir wollen und müssen investieren; die Mannschaft soll ein neues Gesicht erhalten – wir brauchen Typen wie Kohler, Steiner oder Giske. Nur so kommen wir wieder in den UEFA-Pokal-Wettbewerb. Aber wieder einmal blieb er die Antwort schuldig, wie er dies zu bewerstelligen gedenke.

Im Februar 1993 gibt Thielen kurzzeitig Entwarnung: Der Schuldenstand habe sich im zweiten Halbjahr 1992 um 1,5 Mio. auf 4,5 Mio verringert (u.a. ermöglicht durch die Trennung von Udo Lattek und die Steigerung des Zuschauerschnitts). Thielen weiter: „Und wenn sich die Möglichkeit bietet, werden wir investieren" – Ergo langt man zu: Mit Andrzej Kobylanski vom polnischen Erstliga-Aufsteiger Siarka Tandzreg wird für 650.000 DM ein Stürmer verpflichtet. Dieser antwortete auf die Frage, wie er den idealen Stürmer sehe und wie er gern sein möchte: „So schnell wie der Bulgare Stoitschkov und so torgefährlich wie van Basten." – Ganz offensichtlich hatten sich mit dem FC und Kobylanski mal wieder zwei gesucht und gefunden, bei denen Anspruch und Wirklichkeit Lichtjahre voneinander entfernt lagen. Daß dieser Transfer, in Zeiten allergrößter Geldnot, wieder auf das Konto von Karl-Heinz Thielen geht, der den Stürmer auf Empfehlung eines Freundes geholt hatte, soll hier nur als Fußnote angemerkt werden.

Pressing? What Pressing?

Eigentlich könnte man mit dieser Ankedote schließen, wären da nicht noch die Amtszeit von Morten Olsen dazwischen gekommen und der Weggang von Pierre Littbarski (der sich in seinem letzten Bundesliga-Spiel beim 2:0 gegen Nürnberg mit zwei Toren bedankt) und die Ankunft eines gewissen Anton Polster zu vermelden, den Olsen unbedingt wollte, weil ihm Darko Pancev („Den will ich nicht.“) nicht ins Konzept paßte. Polster: „Überall war ich der erfolgreichste Torjäger – beim AC Turin mit 24, beim FC Sevilla mit 33, beim CD Logrones mit 18 und bei Rayo Vallecano mit 14.“ Dies war ein Satz, der sich auf seinen Wahrheitsgehalt hin prüfen ließ und für die Zukunft nicht das schlechteste bedeutete.

Doch im August 1993 witzelt selbst der SPIEGEL: „Et hät noch immer jot jejange“, während Olsen im Interview feststellt: „Ich hasse diese Mentalität.“ Zwar hält man Olsen allgemein für die rettende Hand, doch, so der SPIEGEL weiter: „Fraglich ist nur, ob es Olsen so lange am Rhein aushält. Denn ein guter Coach ist nur erfolgreich, sofern das Umfeld stimmt. (...) Bei der Suche nach personellen Verstärkungen hinterließ die Führung einen dilletantischen Eindruck. In keinem anderen Verein wurden so viele Namen gehandelt, als sichere Neuzugänge verkündet – und immer kam etwas dazwischen.“ Gemeint waren Jens Melzig aus Dresden, Stefan Paßlack aus Uerdingen, mal wieder Hans-Peter Lehnhoff aus Antwerpen, Bent Christensen aus Schalke, Holger Aden aus Bochum, schließlich Holger Fach aus Gladbach, gekrönt von Thomas Berthold. Der einzige, der schließlich kam, war Wanderarbeiter Bruno Labbadia.

Nach der empfindlichen 1:6 Niederlage am zweiten Spieltag der Saison 1994/95 gegen Dortmund wird deutlich, daß Olsens Taktik die ihm zur Verfügung stehenden Spieler überfordert. Im Hinblick auf sein in der Kritik stehendes Pressing-System sagt der Trainer: „Ich will einfach nichts wissen von diesem altdeutschen Fußball. (...) Aber wenn ich mit meinem System über Wochen hinweg keinen Erfolg habe, dann wird etwas passieren. Dann wird sich sicherlich auch der Verein überlegen, ob ich noch der richtige Mann bin.“ Und es dauerte nicht lange, bis der Express „Kölle Alarm“ schlägt und die Süddeutsche Zeitung konstatiert: „Beim Pressing sollen unter anderem schon die Angriffsspieler den Gegner beim Spielaufbau stören. Mittelfeld und Abwehr müssen dann mehr Raum abdekken und dafür entweder schneller rennen, oder an der richtigen Stelle stehen. Das erfordert Konzentration. Und die können die Kölner Kicker derzeit nicht aufbringen. Olsen hält trotzdem eisern am System und den gleichen Spielern fest.“

Wie sehr man den mageren spielerischen Glanz aus Olsens Zeiten noch vermissen sollte, zeigte sich erst, als mit Peter Neururer der „Stepanovic für Arme“ (Neururer über Neururer) Einzug hielt. Da war er mittlerweile genau der richtige Mann am richtigen Ort, wie auch der kurz zuvor verpflichtete Christian Dollberg, über den SPORTS LIVE schrieb, er sei vermutlich der einzige Südamerikaner, der nicht Fußballspielen könne. Das war aber eh längst nicht mehr gefragt.

Die Fans, längst in Rekordzahlen im Müngerdorfer Stadion das drohende Schicksal gebannt verfolgend, hatten sich der Gemütslage ihrer Vereinsführung längst angepaßt. Wolfgang Overath, in einem Interview mit der SÜDDEUTSCHEN ZEITUNG im September 1992 zynisch als „verzweifelter Kölner“ eingeführt, lieferte die mentale Vorgabe: „Aber Gott sei Dank kann sich keiner den Abstieg vorstellen. Daran darf man ja gar nicht denken.“ – Gott sei Dank ist diese Mannschaft endlich abgestiegen. Auf daß endlich wieder Leute das Sagen haben werden, denen Denken keine fremde Tätigkeit ist und die nicht fünf Jahre brauchen werden, um die Konsequenzen aus einer Situation zu ziehen, in die der 1. FC hoffentlich nie wieder kommt.

Werner Rügemer

Wo blieben die Häßler-Millionen?

Über kleine und große Geschäfte am Rande des Fußballspiels

„Wir waren zweiter, wir waren im Halbfinale des UEFA-Cup, wir hatten 20 Millionen auf dem Konto. Und heute sieht man, was daraus geworden ist." So sprach Christoph Daum, erfolgreichster Trainer des FC im letzten Jahrzehnt, im Mai 1998, als feststand, daß der FC zum ersten Mal in die zweite Liga absteigen mußte. Daum sprach damit auf die Affäre des offenbar nie ganz geklärten Verbleibs der „Häßler-Millionen" an. Die Hintergründe dieser Affäre wurden trotz einiger Gerichtsverfahren nie richtig geklärt. Aber gerade diese Tatsache gibt einen Einblick in das schwierige Verhältnis von Fußball und Geld beim 1. FC Köln. Und sicherlich auch bei anderen Fußballbundesligisten.
Im Frühjahr 1990 fand der bis dahin teuerste Transfer der deutschen Bundesliga statt: Der FC verkaufte seinen Starspieler Thomas Häßler für 14,5 Millionen Mark an Juventus Turin. So jedenfalls lautete die offizielle Version. Es gab aber noch eine andere Version: Juventus Turin hat zwar 14,5 Millionen offiziell an den FC gezahlt. Daneben flossen aber nochmal vier Millionen, möglicherweise auf dem Umweg über den Fiat-Konzern und dessen Chef Agnelli, dem Hauptsponsor von Juventus Turin. Das Kölner Fiat-Tochterunternehmen IVECO könnte die Zahlungen vorgenommen haben. Diese vier Millionen gelten bisher als „verschwunden" bzw. wurden von verschiedenen Empfängern eingesackt. Diese Version rumorte in der Mitgliedschaft des FC. Öffentlich vorgetragen wurde sie von Theo Seuffert, Obmann der FC-Amateurelf, und von Richard Nestvogel, Leiter der Amateurabteilung und zugleich Spielervermittler.

Theo Seuffert wurde zunächst durch zwei Einstweilige Verfügungen, die der FC-Vorstand erwirkt hatte, mundtot gemacht. Die An-

Eine beinah zärtliche Geste vom Boß. Franz Kremer mit seinem Lieblingsangestellten.

gelegenheit kam im Oktober 1991 vor das Amtsgericht Köln, wurde aber nicht geklärt. Seuffert ging die Luft aus. Der damalige FC-Trainer Christoph Daum und Häßler selbst sollten als Zeugen auftreten, aber soweit kam es nicht. Daum wurde für seine Absetzung mit 700.000 Mark abgefunden und bei 150.000 Mark Vertragsstrafe zum Stillschweigen verdonnert. Der damalige Vorsitzende des Verwaltungsrates, der spätere Präsident Klaus Hartmann, hatte nur mal was gehört: „Ich bin seinerzeit mal gefragt worden nach Geldern, die in die Schweiz überwiesen werden sollten. Das habe ich abgelehnt." (Sowas lehnt man immer ab).

Artzinger-Bolten und das große Geld

Die Vorgeschichte, die zum ungeklärten Verbleib der Häßler-Millionen führt, ist folgende: Mitte der siebziger Jahre begann das große Geschäft mit dem Sport, auch mit dem Fußball. Damals herrschte im 1. FC Köln über ein Jahrzehnt lang Präsident Peter Weiand. Der war gleichzeitig Chef der Westdeutschen Lotto-Zentrale mit Sitz in Köln. Verdiente Spieler wurden mit einträglichen Lotto-Annahmestellen in günstiger Lage belohnt. Peter Weiand ließ die Geldgeschäfte und die Buchhaltung des FC in die Lotto-Geschäftsstelle am Theodor-Heuß-Ring verlegen. Nicht jedermann im Geißbockheim sollte Einblick in Vorgänge bekommen, die sich sportrechtlich und finanztechnisch offenbar an der Grenze der Legalität bewegten.

1987 kam schließlich eine neue Truppe ans Ruder, die das ganz große Geld machen wollte. Präsident wurde Dietmar Artzinger-Bolten, Rechtsanwalt, CDU-Ratsmitglied und Mitglied im Sportausschuß des Rates. Mit einem anderen CDU-Ratsmitglied, Rolf Bietmann, führte er eine große Rechtsanwaltskanzlei. Sein Vize und Schatzmeister war Heinz Neukirch, Möbelunternehmer. Vervollständigt wurde das Trio durch Jupp Söller, der als hauptsächliche Qualifikation vorzuweisen hatte, daß er mal Karnevalsprinz gewesen war.

Artzinger-Bolten war ein Verfechter der radikalen Wirtschaftslinie in der CDU: Alles, was nicht niet- und nagelfest war, sollte „privatisiert" werden. Müllentsorgung genauso wie Fußball. Schon 1990 kündigte der radikale Rechtsanwalt an, daß der FC in eine Aktiengesellschaft verwandelt werden solle. Das sollte dem FC Millionen beim Verkauf der Geißbock-Aktie an der Börse einbringen. Artzinger-Bolten rechnete mit einem Stückpreis von 600 – 800 Mark pro Aktie. Der Verkauf von nur 100.000 Aktien hätte so 60 bis 80 Millionen Mark in die Kasse gespült. Schon Ende 1991 sollte es soweit sein, verkündete der CDU-Ratsherr. Die Fans hatten bei dieser Entscheidung nichts zu sagen. Auf anderer Ebene schien der Erfolg Artzinger-Bolten zunächst Recht zu geben. In der Saison 1990/91 verbuchte der FC Rekordeinnahmen von 39 Millionen. Er stieg zum reichsten Club der Liga auf.

Zu den großen Geschäften von König Artzinger-Bolten und seiner zwei Prinzen gehörte der Häßler-Deal. Dabei stand das Geld im Vordergrund. Denn von den spielerischen Einbußen, die damit verbunden waren, hat sich der FC nie mehr erholt. Mit Häßler ging zum Beispiel auch Trainer Christoph Daum – er wurde nicht wegen zu geringen Erfolgs oder zu geringer Qualifikation hinausgedrängt, sondern möglicherweise wegen seiner Mitwisserschaft bei der Häßler-Affäre. Mit seinem autoritären und aufs Geld fixierten Gehabe schuf sich Artzinger-Bolten schnell viele Feinde unter der Mitgliedschaft. Es gelang ihm zwar, den Kritikern wie Theo Seuffert juristisch den Mund zu stopfen, aber zu einer endgültigen Klärung trug er nicht bei. Er schied vorzeitig aus dem Amt.

Gerüchteküche

Einer, der in der „FC-Opposition" aktiv ist, seit vielen Jahren, ist der Spediteur Fritz Guckuck. Er ist Mitglied und Fan; und er ist zugleich Sponsor, jedenfalls einer von den kleinen. Er sponsert den Club seit 1990 mit 50.000 Mark jährlich. Dafür wird auf der großen Anzeigetafel der Name seiner mittelständischen Spedition genannt, wenn während der Spiele im Stadion die Zahl der Zuschauer präsentiert wird. Guckuck wollte mit der Zeit mehr und wollte aktiver werden. Er wollte in den Verwaltungsrat des FC, und er wollte dem FC mehr spenden, 250.000 Mark zum Beispiel. Aber Vorstand und Präsidium ließen ihn nicht.

Guckuck hat eine Gruppe von 20 „Kritikern" um sich geschart. Sie bilden die gegenwärtige FC-Opposition. Sie wollen Transparenz und ein neues Stadion. Sie sehen den bisherigen FC als undurchsichtigen Selbstbedienungsladen der Funktionäre. „In diesem Millionengeschäft fällt für jeden etwas ab, der eine Funktion in Vorstand, Verwaltungsrat und Geschäftsführung oder eine VIP-Karte hat. Jeder hat da seine eigenen Interessen", sagt Guckuck. Er verhehlt aber auch nicht, daß es für seine Speditionsfirma sehr, sehr geschäftsfördernd ist, wenn sein Name im Zusammenhang mit dem FC genannt wird. Das bringt fast so viel wie eine Saison im Dreigestirn des Kölner Karnevals.

Die Affäre mit den „verschwundenen Häßler-Millionen" hat die FC-Opposition aus der Nähe mitgekriegt. Die italienische Fußball-Liga, zu der Juventus Turin gehört, ist nach der Erfahrung von Guckuck eine „Cash-Liga": da läuft viel Schwarzgeld neben den offiziellen Kanälen, und die Mafia mischt mit, ganz normal. Fast jeder Transfer läuft da mit zusätzlichem Handgeld für die Spieler, mit Provisionen für Vermittler und Funktionäre, mit der Einschaltung von Briefkastenfirmen in der Schweiz oder in Liechtenstein. „Artzinger-Bolten war damals mit seiner Rechtsanwaltskanzlei fast am Ende, heute ist er einer der größten Grundstücksanwälte", so Guckuck vielsagend. Und er legt noch eins drauf: „Vizepräsident Neukirch war ein Möbelunternehmer im Konkurs. Danach war er saniert."

Viel Geld und wenig Klarheit

Der 1. FC Köln ist immer noch ein „eingetragener Verein". Die vorgelegten Jahresbilanzen sind nach Aussage der „FC-Opposition" allerdings undurchsichtig und nicht zu gebrauchen. Dabei ist der FC wie jeder große Fußballclub heute nicht nur ein Wirtschaftsunternehmen, sondern ist auch als Imagefaktor bei Großunternehmen und Politik umkämpft. Im Verwaltungsrat tummelte sich immer die Crème der Kölner Unternehmerschaft, so IHK-Präsident Otto Wolff von Amerongen oder 4711-Duftfabrikant Ferdi Mülhens. Die Kaufhof AG ist gegenwärtig immer noch mit dem pensionierten Vorstandsmitglied Klaus Hartmann vertreten, der Artzinger-Bolten als Präsident ablöste. Der Bonner CDU-Staatssekretär Worms war lange Vizepräsident des Clubs. Heute ist der pensionierte Ford-Vorständler Albert Caspers der neue FC-Boß.

1994 ließ die Ford AG eine interne Image-Analyse des eigenen Unternehmens erstellen. Man kam auf einige Image-Lücken: Ford wird immer noch als US-amerikanisches Unternehmen angesehen (das es in Wirklichkeit auch ist). Die Ford-Autos mit dem etwas biederen Design werden vor allem als Gebrauchs- und Berufsautos angesehen, es mangelt an sportlich-dynamischer Mode. Folgerung: Die Image-Verbindung mit einem deutschen Sportclub wäre ideal. Ein erfolgreicher Kölner Klub wäre noch idealer.

Dieser Folgerung widersprach zunächst die Europa-Zentrale von Ford, die in England residiert. Dort hielt man nicht so viel von diesem Engagement in der deutschen Bundesliga. Aber der verschärfte Kampf um die Automärkte richtete es. Schließlich gab den Ausschlag, daß Bayern München mit dem Tochterunternehmen eines anderen US-Autobauers (OPEL/General Motors) so erfolgreich an der Spitze agierte. So kam es zum 3-Jahres-Vertrag: Ford zahlt an den FC 3,5 Mio jährlich inklusive Meisterprämie. Dafür strahlt das Ford-Emblem auf den Trikots der Profis, aber auch der Amateure und der A- und B-Jugend-Teams. Außerdem sind die FC-Stars vertraglich verpflichtet, Ford-Autos zu fahren und sich möglichst häufig beim Ein- und Aussteigen, An- und Abfahren fotografieren und filmen zu lassen. Caspers: „Wir wollen Medien-Präsenz."

Ford löste damit auch den Trikot-Vertrag mit Pepsi-Cola ab. Pepsi-Cola zahlte bis dahin pro Saison 2,3 Millionen Mark plus Erfolgsprämie (die aber leider und bekanntlich nicht anfiel). Seit 1986 besteht ein Ausrüstervertrag mit dem Herzogenauracher Sportartikelhersteller PUMA. Gegenwärtig läuft er in einem Vierjahreszeitraum bis 1999. Das bringt dem FC nach einigermaßen verläßlichen Gerüchten in der auch nie ganz richtig informierten Lokalpresse pro Jahr etwa 1,5 Millionen Mark.

Auch andere wollen immer wieder vom Image des FC profitieren, manchmal in etwas kurioser Weise. Wohl unvermeidlich war es in Köln, daß auch Bierbrauer mit dem FC das große Geld machen wollen. Garde-Kölsch versuchte es 1988 einmal mit einem „Geißbock"-Bier mit dem Hörnertier im Emblem. Die Firma wirbt dafür auch schon mal in der FC-Vereinszeitung. Die Werbeagentur Schmitz war vom FC beauftragt, ein „Kölsch-Werbe-Konzept" zu erarbeiten. Das ging wohl an irgendeiner Theke verloren. 1992 wurde auch eigenes FC-Parfüm avisiert. Aus beidem ist nicht wirklich etwas geworden, vorerst zumindest.

Allein die Fixkosten für den festen Spielerbestand betrugen monatlich bisher ungefähr 2 Millionen DM, im Jahr also etwa 24 Millionen. Sie stehen im Mittelpunkt der öffentlichen Aufmerksamkeit, ohne daß man bei dem ständigen Gerede Genaues über Gehälter, Ablöse und Nebenleistungen erfährt. Über die anderen (Mit-)Verdiener weiß man noch weniger: Sportchef, Geschäftsführer, verschiedene Trainer, Ärzte, Vermarkter, Vermittler, Mitglieder von Vorstand und Verwaltungsrat.

Vermarkter im Hintergrund

Die Leute von der „FC-Opposition" wollen mehr Mitsprache für die Mitglieder. Für die Fans haben sie eine telefonische Hotline eingerichtet. Die Opposition will aber auch ein neues Stadion. Das soll moderner und bequemer sein, Sitzplätze für alle werden ohnehin der Standard der Zukunft sein. Die Zahl der VIP-Plätze soll dagegen verringert werden. Das Stadion soll nicht am selben Platz wie das jetzige entstehen, sondern zentraler in der Stadt, in Deutz zum

Beispiel. Für dieses Konzept aber sind aus alten Rechten und Privilegien klare Grenzen gesetzt, sagen Guckuck und seine Freunde.

Da sind zum Beispiel die Verträge über die Gastronomie und über die Vermarktung und Werbung. Diese Verträge werden vom Eigentümer des Stadions vergeben, das ist die Stadt Köln. Welcher Fan weiß schon, daß er mit jeder Bratwurst, die er im Stadion verdrückt, und mit jeder Limonade, die er im Stadion hinunterspült, die Kasse von Klaus Herberg klingeln läßt? Herberg ist eine der „grauen Eminenzen" in der Kölner Gastronomie. Er bekam einen Vertrag für das Kölner Stadion, der nicht nur den Fußball, sondern alle Veranstaltungen einbezieht. Der Vertrag ist exklusiv und langfristig. Er garantiert auch eine weiträumige „Bannmeile" rund um das Stadion: Hier darf die Stadt keine anderen Gastronomie-Lizenzen vergeben. Den Vertrag für Vermarktung (Medien, Werbung, alle Vewertungsrechte) vergab die Stadt an die Firma Stroer, ebenso exklusiv und auf 25 Jahre.

Diese beiden Verträge, von deren Existenz und Inhalt die Öffentlichkeit so gut wie nichts weiß, sind extrem ungünstig für die Stadt und den FC (auch wenn es bei beiden so manchen geben mag, der mit diesen Verträgen seine Schäfchen gut ins Trockene bringt). Sie knebeln die weitere Entwicklung des FC, sagt die „FC-Opposition": Deshalb wird kein neues Stadion gebaut, denn dann müßten automatisch neue Verträge geschlossen werden, und deshalb findet sich auch kein neuer Investor. So könnte es sein, daß auch dubiose Verträge über Würstchen-Verkauf und Medienrechte die Entwicklung des FC zu einem erfolgreichen Fußballclub behindern.

Götz-Tillmann Grosshans

Fußball, Fernsehen und FC

Ein feiner Verein und sein Bild in der Öffentlichkeit

Am ersten Weihnachtsfeiertag des Jahres 1952, knapp fünf Jahre nach Gründung des FC, nahm das Fernsehen der Bundesrepublik Deutschland seinen offiziellen Sendebetrieb auf. Beide, Medium und Fußballverein, entwickelten sich fast parallel in der sich ebenfalls im Aufbau befindlichen neuen Republik. Fast die kompletten 50 Jahre FC wurden vom Fernsehen begleitet, das sich in dieser Zeit zum Leitmedium entwickelte, und der FC war umgekehrt an vielen Entwicklungsschritten des Fernsehens indirekt beteiligt.

Heute prägt in Köln die Lokalpresse das Bild des Clubs, bundesweit jedoch ist es das Fernsehen, das das Image eines Vereins erzeugt. Dabei haben die Sender heute zweifelsohne eine Machtstellung, umgekehrt liegt es aber auch an den Vereinen, welchen Eindruck sie auf eine Millionenpublikum machen. Die sportlichen Leistungen allein sind dabei schon lange nicht mehr ausschlaggebend, das Ansehen oder die Beliebtheit eines Vereins wird zum Großteil durch dessen Außen- und Selbstdarstellung bestimmt.

Die Vorgeschichte oder KBC 01 und Sülz 07

Genauso wie der FC hat auch das Fernsehen in Deutschland seine Wurzeln in der Zeit vor dem 2. Weltkrieg, und was für den 1. FC Köln der KBC und Sülz 07 gewesen sind, war für das deutsche Nachkriegsfernsehen das Fernsehen im 3. Reich. Auch wenn es aufgrund des technischen Standards und der geringen Verbreitung heute meist als zu vernachlässigender Modellversuch abgetan wird, gerade im Bereich des Sports kann das Programm des NS als Vorläufer des

1954: Ein Meilenstein in der Geschichte der Fußballübertragungen. Fernsehen vor der Erfindung von Heribert Faßbender und SAT 1.

Nachkriegsfernsehens angesehen werden. Das Sportprogramm der Nazis beschränkte sich nämlich nicht, wie oft vermutet, auf die Übertragung der Olympischen Spiele in Berlin 1936, sondern wies eine Kontinuität von 1935 bis 1944 auf.

Daß mit den Übertragungen der Olympischen Spiele ein Sportereignis als erster Höhepunkt der Fernsehgeschichte gilt, ist dabei genausowenig ein Zufall und symptomatisch für die gesamte Entwicklung des Mediums wie die Tatsache, daß in den folgenden Jahren vor allem die Fußballübertragungen zu weiteren Höhepunkten gehörten. Bis 1944 (!) wurden regelmäßig Länder-, Pokal- und vor allem die Endspiele um die Deutsche Meisterschaft übertragen. Zu dieser Zeit diente das Fernsehen mit der Übertragung des aus Gründen der Propaganda als kriegswichtig eingestuften Fußballs der Truppenbetreuung. Die letzten intakten Empfangsgeräte waren in Lazaretten aufgestellt.

Die Übertragungen der Olympischen Spiele hatte die Öffentlichkeit in Berlin in über 25 sogenannten Fernsehstuben verfolgen können, und man geht davon aus, daß ca. 150.000 Leute die Übertragungen verfolgten.

Trotz geringer Verbreitung und vieler technischer Unzulänglichkeiten war, wenn man den Quellen Glauben schenken darf, in der Struktur der damaligen Sportsendungen das Muster für später bereits vorgegeben. Nimmt man die Tatsache hinzu, daß es auch eine Kontinuität in Teilen des Personals gab, so muß man zu dem Ergebnis kommen, daß das Fernsehen des 3. Reichs ein Vorläufer des Fernsehens der Bundesrepublik war.

Die Anfänge oder Roter Stern Belgrad

Wie eingangs erwähnt, nahm das Fernsehen der Bundesrepublik in Form des NWDR seinen offiziellen Betrieb am 25.12.1952 auf. Allerdings konnte aufgrund technischer Mängel bis zum 1.1.1953 kein einheitliches Programm gezeigt werden, und so mußten die

Sender Hamburg, Berlin und Köln separate Programme ausstrahlen. Aus diesem Grund steht am Anfang der Fußball-Fernsehgeschichte eine Doppelübertragung. Nur einen Tag nach Aufnahme des Sendebetriebes war über den Sender Hamburg das Spiel St. Pauli – Hamborn 07 zu sehen, während der Sender Köln das Spiel 1. FC Köln – Roter Stern Belgrad zeigte.

Durch die allsonntägliche Live-Übertragung eines Oberligaspiels wurde Fußball schnell zu einem festen Programmbestandteil. Premiere war am 22.2.1953 mit der Begegnung 1. FC Köln – Borussia Mönchengladbach (6:0!), die einheitlich im gesamten NWDR-Bereich ausgestrahlt wurde, und auch das erste Länderspiel (mit Schäfer und Röhrig gegen Österreich) wurde am 22.3.1953 live aus Köln übertragen. Ab 1953 wurden bis zur Einführung der Bundesliga 1963 alle Endspiele um die Deutsche Meisterschaft übertragen und damit auch ein wenig an die Tradition von 1940 bis 1944 angeknüpft.

Die WM 1954 in der Schweiz war dann ein Meilenstein bei der Entwicklung des Fernsehens hin zum Massenmedium. Der Aufbau des europäischen Fernsehnetzes begann, und die für die damalige Zeit sensationelle Zahl von ca. 90 Mio. Menschen an 4 Mio. Geräten verfolgten in Europa die Spiele live. In Deutschland verdreifachte sich von Januar bis Juli 1954 die Zahl der angemeldeten Fernseher beinah, trotzdem gab es am Tag des Endspiels in der ganzen Bundesrepublik keine 30.000 Geräte. Selbst bei großzügigsten Berechnungen darf man also nicht von mehr als 1 bis 1,5 Mio. Menschen ausgehen, die das Endspiel gegen Ungarn hier live am Fernseher miterlebt haben. Der überwältigende Rest lauschte derweil am Radio der Reportage von Herbert Zimmermann, die wie das Spiel selbst zur Legende wurde und den Mythos des „Wunders von Bern" mit erzeugt hat. Da es damals noch keine Magnetaufzeichnung gab, bedient sich kurioserweise heute das Fernsehen immer wieder dieser Radioreportage, um sie in Kombination mit den Filmbildern der Wochenschau bei jedem Jubiläumsdatum als Fernsehbeitrag auszustrahlen. Über die Jahrzehnte wurde so ein kollektives Medienbild von jenem 3:2 geschaffen, das es in dieser Form zeitgenössisch nie gegeben hat.

Der FC war an diesem regnerischen 4. Juli („Fritz-Walter-Wetter“) durch Hans Schäfer vertreten, der seinen Teil zum Sieg beitrug: „... Schäfer nach innen geflankt, Kopfball, abgewehrt, aus dem Hintergrund müßte Rahn schießen, Rahn schießt, Tor, Tor, Tor, Tor.“ Auch wenn die WM 1954 medial also in erster Linie ein Radioereignis war, so reichte die Zahl der Zuschauer doch aus, um als Multiplikator für den Durchbruch des Fernsehens in der Bundesrepublik Deutschland zu sorgen.

Fußball wurde in den folgenden Jahren vor allem in Form von Live-Übertragungen präsentiert, fünf bis sieben Spiele übertrug die ARD durchschnittlich pro Monat. Mit zunehmender Gerätezahl veränderte sich dann aber das Verhältnis zwischen Fußball und Fernsehen. Die vielen Übertragungen und die mittlerweile 1,2 Mio. angemeldeten Haushalte wurden für den Zuschauerrückgang in den Stadien verantwortlich gemacht, so daß es 1958 zu einem ersten Abkommen zwischen ARD und DFB kam. Von nun an waren nur noch die Ausstrahlung eines Ligaspiels und insgesamt (mit Länder- oder Europacupspielen) nur zwei Begegnungen pro Monat gestattet. Auch die im gleichen Jahr in Schweden stattfindende WM sollte zunächst nicht übertragen werden, da der Veranstalter leere Stadien befürchtete. Erst eine vom Fernsehgerätehersteller (!) Philips übernommene Ausfallgarantie und der gute Kartenvorverkauf sorgten dann doch dafür, daß zehn Spiele gezeigt wurden (mit Schäfer, Stollenwerk, Sturm). 1954 waren die Übertragungen noch kostenlos gewesen, jetzt mußte die Eurovision bereits 1,2 Mio. DM zahlen. Langsam begann sich die wirtschaftliche Komponente zwischen Fernsehen und Fußball zu entwickeln.

1960 gab es bereits 3,4 Mio. angemeldete Fernseher und Sport hatte sich als ein wichtiger Programmteil etabliert. In allen ARD-Anstalten gab es jetzt feste Sportredaktionen mit einer wachsender Zahl von Mitarbeitern. Höhepunkt dieser Entwicklung war 1961 die Einführung der Magazinsendung ‘Die Sportschau’, die erstmalig am Sonntag den 11.7.1961 ausgestrahlt wurde. Durch sie kam es zum einen zur Zurückdrängung der Live-Übertragung als vorherrschende Darstellungsform des Sports, zum anderen zu einer wesentlichen Ausweitung der Sportarten, über die berichtet wurde. Der heute der Sendung oft zugeschriebene Mythos beruht allerdings auf der erst einige Jahre später startenden Samstagsausgabe mit der Berichterstattung von der Fußball-Bundesliga.

Zuvor fand aber die WM 1962 in Chile statt, die allerdings medial als Anachronismus in die Geschichte einging. Übertragungen via Satellit waren noch nicht möglich, so daß erst mit 48 Stunden Verzögerung berichtet werden konnte, da zuvor die Filmaufnahmen von Chile nach Deutschland transportiert werden mußten. Trotzdem erfreuten sich diese Sendungen (mit Schäfer, Schnellinger, Sturm) eines großen Zuschauerzuspruches.

Nachdem der FC 1954 erstmals Meister der Oberliga West und Pokalfinalist (0:1 gegen Stuttgart) geworden war, folgte Anfang der 60er Jahre der erste sportliche Höhenflug, der seinen Widerhall im Fernsehen fand. Viermal hintereinander, zwischen 1960 und 1963 wurde der FC Meister der Oberliga und dreimal erreichte man das live übertragene Endspiel um die Meisterschaft (1960: FC – HSV 2:3, 1962: FC – 1. FC Nürnberg 4:0, 1963: FC – Borussia Dortmund 1:3). Steht aus sportlicher Sicht sicherlich die erste Deutsche Meisterschaft 1962 im Vordergrund, fällt fernsehwissenschaftlich auf, daß der FC abermals an einer historischen Übertragung beteiligt war: dem letzten Endspiel um die Deutsche Meisterschaft.

1963

Auch am nächsten Quantensprung des deutschen Fußballs und des Fußballs im Fernsehen war der FC maßgeblich beteiligt. Unter Federführung seines Präsident Franz Kremer wurde ab der Saison 1963/64 die Bundesliga eingeführt, und deren erster Deutscher Meister und Mittelpunkt der Berichterstattung wurde der 1. FC Köln, der gleichzeitig auch eine Vorreiterrolle im sich immer mehr entwikkelnden Profifußball einnahm.

Zu Oberligazeiten hatten die Spieler noch eine Aufwandsentschädigung in Höhe von bis zu 320 DM im Monat erhalten, mit Einführung der Bundesliga durften die Lizenzspieler, wie sie jetzt hießen, im Durchschnitt 1.200 DM, in Ausnahmen bis zu 2.500 DM verdienen. Außerdem wurden Ablösesummen in Höhe von bis zu 50.000 DM erlaubt, von denen der Spieler 10% Handgeld erhalten durfte. Dies alles war aber noch nicht die von vielen geforderte Einführung des Vollprofitums, Zahlungen unter der Hand waren so, wie schon zu Oberligazeiten, an der Tagesordnung.

Das Fernsehen war beim Start der Bundesliga am 24.8.1963 allerdings noch nicht dabei. Zwar war im Vorfeld der Saison, insbesondere über die Auswahl der zugelassenen Vereine, viel berichtet worden, einen Vertrag mit dem DFB gab es hingegen noch nicht. Erst am 14.9.1963 gab es in der ARD den ersten 25minütigen Bericht über den Spieltag, und ab Ende Oktober wurde dann regelmäßig samstags berichtet.

1963 wurde aber nicht nur die Bundesliga eingeführt, auch das ZDF nahm am 1.4. seinen Sendebetrieb offiziell auf. Sport war im Konzept des Senders von Anfang an ein wichtiger Aspekt, um sich möglichst schnell im Konkurrenzkampf mit der ARD zu etablieren. Die „Hauptabteilung Sport“ startete mit über 40 Mitarbeitern und stellte damit neben der „Bild“ die größte Sportredaktion Deutschlands. Bereits 1963 führte der Sender mit dem „aktuellen Sport-Studio“ die ZDF-Sportsendung schlechthin ein und verknüpfte damit weltweit zuerst Sport(information) mit Unterhaltungselementen.

In den nächsten Jahren etablierte sich bei ARD und ZDF sehr schnell eine Form der Bundesliga-Berichterstattung, die in den kommenden 20 Jahren von der Grundstruktur her unverändert bleiben sollte. Gegen 18.00 Uhr zeigte die „Sportschau“ drei, später fünf Begegnungen im Bild und ergänzte dies durch Informationen zu den restlichen Begegnungen und die Tabelle. Ab ca. 22.00 Uhr berichtete dann das „aktuelle Sport-Studio“ von durchschnittlich vier Spielen ausführlich und arbeitete den gesamten Spieltag mit Studiogästen auf. In der Saison 1966/67 mußten ARD und ZDF hierfür 130.000 DM an den DFB bezahlen, und auch wenn sich diese Summe innerhalb von vier Spielzeiten fast verzwanzigfachte (2,3 Mio.), so waren dies aus heutiger Sicht nur erste kleine Schritte hin zur Kommerzialisierung.

Neben der Bundesliga-Berichterstattung in Form von Zusammenfassungen gab es aber auch weiterhin Live-Übertragungen. Eine der Kuriositäten in den Anfängen der Konkurrenz von ARD und ZDF war dabei, daß beide Sender parallel dasselbe Spiel übertrugen und so die mit der Einführung des ZDF angestrebte Wahlmöglichkeit ad absurdum führten. Die Europacup- und Länderspielübertragungen erfreuten sich eines großen Zuschauerinteresses, und je nach sportlicher Dramatik wurden zum einen einzelne Spiele dank der Übertragung, zum anderen aber auch die Fernsehübertragung selbst zu einem Teil des kollektiven Gedächtnisses der Fußballfans jener Generation.

Noch bevor Borussia Dortmund 1966 als erste deutsche Mannschaft einen Europapokal gewinnen konnte, hatte es eine Übertragung gegeben, die ein „Hör zu"-Leser als „spannender als einen 'Durbridge-Krimi'" empfand: Das Entscheidungsspiel um den Einzug ins Halbfinale des Landesmeisterpokals 1.FC Köln – FC am 24.3.1965 (2:2). In diesem Spiel bzw. in der Live-Übertragung war alles enthalten, was bis heute zu einem großen Fernseh-Fußballereignis gehört, auch wenn der Höhepunkt, der ominöse doppelte Münzwurf, heute nicht mehr üblich ist. Dem FC fehlte zum ganz großen Mythos allerdings ein happy end, wie später so oft noch.

Die größten, vor allem technische Inovationsschübe gingen neben den Olympischen Spielen immer wieder von den Fußball-Weltmeisterschaften aus. Beim Finale 1966 wurden bereits elf Kameras eingesetzt und die Satellitentechnik ermöglichte weltweit angeblich 400 Mio. Zuschauer. Was dieses Weltpublikum sah, ging in die Fußballgeschichte ein und erregt bis heute die Gemüter: Das Tor der Fußballgeschichte schlechthin, das keines war, das 3:2 von England. Mit dabei waren für den FC Overath und als tragischer Held Wolfgang Weber! In der 90. Minute gelang ihm der Ausgleich, und er war es auch, der in der Verlängerung den Ball, nachdem dieser von der Unterkante der Latte auf (!) die Linie gesprungen war, ins Aus köpfte. Ob der Schiedsrichter das Spiel hätte weiter laufen lassen, wenn der Ball im Spiel geblieben wäre, und ob Linienrichter Bachramow sich bemerkbar gemacht hätte, um auf das vermeintliche Tor hinzuweisen, wird nie jemand beantworten können. Aber auch wenn das Wembley-Tor bis heute für Diskussionen sorgt, der WM-Titel 1966 ging an England.

1970 konnte die WM aus Mexiko dann in Europa via Satellit live und dazu noch in Farbe verfolgt werden. Das Fernsehen nahm erstmalig auch Einfluß auf die Organisation, so daß die Spiele trotz des Zeitunterschiedes zu für Europa erträglichen Zeiten angepfiffen wurden. Nachdem in England 1966 noch Werbebanden aus den Stadien entfernt worden waren, flimmerten jetzt aus Mexiko die schönen bunten Werbebotschaften, vor allem deutscher Unternehmen aus West und Ost (ORWO!) in die Wohnzimmer der Welt. Diese technischen und wirtschaftlichen Entwicklungen treten allerdings weit zurück hinter dem sportlichen Aspekt und dem Spiel der Spiele. Die simple Zahlenkombination 4:3 genügt und jeder Fußballfan, na gut: jeder über 30, weiß was gemeint ist: Die Halbfinalbegegnung Italien – Deutschland (mit Overath und Löhr). Das 4:3 ist eine der wenigen Begegnungen, die allein aufgrund des Spiels und nicht wegen Sieg oder Niederlage seinen Platz in der deutschen Fußballgeschichte erhalten haben. Kaum jemand erinnert sich dagegen heute daran, daß Deutschland vor über 100.000 Zuschauern gegen Uruguay mit Overath, Löhr und Weber das Spiel um den dritten Platz mit 1:0 (Torschütze Overath) gewann.

Anfang der 70er Jahre wurde in Deutschland die Kommerzialisierung des Fußballs weiter vorangetrieben. Der Bundesligaskandal 1970/71 hatte nicht nur zu einem drastischen Besucherrückgang geführt, sondern auch mit dazu beigetragen, das widersinnige Konstrukt des Lizenzspielers aufzugeben. Ab 1974 wurde das Vollprofitum eingeführt, Spielergehälter und Ablösesummen waren keiner Begrenzung mehr unterworfen und die Werbung auf den Trikots wurde zugelassen. Nach dieser Professionalisierung des deutschen Fußballs kehrten sich die Entwicklungen um, die Zuschauerzahlen stiegen wieder an und mit dem EM- und WM-Gewinn sowie fünf Europacuptiteln zwischen 1972 und 1977 stellten sich große sportliche Erfolge ein. Die Übertragungen der Endspiele um all diese Titel stellten natürlich die Höhepunkte des Fußballs im Fernsehen dieser Jahre dar und sie ragten weit aus der normalen Bundesligaberichterstattung heraus.

Der Pokal hat seine eigenen Gesetze

Der FC konnte in diesem Zeitraum in der Bundesliga nicht mehr an den ganz großen Erfolg der ersten Saison anknüpfen. Allerdings war er von 1970/71 bis 1978/79 ununterbrochen im Europapokal vertreten und kümmerte sich nebenbei vor allem um den DFB-Pokal. Von 1968 bis 1978 stand er allein sechsmal im Finale dieses Wettbewerbs und war so überdurchschnittlich oft im Fernsehen vertreten. Eine genauere Untersuchung zeigt allerdings, daß es dem Verein weder gelang, die sportlichen Chancen ausreichend zu nutzen, noch für ein positives Image in der Öffentlichkeit zu sorgen.

Dieser Theorie widerspricht auch nicht die Tatsache, daß am Anfang mit dem ersten Pokalgewinn der Vereinsgeschichte 1968 ein Erfolg steht. Da es sich beim Gegner mit dem VfL Bochum um einen Zweitligisten handelte, war dieser Pflichtsieg (4:1) erwartet worden. Gleiches galt auch vor dem Finale 1970 gegen den Zweitligisten Kickers Offenbach, doch diesmal verlor der FC mit 1:2. Schon im nächsten Jahr stand man wieder im Finale und konnte diesmal die Favoritenbürde an Bayern München abgeben. Aber trotz Führung und einer roten Karte für den Gegner verlor der FC mit 1:2 n.V.. Das Finale 1973 ging als eines der besten und dramatischsten in die Geschichte des Wettbewerbs ein, allerdings am Ende gewann Borussia Mönchengladbach durch das Tor von Netzer kurz nach dessen legendärer Selbsteinwechslung, mit 2:1 n.V. Der FC war wieder einmal Teil eines historischen Fernseh-Fußball-Ereignisses gewesen, aber wieder nur in einer Nebenrolle. 1977 spielte der FC dann endlich einmal die Hauptrolle: Gegner war Hertha BSC Berlin und da nach 120 Spielminuten (1:1) kein Sieger feststand, kam es zu einer Einmaligkeit der deutschen Pokalgeschichte. Nein, kein Münzwurf, das Spiel wurde zwei Tage später wiederholt, der FC gewann mit 1:0 und war endlich zum zweiten Mal Pokalsieger. Diesmal war auch kein Grund für Kritik oder gar Spott gegeben, schließlich hatte man gegen einen starken Erstligisten verdient gewonnen. Schade eigentlich nur, daß dies außer den 35.000 Zuschauern im Niedersachsenstadion zu Hannover niemand beurteilen konnte, da das Wiederholungsspiel nicht live übertragen wurde. 1978 hieß der Endspielgegner Fortuna Düsseldorf und der FC konnte seinen Titel durch ein 2:0 verteidigen. Allgemein wurde von einem sehr glücklichen Sieg gesprochen und der Fortuna eine starke Leistung und viel Pech attestiert, also ein weiteres Kapitel der FC-Wirkungs-Tragik? Zwar paßt dieses Spiel zweifellos in die Reihe, es zeigt sich aber auch, daß der ganz große sportliche Erfolg über allem steht. 1978 war das Jahr des FC, und durch das Double wird auch das Zustandekommen des Pokalsieges rückblickend nicht hinterfragt. Lediglich alte Düsseldorfer erheben manchmal mahnend ihren Finger. Dann kommen sie aber auch sehr schnell zum Finale von 1980 das Fortuna Düsseldorf angeblich hochverdient gegen den wieder favorisierten FC mit 2:1 gewann.

Höhepunkt der Reihe der großen FC-Pokal-Fernseh-Dramen war allerdings das Finale von 1983 gegen Fortuna Köln. Die größtmögliche Katastrophe trat ein, der FC gewann und verlor trotzdem irgendwie. Ganz Fußballdeutschland und, was noch viel schlimmer wog, ganz Köln lachte den FC aus. Der schmeichelhafte 1:0 Sieg brachte dem FC zwar seinen letzten Titel, der Fortuna aber die Sympathien der meisten Zuschauer im Müngersdorfer-Stadion und vor den Fernsehgeräten ein. „Nun jubelt doch endlich – ihr Arschlöcher!“ soll deshalb Harald Konopka gebrüllt haben, als er mit dem Pokal vor der zurückhaltend klatschenden Ehrentribüne stand. Zwar kam es in der Folgezeit zu keinerlei Verschiebungen in der Publikumsgunst zwischen FC und Fortuna, trotzdem ist der Pokalsieg von 1983 unter dem Aspekt der öffentlichen Wirkung ein dunkles Kapitel in der Geschichte des FC.

Acht Jahre dauerte es, bis der FC 1991 wieder in ein Pokalfinale einzog. Die Niederlage nach Elfmeterschießen gegen Werder Bremen fügte sich nahtlos in die Pokal-Historie des Clubs ein, und sie wirkte wie ein Abgesang auf längs vergangene, ruhmreichere Zeiten.

Von 1969 bis 1977 wurde der deutsche Fußball von Bayern München und Borussia Mönchengladbach beherrscht. Die zwei Vereine machten nicht nur alle Meisterschaften unter sich aus, sondern sorgten auch noch für die Europapokal-Höhepunkte dieser TV-Epoche. Bayern und Gladbach dominierten nicht nur die Berichterstattung in den Medien, sondern auch die Nationalmannschaft. Blockbildung war das Zauberwort, und im Team des EM-Finales 1972 standen gerade mal zwei Spieler, die nicht bei Gladbach oder Bayern spielten. Im WM-Finale 1974 waren es immerhin drei, und mit Overath kam einer davon vom FC (Flohe und Cullmann saßen auf der Bank).

1978

Die Saison 1977/78 ragt aus der 50jährigen Geschichte des FC weit heraus. Zum einen brachte sie die größten sportlichen Erfolge, die höchsten Zuschauerzahlen und auch das meiste Prestige ein, zum anderen ist dieser Höhepunkt rückblickend aber gleichzeitig auch Wendepunkt und Ausgang für den ungleichmäßigen, aber stetigen Niedergang des Vereins.

Doch zunächst zum Erfreulichen: Dieses eine Mal meinte es das Schicksal gut mit dem FC und es sorgte nicht nur für sportliche Gerechtigkeit, sondern auch für eine mediengerechte Inszenierung. Das von Millionen live am Radio verfolgte Torverhältnis-Fernduell am letzten Spieltag mit dem unglaublichen 12:0 der Gladbacher gegen Dortmund sorgte zum einen für ein Herzschlagfinale, zum anderen aber auch dafür, daß der FC als gerechter Meister in die Geschichte einging. Hätte Gladbach noch die fehlenden drei Tore geschossen, wären die Betrugsvorwürfe (BVB-Trainer Rehagel: „Mir ist Gladbach als Meister lieber!“) sicher noch lauter geworden, doch so war der FC für einen kurzen Augenblick mit Fußballdeutschland (außer Gladbach) versöhnt. Damals, 1978, schien der FC vor einer großen Zukunft zu stehen, was durch das Aufgebot für die WM 1978 mit Cullmann, Flohe, Konopka, Müller und Zimmermann (Neumann fehlte verletzungsbedingt) noch unterstrichen wurde.

Für das Fernsehen stellte die WM in Argentinien den Start in eine neue Epoche dar. Die FIFA begnügte sich nicht damit, die Senderechte möglichst teuer zu verkaufen, sondern sie machte sich Gedanken über die Darstellung ihrer Sportart im Fernsehen. Verband und Fernsehen waren beide an einer möglichst perfekten Präsentation des Fußballs interessiert, so daß sie gemeinsam eine dramaturgische Grundlage für die Übertragung von Fußball entwickelten, die z.B. Kamerapositionen, Bildausschnitt oder Schnittechnik regelte. Schon bei einzelnen Stadionbauten wurde auf Vorgaben des Fernsehens Rücksicht genommen, schließlich war auch die Argentinische Militärregierung an einer optimalen Darstellung der WM interessiert. Mit über 100 angeschlossenen Ländern während des Finales wurde dann auch auf dem Gebiet der Verbreitung eine neuer Meilenstein gesetzt.

Aufgrund der fehlenden sportlichen Leistungen der deutschen Mannschaft blieb die WM zu Hause vor allem als TV-Spektakel in Erinnerung. Dem Medium ist es auch zu verdanken, daß die 2:3-Niederlage gegen Österreich („die Schmach von Cordoba“) bis heute unvergessen ist. Hierzu trug vor allem der, später auch in Deutschland verbreitete, Originalkommentar des österreichischen Kommentators Edi Finger bei („3:2 für Österreich – i werd narrisch“). Unabhängig von technischen und visuellen Neuerungen wurde so das Spiel, wie schon das WM-Endspiel gegen Ungarn 1954, allein durch die Stimme eine Reporters unsterblich.

N‘ Abend allerseits

In den 80er Jahren entwickelte sich die Fußball-Berichterstattung immer mehr zum Ritual. ‘Sportschau’ und ‘aktuelles Sport-Studio’ waren mittlerweile schon Klassiker der Fernsehgeschichte. Hinzu kam eine wachsende Berichterstattung vom Europa- und DFB-Pokal. Außerdem gab es jetzt, da seit 1980 auch die EM in einer Endrunde ausgetragen wurde, alle zwei Jahre ein großes Turnier, über das im Fernsehen in immer stärkerem Umfang berichtet wurde.

Die Zahlungen für die Übertragungsrechte der Bundesliga stiegen dabei noch relativ behutsam: Von 3,6 Mio. (1974/75) über 5,88 Mio. (1979/80) auf 12 Mio. (1985/86). Hiermit, und mit den wachsenden Werbeeinnahmen glichen die Vereine ihre Verluste in anderen Bereichen aus, denn seit 1978 sank die Zahl der Stadionbesucher unaufhörlich und erreichte 1988/89 den tiefsten Wert seit dem Bundesligaskandal. Daran änderten auch die sportlichen Erfolge der Nationalmannschaft nichts, dem EM-Titel 1980 (mit Schumacher, Cullmann, Schuster) und den zwei WM-Endspielen 1982 (Schumacher, Littbarski, Fischer) und 1986 (Schumacher, Allofs).

Trotz des sinkenden Zuschauerinteresses entwickelte sich der Profifußball immer mehr zum guten Geschäft. Die Clubs, mittlerweile Wirtschaftsunternehmen mit Millionenumsätzen, waren aber immer noch ehrenamtlich geführte Vereine. Der HSV und Bayern München erkannten als erste die Zeichen der Zeit und installierten ein professionelles Management, bei anderen Clubs produzierten überforderte Funktionäre oder windige Präsidenten Millionenschulden, und mancher Profiverein fand sich so nach Lizenzentzug und Zwangsabstieg im Amateurlager wieder.

Dieses Schicksal blieb dem FC zwar erspart, trotzdem verpaßte er bereits in diesen Jahren den organisatorischen Anschluß und machte immer weniger durch sportliche Leistungen als durch seine regelmäßigen Trainerentlassungen von sich reden. Auf Weisweiler folgten Heddergott, Michels, Löhr, Keßler und schließlich 1986 Christoph Daum. Der führte den Verein zum einen zu einem sportlichen Zwischenhoch, zum anderen war er ein Vorbote des sich entwickelnden TV-Fußballs. Zusammen mit Sportdirektor Udo 'blauer Pullover' Lattek sorgte er für eine mediengerechte Darstellung des Clubs.

Mit Toni Schumachers Buch „Anpfiff“ und dessen anschließendem Rauswurf hatte die Daum-Ära schon sensationell begonnen und auch der kometenhafte Aufstieg von Schumachers Nachfolger Illgner war drehbuchreif. Das alles war aber nichts gegen die Auftritte von Christoph Daum selbst, der bewußt die Medien, in erster Linie das Fernsehen, benutzte, um seine Ziele zu erreichen. Unbestrittener Höhepunkt war hierbei die legendäre gegenseitige Beschimpfung mit Uli Hoeneß und Jupp Heynckes im „aktuellen Sport-Studio“, die Christoph Daum allerdings viel negative Kritik einbrachte. Auch der Abgang von Daum beim FC paßte in diese neue Fernseh-Fußballwelt, da die FC-Delegation um Präsident Artzinger-Bolten ihm die Entlassungspapiere quasi vor einem Millionenpublikum, im deutschen WM-Quartier in Italien, überbrachte. Mit dieser gewählten Form läutete die Vereinsführung zugleich auch eine neue, leider bis heute anhaltende Form der Außendarstellung des Vereins ein, die mit Pleiten, Pech und Pannen zusammengefaßt werden kann.

Schaun mer mal

Das Jahr 1990 stellte mit dem WM-Sieg (mit Illgner, Littbarski, Häßler) nicht nur einen sportlichen Wendepunkt dar, sondern läutete die endgültige Entwicklung hin zum TV-Fußball ein. Begriffe wie Außenwirkung, Medienpräsenz, Unterhaltungswert erhielten eine immer größere Bedeutung, und nicht die Fachkompetenz, sondern die „Aura“ des Franz Beckenbauer stand im Mittelpunkt der Berichterstattung von ARD und ZDF, sowie der aufkommenden Privatsender.

Die erkannten frühzeitig, welchen Stellenwert der Fußball in Hinblick auf Einschaltquoten und die Zuschauerbindung einnehmen könnte, und schon in der zweiten Hälfte der 80er Jahre gab es vereinzelte Übertragungen von Spielen bzw. Kurzberichte bei SAT.1 und RTL. Als 1988 der DFB die Übertragungsrechte an die UFA verkaufte, sicherte sich RTL erstmals einen Teil der Bundesligarechte, und für drei Spielzeiten berichtete so die „Sportschau“ ab 18.20 Uhr über drei, RTL-“Anpfiff“ ab 19 Uhr über vier und „das aktuelle Sport-Studio“ ab 22 Uhr z.T. in Kurzform über alle neun Begegnungen der 1. Bundesliga. In der Saison 1987/88 hatten die Rechte für ARD und ZDF noch 18 Mio. gekostet, die Ufa zahlte nur ein Jahr später 40 Mio. und diese Summe erhöhte sich in den nächsten drei Jahren noch jeweils um 5 Mio. auf 55 Mio. für die Saison 1991/92. RTL konnte mit diesem Einbruch in das jahrzehntelange Monopol von ARD und ZDF aber nicht den gewünschten großen Effekt erzielen. Zum einen kam das Konzept der anfangs dreistündigen Fußball-Show bei den Zuschauern nicht an, zum anderen fehlten aber vor allem flächendeckende Verbreitung und wirkliche Exklusivität. Als in der Saison 1991/92 die Rechte geteilt wurden und RTL mit einem neuen Konzept als Erster über alle Bundesligaspiele unter der Woche berichtete, konnte der Sender hingegen hohe Einschaltquoten verbuchen.

Ab der Saison 1989/90 stieg die Zahl der Stadionbesucher wieder an, und das veränderte Verhältnis zwischen TV und Sport wird durch die Tatsache verdeutlicht, daß dies auch auf die neuartige Präsentation im Fernsehen zurückgeführt wurde. In den 60ern und 80ern war noch genau umgekehrt argumentiert worden, damals hatte man dem Fernsehen die Schuld am Rückgang der Zahlen gegeben.

Das öffentlich-rechtliche Fernsehen wiegte sich Ende der 80er, Anfang der 90er Jahre immer noch in Sicherheit und es ist heute schwer zu sagen, was in dieser Phase bei den Verantwortlichen überwog: Arroganz, Naivität oder Unwissenheit? Anscheinend in Unkenntnis der Entwicklung des Fernsehens vor allen in den USA, aber auch im übrigen Europa, und bestärkt durch die, zugegeben wenig besorgniserregenden, ersten Schritte des Privatfernsehens in Deutschland, glaubte man vor allem bei der ARD, daß die guten alten „Sportschau“-Zeiten ewig erhalten blieben. Zumal man darauf vertraute, daß der DFB bei der Rechtevergabe weiter auf die flächendeckende Verbreitung achten würde. Daß dieser technische Vorsprung von den Privaten relativ schnell aufgeholt und daß der Grundversorgungsauftrag vom Öffentlich-rechtlichen auch zeitversetzt mit Zweitrechten erfüllt werden könnte, ahnte man nicht oder wollte man nicht wahrhaben.

SAT.1 hingegen ahnte eine ganze Menge. Nach vier Jahren Pionierarbeit zeigte RTL kein Interesse mehr daran, die Mitberichterstattung über die Bundesliga fortzusetzen. SAT.1 konnte auf diesen Erfahrungen aufbauen und wußte, daß der Schlüssel zur Etablierung einer neuen Bundesligasendung in erster Linie im Halten der Erstverwertungsrechte liegt. Die Agentur ISPR erwarb beim DFB die Fernsehrechte der Bundesliga ab der Saison 1992/93 für fünf Spielzeiten zum Preis von 700 Mio. DM. Legt man einen durchschnittlichen Preis zugrunde (die jährlichen Zahlungen stiegen an) kommt man auf 140 Mio. pro Saison, was eine Steigerung von 85 Mio. im Vergleich zur Saison 1991/92 mit 55 Mio. ergibt. Der Kirch-Sender SAT.1 erwarb die Erstverwertungsrechte für ca. 100 Mio. DM pro Jahr von der Kirch-Agentur ISPR und so endete nach 28 Jahren für die „Sportschau" das Monopol bzw. für Millionen von Zuschauern das Ritual der samstagabendlichen Berichterstattung über die Bundesliga. Im Gegensatz zu RTL versuchte SAT.1 nicht, den Fußball im Fernsehen neu zu erfinden, „ran" verband vielmehr wesentliche Elemente der „Sportschau" und des „aktuellen Sport-Studios" mit den Mechanismen des kommerziellen Fernsehens. Zusätzlich hatte SAT.1 sich die Erstverwertungsrechte der gesamten Bundesliga gesichert, d.h. im Gegensatz zur Ex-"Sportschau" berichtete „ran" ab 18 Uhr jetzt über alle Begegnungen, zeigte jedes Tor und jede rote Karte.

Wahrscheinlich erkannten die Verantwortlichen der ARD erst am 1. Spieltag der Saison 1992/93 die neue Situation in ihrer vollen Konsequenz. Sie mußten sich jetzt mit den Zweitrechten begnügen, für die sie immerhin noch 55 Mio. pro Saison an die ISPR zahlten. Aufgrund noch fehlender Verbreitung (ca. 30% der Zuschauer konnten 1992 SAT.1 noch nicht empfangen), einigen Kinderkrankheiten von „ran" und gewisser Aversionen vieler Zuschauer gegen die Werbeunterbrechungen konnte die „Sportschau" anfangs noch einen Zuschauerstamm von ca. 3 Mio. halten. Da aber SAT.1 zeitlich früher und umfassender berichtete, sank die Quote bei der jetzt als

Regionalausgabe produzierten Sendung gleichermaßen ab, wie sie bei „ran“ stieg, und ab der Saison 1996/97 verzichtet die ARD folgerichtig auf eine Berichterstattung.

Das ZDF kam aus dieser Epoche relativ ungeschoren davon. Zwar berichtet es nicht mehr wie früher im „aktuellen Sport-Studio“ über einige Spiele exklusiv, trotzdem kann die Sendung aufgrund ihrer späten Sendezeit den Spieltag wie bisher mit größerem Abstand und illustren Studiogästen Revue passieren lassen und so vom Konzept her fast unverändert bleiben, da sie die Mutter aller Fußball-Shows ist.

Bei aller Kritik, die am SAT.1-Fußball laut wurde: Es läßt sich feststellen, daß sich die Sendungen „ran“ und „ranissimo“ nach erstaunlich kurzer Anlaufzeit etabliert haben. Es sind die einzigen Sendungen im deutschen Fernsehen, denen es neben der „Tagesschau“ gelingt, mehrmals pro Woche Quoten von 6 bis 8 Mio. zu erzielen, und sie haben SAT.1 nicht nur zu einem höheren Marktanteil, sondern auch zu einem besseren Image verholfen. Genauso wie bei der allgemeinen Einführung des Mediums Fernsehen in den 50ern und der Etablierung des ZDF in den 60er Jahren spielte der Fußball also auch bei der Durchsetzung des Privatfernsehens in Deutschland eine wichtige Rolle und es ist davon auszugehen, daß ihm diese bei der Verbreitung von Pay-TV bzw. pay-per-view wieder zukommen wird.

Umgekehrt hat das Fernsehen großen Einfluß auf den Fußball genommen. Zum einen natürlich im wirtschaftlichen Bereich durch die ständig steigenden Rechtezahlungen und die durch die Bildschirmpräsenz erst verursachte Attraktivität für die werbetreibende Wirtschaft. Zum anderen nahm das Fernsehen auch direkten Einfluß auf die Organisation des Profifußballs, z.B. den Spielplan (Sonntagsspiel 1. Liga, Montagsspiel 2.Liga), die Forderung einiger Sender nach Unterteilung der 90minütigen Spielzeit in drei Drittel oder vier Viertel, um so mehr Raum für Werbung zu ermöglichen, zeigt, daß diese Entwicklung noch nicht zu Ende ist.

Der in diesem Zusammenhang immer wieder vorgebrachte Vorwurf, SAT.1 rede die Spiele schön, um die Werbung besser zu verkaufen, ist so falsch, wie er auf den ersten Blick logisch klingt. Wer das immer noch behauptet, sieht und vor allem hört nicht zu. Vielmehr ist richtig, daß SAT.1 den Fußball insgesamt und den der Bundesliga im besonderen zur Sensation hochstilisiert hat. Mittlerweile wird SAT.1 dabei aber tatkräftig unterstützt: ARD, ZDF, alle Dritten, RTL, DSF oder Eurosport, alle Senden, egal ob privat oder öffentlich-rechtlich, berichten regelmäßig über Fußball, aller erzielen mit ihm Rekordquoten, alle zahlen Millionenbeträge für Senderechte und alle versuchen, durch, mehr oder weniger offene, Werbung wieder einzuspielen, was investiert wurde. Auch der technische Standard, den SAT.1 aus den Vorgaben von RTL und vor allem Premiere weiterentwickelt hatte, ist längst von allen Sendern übernommen worden. Nach über zehn Jahren dualer Fußball-Berichterstattung muß man also zu der Erkenntnis kommen, daß eine weitgehende Angleichung festzustellen ist. Eine Unterscheidung läßt sich vor allem an dem unterschiedlichen Besitz von Senderechten festmachen, und wenn „arte“ die Bundesligarechte hätte, könnte der Sender sich über bisher unvorstellbare Einschaltquoten freuen, selbst wenn die Spiele auf französisch kommentiert würden.

Was das alles mit dem FC zu tun hat? Leider nicht viel! Wie zu Beginn der Geschichte lassen sich nämlich wieder erstaunliche Parallelen zwischen Medium, in diesem Fall dem öffentlich-rechtlichen Fernsehen, und dem Verein 1.FC Köln feststellen. So wie sich die ARD ab 1992 schrittweise aus der Berichterstattung der Bundesligaspiele verabschiedete, so zog sich der FC im selben Jahr aus dem Europapokal zurück. Er hatte sich wie ARD und ZDF einige Jahre zuvor in Sicherheit gewogen und verschlief jetzt wie die beiden Sender die Entwicklungen der Epoche.

Während z.B. Borussia Dortmund im Europacup nicht nur für TV-Höhepunkte sorgte, sondern gleichzeitig einen ungeahnten wirtschaftlichen Aufschwung nahm, reduzierte sich das Bild des FC in der Öffentlichkeit nur noch auf Namen: Daum, Rutemöller, Berger, Jerat, Olsen, Engels, Neururer, Köstner, das Trainerkarussel drehte sich permanent.

Permanent war auch die sportliche Talfahrt des Clubs. Seit „ran“

über die Bundesliga berichtet, spielt der FC nur gegen den Abstieg, seinen letzten Live-Auftritt vor einem großen TV-Publikum verlor er zu Hause im Pokal-Halbfinale gegen Wolfsburg mit 0:1, und im gleichen Jahr stellte der FC auch zum vorerst letztenmal mit Labbadia (!) einen deutschen Nationalkicker. Logische Konsequenz dieser Entwicklung waren der Abstieg im Jubiläumsjahr 1998 und die Reaktionen des Fernsehens hierauf.

Zwei Spielzeiten zuvor, beim Abstieg des 1. FC Kaiserslautern, war via TV die „Trauer einer ganzen Region“ bis zur Bewußtlosigkeit vorgeführt worden, und 1998 freute sich „angeblich“ ganz Fußballdeutschland mit Gladbach über den Klassenerhalt; für Thomas Häßler gab es angesichts des Karlsruher Abstiegs immerhin tröstende Worte. Nur den FC interessierte eigentlich so recht niemand. Sicher, es wurden einige weinende Fans in der Südkurve gezeigt, mitunter der Begriff des Traditionsvereins bemüht. – Mitleid aber hatte niemand mit dem FC.

Daß der 1. FC Köln trotz dieser sportlichen Entwicklung im Fernsehbewußtsein noch nicht untergegangen ist, hängt vor allem mit einer Person zusammen: Toni Polster! Ausgelöst wurde dies zuerst durch seine sportlichen Leistungen, ein Doppelpack von Toni ist für „ran” nun mal interessanter als 90 Minuten Manndeckung von Karsten Baumann. Die TV-Attraktivität des Toni Polster liegt aber vor allem in der Person selbst begründet. Egal ob als Präsident des Vorortvereins SV Weiden, als Sänger mit den Thekenschlampen, Bap oder einer anderen Kölner Band oder als Interviewpartner nach dem Spiel – mit seiner Mischung aus Wiener Schmäh, kölschem Humor, einem Schuß Naivität und grenzenloser Ehrlichkeit ist er immer für einen Bericht gut und damit fast immer auch gut für den FC. Selbst in der Woche nach dem Abstieg vermittelte er so bei „Boulevard Bio“ und Harald Schmidt ein Gefühl der Erstklassigkeit. In Köln genießt er Kultstatus und er reiht sich damit in die Beliebtheitsskala von Toni Schumacher (Düren) und Pierre Littbarski (Berlin) ein und belegt mit diesen, daß man nicht in Köln geboren sein muß, um der kölscheste von allen zu sein.

Aufgrund fehlender sportlicher Erfolge blieb den Medienvertretern seit 1978 eigentlich nichts anderes übrig, als sich vor allem den wenigen schillernden Persönlichkeiten des FC und den vermeintlichen Randthemen des Vereins aufs ausführlichste zu widmen. So bleibt aus den letzten 20 Jahren FC vor allem in Erinnerung: mehr als zehn Trainerentlassungen, Bernd (und Gaby!) Schuster, Christoph Daum, Toni Schumacher von Battiston bis „Anpfiff", „Mach et, Otze", „Litti", Bodo (und Bianca!) Illgner, tote Geißböcke, Karneval, Krawalle am Marathon-Tor und seit langem nur noch Toni Polster.

1983 schrieb die Kölner Monatsillustrierte StadtRevue noch fragend: „FC: Nie mehr Meister?", vor einigen Jahren sang die alternative Stunksitzung: „Nie mehr UEFA-Cup!" schon mit Ausrufezeichen, und während der Kölner Stadt-Anzeiger resümierte „Die Krise wird zum Markenzeichen", rief die Südkurve seit langem nur noch flehend und letztlich erfolglos: „Niemals 2. Liga!".

Programmvorschau

Im Jahr seines 50. Geburtstags scheint es erstmals seit langem große Veränderungen beim FC zu geben. Mit Albert Caspers kam während der Saison ein neuer Präsident, der ausnahmsweise nicht der Kaufhof-Lotto-CDU-Dynastie entstammt und der Abstieg des Vereins in die 2. Liga bietet nun die Möglichkeit zur Generalsanierung.

Gespannt darf man darauf sein, ob und wenn ja was für ein Konzept der Verein für die Zukunft hat. Genauso spannend ist aber auch die Frage, ob die Öffentlichkeit in Köln genug Geduld für eine möglicherweise mittel- bis langfristige Entwicklung aufbringt. Auf den ersten Blick schienen die Aussichten auf etwas Geduld noch nie so gut wie unmittelbar nach dem Abstieg zu sein. Mittlerweile muß man allerdings erkennen, daß der FC ab jetzt, mehr denn je, unter permanentem Erfolgsdruck steht, denn der direkte Wiederaufstieg scheint für die meisten schon beschlossene Sache zu sein.

Ob die 2.Liga dem FC wirklich eine Chance für einen Neuaufbau bietet, läßt sich in der kommenden Saison sehr umfassend verfolgen. Das DSF wird seine Berichterstattung im wesentlichen auf den Verein konzentrieren, und nach Jahren der Abstinenz wird man auch wieder Spiele des FC live im Fernsehen verfolgen können. So sind der FC und seine Darstellung im Fernsehen jetzt 120% mittendrin, in der 2.Liga!

Hier läßt sich nicht ermessen, warum man FC-Torhüter Frans de Munck den „schönen Frans“ nannte.

Max Annas

Wir sind alle Kölner

Ausländische Kicker in der Frühzeit des 1. FC Köln

Kennen Sie Julius Ukrainczyk? Nein? Dabei hat er in die Geschichte des 1. FC Köln mindestens zweimal energisch eingegriffen. Ukrainczyk war Spielervermittler, saß in Paris und galt in den 60er-Jahren als der ganz Große seiner Branche. Er hat in jener Zeit zwei Kicker vermittelt, die als Topleute gehandelt wurden, und etablierte damit in Köln seinen durchaus zweifelhaften Ruf. José Gilson Rodrigues aus Brasilien, genannt Zézé, und Srdjan Cebinac aus Jugoslawien wurden verpflichtet, um dem 1. FC Köln mit vielen Toren den Erfolg zu bringen – doch trafen beide jeweils nur ein einziges Mal ins gegnerische Netz.

Beide wurden schon bald nach ihrem Umzug nach Köln für bundesligauntauglich befunden und mußten meist zuschauen. Zézé wurde gerade fünfmal in der Bundesliga und einmal im Europapokal eingesetzt, Cebinac gar durfte nur dreimal in der Liga und einmal im DFB-Pokal ran. Auf dem Höhepunkt seines minutiös geplanten Erfolges hatte sich der FC zweimal klassisch abledern lassen. Ukrainczyk übrigens sagte Ende der 60er den baldigen Untergang des Profifußballs voraus. Er gab ihm noch 20 Jahre.

Die Verpflichtung eines Kickers mit einem anderen als einem deutschen Paß war ja in den Zeiten vor dem Bosman-Urteil eine ganz andere Sache als heutzutage. Und schon gar trifft das auf die Frühzeit der Bundesliga und die Ära der Oberliga zu. Als der 1. FC Köln 1950, nach gerade einmal zwei Jahren seines Bestehens und einem Jahr in der Oberliga West, den holländischen Goalie Frans de Munck verpflichtete, war das eine veritable Sensation. Der kam aus Sittard, hatte dort – zu einer Zeit als es in den meisten europäischen Ländern recht rigide Vorschriften über die Bezahlung der Spieler gab – Geld unter der Hand kassiert. Der terminus technicus dieser Tage war ja nicht Profifußball, sondern Vertragsfußball. De Munck war vom niederländischen Verband gesperrt worden, was bedeutete, daß er in seiner Heimat weder spielen durfte noch seinen Posten im Team der Nationalelf verteidigen konnte. Höchste Zeit also für ihn, das Weite zu suchen.

Der Vorgang der Verpflichtung von Frans de Munck war etwas so Außergewöhnliches, daß die regionale Presse den Namen des Keepers zunächst einfach so schrieb, wie er ausgesprochen wird – de Münk. Der neue Torhüter brachte den FC kontinuierlich nach vorn. Ein vierter (1951), ein fünfter (1952), ein zweiter Platz (1953) – schließlich die Meisterschaft in der Oberliga West 1954, im Jahr der Weltmeisterschaft. Der Herr mit den geschliffenen Manieren und dem Äußeren, das man gern als gepflegt bezeichnete, wurde – je nach dem Kern der Bezugnahme – einmal als „schwarzer Panther“, ein anderes Mal als „der schöne Frans“ bezeichnet, je nachdem, ob man sich auf seine Fähigkeiten als Keeper oder seine sexyness beziehen wollte. Der Anteil weiblicher Fans in der alten Hauptkampfbahn in Köln-Müngersdorf jedenfalls soll in jenen Jahren drastisch angestiegen sein.

Der Schritt, einen nichtdeutschen Kicker zu engagieren, war ein Akt von höchstem Professionalismus und nahm Entwicklungen vorweg, die auch der damals am effektivsten arbeitende Fußballclub der Welt, Real Madrid (mit dem sich der 1. FC Köln später einmal gern vergleichen sollte), erst nachher vollzog. (Dabei hatte mit dem Österreicher Ferdinand Swatosch bei Sülz 07, einem der beiden Fusionsclubs des 1. FC Köln, sogar schon von 1924 an ein Kicker seine Tore geschossen, der eine weite Anreise gehabt hatte.) Außerdem war der Schritt absolut folgerichtig. Zuerst war der 1. FC Köln schließlich dadurch aufgefallen, daß er die begabtesten Fußballspieler der Kölner Clubs und des Umlandes – also bis Bonn – anzog. Nun mußte man den Blick in die weitere Umgebung richten, denn der heimische Markt war (fast) restlos abgegrast.

Andererseits war es für einen Sportler, der nicht als Deutscher in Deutschland aufgewachsen war, nicht eben das naheliegendste, fünf Jahre nach Kriegsende gerade nach Deutschland zu gehen. Immerhin hatten sich die Deutschen als relativ homogenes Ganzes gezeigt, als sie ihren Nachbarn – alle immerhin Ausländer irgendwie – jahrelang mit kriegerischen Mitteln zu Leibe rückten.

Tschik vs. Hennes

Frans de Munck jedenfalls war in Köln ein Star, wahrscheinlich zu seiner Zeit ähnlich beliebt wie Toni Polster – wenn man den Vergleich zwischen diesen unterschiedlichen Zeiten überhaupt ziehen darf. Er überstand die denkbar härteste Attacke auf seinen Job, als der FC 1951 mit Fritz Herkenrath von Preussen Dellbrück den vielleicht besten deutschen Torsteher der 50er-Jahre verpflichtete. Die beiden teilten sich eine Spielzeit lang die Einsätze, waren beide nicht zufrieden – Herkenrath wechselte ein Jahr später zu Rot-Weiß Essen.

Ein Jahr nach der Rückkehr von de Munck in die holländische Liga – die Sperre war mittlerweile aufgehoben worden – holte der FC 1955 zum ganz großen Schlag aus. Zlatko Cajkovski war eine der großen Figuren der 54er Weltmeisterschaft, und sollte zu einem Verein wechseln, dem er auf lange Zeit verbunden sein würde. Zlatko, den alle nur Tschik nannten, war ein technisch versierter und eleganter Mittelfeldspieler. Er war maßgeblich beteiligt am Aufschwung der jugoslawischen Nationalmannschaft, die im Viertelfinale der 54er-WM gegen Deutschland ausgeschieden war – und aus der drei kommende Bundesligatrainer erwachsen sollten: Ivica Horvath, Branco Zebec und Tschik Cajkovski.

Cajkovski war damals ein Weltstar. Wahrscheinlich hatten nur Alfredo di Stefano aus Argentinien und Ferenc Puskas und Sandor Hidegkuti aus Ungarn eine bessere Reputation zu jener Zeit – und die spielten alle drei bei Real Madrid. Seine Verpflichtung hatte für den FC in etwa die Bedeutung, die in den 90ern die eines Allesandro del Piero oder eines Dennis Bergkamp gehabt hätte, beides Beispiele für seit langem unrealistische Ziele für den Club.

Bei einem Freundschaftsspiel gegen Berchem Sport Antwerpen, das 5:0 endete, lief er am 14. August 1955 zum ersten Mal für den FC auf. Der Kölner Stadt-Anzeiger machte die Begegnung zum Aufmacher der Sportseite und kommentierte in der gewohnt nüchternen Weise dieser Zeit die Angelegenheit: „Die 8000 Menschen, die dabei waren, begrüßten den berühmten FIFA-Spieler bereits beim Einlaufen der Mannschaften...“. Man kann sich vorstellen, daß für damalige Verhältnisse so ziemlich der Teufel losgewesen ist im alten Müngersdorfer Stadion.

Daß Tschik in Köln nicht so recht glücklich wurde, hat damit zu tun, daß er in den Jahren 1955 bis 1958 ausgerechnet auf die – neben ihm selbst – einzige Figur der FC-Fußballhistorie traf, die dreimal beim Verein anheuerte. Hennes Weisweiler, der nach seinem Ende als Spielertrainer beim FC 1952 zwei Jahre mit mäßigem Erfolg den Rheydter SV (ganz in der Nähe zu Mönchengladbach!)

trainierte und dann bei Sepp Herberger in die Lehre ging, kehrte 1955 zu seinem Stammclub zurück. Weisweiler war autoritär, er hatte ziemlich klar, was ein Spieler unter seiner Regentschaft durfte – und was nicht. Tschik fummelte dem Hennes zuviel, er hielt ihn für zu wenig effektiv, und so setzte er ihn in der Saison 1956/57 in zwölf von dreißig Meisterschaftsspielen auf die Bank. Doch das war es eigentlich nicht, wofür der Tschik den Weg von Jugoslawien nach Köln auf sich genommen hatte. Vom Publikum wurde er geliebt, vom Trainer nicht. Der Trainer hatte das Sagen. Als der 1. FC Köln 1958 nach drei eher mageren Jahren wieder die Endrunde um die Deutsche Meisterschaft erreichte, war Cajkovski schon nicht mehr dabei.

Der Jugo ist diabolisch

Sicherlich sind auch andere als rein fußballerische Probleme für den Zwist zwischen Cajkovski und Weisweiler ausschlaggebend gewesen. Im Falle von Tschik lagen die Ursachen womöglich tief in der Persönlichkeit Weisweilers begraben. Weisweiler, der als Fußballer nie ein Star gewesen ist, hatte Zeit seines Lebens Probleme mit herausragenden Kickern – ein Problem, das sich noch verstärken sollte. Andererseits hatte er wohl – wie viele Deutsche – schlicht eine mehr oder weniger offene Abneigung gegen diesen Jugo.

„Das Zielstrebige, das unbedingt Erfolgbringende ist ihnen fremd", schreibt Günter Wunsch in seiner Diplomarbeit „Stil und System im Fußball" (1960) in dem Kapitel „Die Eigenart des Stils der Balkanländer". Weiter heißt es: „Sie wollen nur immer spielen und spielen." Und: „Sie wirken verschlossen, ja ein wenig verschlagen, raffiniert." Diese Gedanken zum Wesen des Balkans und seiner BewohnerInnen dürften zum Zeitpunkt ihrer Niederschrift zum Allgemeingut deutschen Geisteswesens gehört haben. Interessant an den Worten aber ist, daß Hennes Weisweiler diese Diplomarbeit als Erstleser betreut hat.

„Wie sie es verstehen, mit scheinbar ganz harmlosen und ungefährlichen Ballpassagen – ich denke hierbei besonders an das Zusammenspiel zwischen Cajkovski und Bobek *(einer der WM-Stürmer Jugoslawiens von 1954, M.A.)* – mit einem kurzen Steilpass, den der Verteidiger gar nicht beachtet, diesen zu übertölpeln, vollkommen hilflos dastehen zu lassen, das ist gekonnt, raffiniert, ja fast diabolisch." Man kann sich vorstellen, daß der Mann aus Lechenich bei Köln, den man auch schon mal einen Bauern genannt hat, sich von solchen Sätzen bestätigt gefühlt haben muß, den Tschik wieder weggeschickt zu haben.

Daß so ein Ausländer vor Zeiten noch ein richtiger Ausländer gewesen ist, kann man an der Haltung des Diplomanden gut erkennen. Neben den „Eigenarten" des südosteuropäischen Fußballs analysiert er noch jene des englischen, des südländischen – als solche gelten ihm der spanische und südamerikanische – und des deutschen. Während Günter Wunsch im englischen Fußball zuerst die Härte auffällt, erklärt er voller Empathie das Leben des Inselkikkers: „Ihm macht es nichts aus, hart angegangen zu werden, weil er das sowohl im Sport als auch im täglichen Leben gewohnt ist." Aha.

Den spanischen Fußballer erkennt er als Individualisten, der mit dem Ball verheiratet ist. „Er möchte ihn nicht hergeben, weder an Feind noch an Freund...". Er schließt mit der Erkenntnis: „Auf dieser Basis ist ein Mannschaftsspiel natürlich schwer zu gestalten." Lediglich die Deutschen, kommt er dann zum Ziel seiner Aussage, könnten fummeln und rennen und flanken. Er findet im deutschen Spiel „die Sachlichkeit der Engländer" und die „glänzende Technik der Südeuropäer". Soviel in Sachen dieser Superioritätstheorie.

Auf in den reichen Norden

Die beiden Verstärkungen, die der FC nach Frans de Munck an Land zog, kündeten von einer neuen Epoche in der europäischen Realität, die nur peripher mit Fußball zu tun hatte – und noch nicht wirklich angebrochen war. Nach Tschik Cajkovski heuerte 1959 Coskun Tas an, der mit der türkischen Nationalmannschaft schon 1954 bei der WM in der Schweiz gastiert hatte, dort aber nicht zum Einsatz gekommen war.

Eigentlich handelte es sich dabei um einen ganz normalen Vorgang. Wanderungsbewegungen von Süd nach Nord sollten die kontinentale Realität schwerstens verändern. Kurze Zeit später sollten Scharen von Werbern durch das südliche Europa ziehen und Arbeitskräfte in den Norden locken. Der deutsche Arbeitsmarkt gierte nach willigen Kräften, der Sport war hier nicht mehr als ein Versuchslabor. Ein jugoslawischer und ein türkischer Kicker bildeten die Vorhut für viele, die in Nachkriegsdeutschland Glück und Wohlstand suchen sollten.

Coskun Tas hatte eine gute Saison gespielt, als relativ offensiv ausgerichteter Spieler auch einige Tore geschossen, war in der Meisterschaftsendrunde 1960 mit drei Treffern bestens aufgelegt – und mußte trotzdem auf der Bank Platz nehmen, als es im Endspiel gegen den HSV ging. Trainer Oswald Pfau bevorzugte gegen den starken Gegner, der mit dem noch recht jungen Uwe Seeler seinen Superstar besaß, eine defensivere Spielweise. Und da Christian Müller mit sechs und Helmut Rahn mit vier Treffern in der Meisterschaftsendrunde einfach noch besser getroffen hatten als Tas – und ohnehin außerhalb jeder Kritik standen –, blieb er halt draußen. Der FC verlor mit 2:3, überragend war Seeler. Fortan war das Verhältnis zwischen Trainer und Spieler nicht mehr das alte. In der kommenden Saison bestritt Tas nur noch 5 Oberligaspiele, danach wechselte er zum Bonner FV in die Bezirksliga.

Oben sein und oben bleiben

Über einige Jahrzehnte war der 1. FC Köln ein Club, der durch wirkliche Innovationen Schlagzeilen machte. Er war 1950 der erste Fußballclub, der unter den relativ professionellen Bedingungen des

Vertragsfußballs einen ausländischen Kicker, Frans de Munck, verpflichtete, er war 1976 der erste Profiverein, der sich mit Roger van Gool einen Millionentransfer gestattete – es ging in dem Fall um genau diese runde Summe. Und außerdem war der 1. FC Köln der Club, der zuallererst damit prahlen konnte, einen Star aus Übersee – wie man so sagt – verpflichtet zu haben.

Brasilien war 1958 in Schweden und 1962 in Chile zweimal hintereinander Weltmeister geworden. Natürlich war Franz Kremer sehr bewegt, als ihm Julius Ukrainczyk (s.o.) diesen 22jährigen Brasilianer José Gilson Rodrigues (s.o.) anbot. Von großer Zukunft des Stürmers wird wohl die Rede gewesen sein am Telefon damals im Sommer 1964, vielleicht noch davon, daß mindestens Real Madrid noch hinter diesem Schnäppchen her sei. – Die Geschichte endete bekanntermaßen tragisch. Dabei sind die 150.000 Mark, die der FC für Zézé zahlte, noch das geringste Übel, von dem hier zu reden ist.

Der 1. FC Köln war die überragende Mannschaft der ersten Hälfte der 60er Jahre. Und er war der erste Meister der frisch gegründeten Bundesliga, der ersten eingleisigen Liga hierzulande. Man war sich und den anderen also etwas schuldig. Es ging um nicht weniger als so etwas wie eine geistige Marktführerschaft, die Franz Kremer gewiß für sich und den FC beanspruchte. So ein Brasilianer in der Equipe sollte den anderen Vereinen schon mal zeigen, wo der Bartel den Most holt.

Schon im Training aber muß dem Coach Georg Knöpfle klar gewesen sein, daß der brasilianische Wunderstürmer eine Gurke war. Was tun? Der Mann mußte schließlich am ersten Spieltag gegen Hertha BSC vorgeführt werden. Der FC verlor 2:3, Hans Schäfer und Karl-Heinz Thielen erledigten die Sache mit den Toren gewohnt sicher. In der Presse wurde Zézé ein Mangel an Einstellung unterstellt – es ahnte ja noch keiner in Köln, daß es junge brasilianische Männer gibt, die tatsächlich nicht kicken können. Fortan jedenfalls saß der arme Kerl auf der Bank. Erst am 14. von 30 Spieltagen kam er wieder zum Einsatz, und insgesamt wurden es nicht mehr als fünf Bundesligaspiele, die er für den FC bestritt.

Daß er dabei auch ein Tor erzielte, ist reiner Zufall. Am 27. März

1965 spielte der FC gegen den 1. FC Kaiserslautern. Drei Tage zuvor hatte das legendärste aller Spiele des Clubs stattgefunden, das 2:2 in Rotterdam gegen den FC Liverpool im europäischen Meistercup. Der Ausgang dieses Entscheidungsspiels für Liverpool durch Münzwurf ist bekannt, der aufopfernde Kampf von Wolfgang Weber mit gebrochenem Wadenbein ebenso – jedenfalls war der Ausgang des Bundesliga-Matchs gegen das Team aus der Pfalz relativ gleichgültig. Man pflegte seelische und körperliche Wunden, hier war auch für Zézé noch einmal Platz. Er machte das 1:0, Thielen und Löhr besorgten die weiteren Tore gegen den schwachen Gegner. – Was aus José Gilson Rodrigues geworden ist, wissen wir leider nicht. Für den FC hat er nach diesem Spiel nie wieder den Ball bewegt.

Der Bruder vom Bruder

Prima Fehler macht man immer zweimal. Der gute Kontakt, den sich der 1. FC Köln zum Spielervermittler Julius Ukrainczyk aufgebaut hatte, sollte noch einmal genutzt werden. Probieren geht über studieren. Das Ergebnis war der größte Brüller der Vereinsgeschichte. So hatte und hat sich nie wieder ein Bundesligaclub einseifen lassen. Die Geschichte ist bis heute absolut unglaubwürdig – und wäre sie nicht durch Zeitzeugen verewigt, könnte sie nur als diffamierende Spekulation durchgehen.

Es waren einmal zwei Brüder, Zwillingsbrüder, um genau zu sein. Der eine hörte auf den Namen Zvezdan, der andere auf Srdjan. Und beide hießen Cebinac. Einer von beiden, es ist zu vermuten, daß das Zvezdan gewesen ist, hatte ein Probetraining beim FC absolviert. Er muß einen guten Eindruck hinterlassen haben, so daß Franz Kremer die Börse öffnete und den Mann verpflichtete.

Oder auch nicht. Vorgestellt hatte sich die mutmaßliche Verstärkung als Srdjan. Und verpflichtet wurde dann auch Srdjan. Und ganz sicher kam dann Srdjan. Auch Srdjan konnte offenbar nicht fußballspielen – soweit die vorletzte Gemeinsamkeit mit dem Hoffnungsträger des vorangegangenen Jahres, Zézé.

Sehr wahrscheinlich ist die Lösung des Rätsels ganz banal. Zvezdan spielte in Belgrad bei Partizan, einer der stärksten europäischen Mannschaften der 50er und 60er, und bei Roter Stern eine gute Rolle als Dribbelkönig und Flankengott, wechselte später zum PSV Eindhoven, dann 1967 in die Bundesliga zum 1. FC Nürnberg, stieg mit ihm ab und wechselte noch zu Hannover 96. Er bestritt insgesamt ungefähr 100 Bundesligaspiele und schoß acht Tore. Es liegen nicht viele Informationen vor über seinen Zwillingsbruder, den der FC mit Handkuß empfing. Aber wir können vermuten, daß diese familieninterne Arbeitsbeschaffungsmaßnahme minutiös geplant worden ist. Denn es mußte den Cebinacs klar sein, daß der faule Trick nur ein einziges Mal klappt. Und zwar beim FC.

Natürlich fiel schon bei Arbeitsantritt auf, daß Srdjan kein Verhältnis zum Ball hatte. Er durfte von Stund an die Bank drücken, kam erst am 24. Spieltag zu seinem ersten von drei Bundesligaeinsätzen, und am 27. schon zu seinem letzten, dies nur, weil Stammspieler Heinz Hornig verletzt war. Das einzige Tor, das Srdjan in seiner kurzen Laufbahn als Fußballprofi erzielte – gegen Borussia Neunkirchen –, wurde in der Presse als halbes Eigentor bezeichnet. Und mit dieser 1:2-Niederlage bei Neunkirchen, dem FC Homburg der 60er-Jahre und Sowieso-Absteiger, hatte der FC damals seine Meisterschaftshoffnungen endgültig begraben müssen. Nachdem er zum ersten Mal ein Tor für seinen Club erzielt hatte, durfte Srdjan nicht mehr mitspielen, das ist die letzte Parallele zur Geschichte von Zézé.

Die Kurve zeigt nach unten

Franz Kremer war damals auf dem absteigenden Ast. Er hatte das meiste schon getan für den Club. Vierzehn Jahre hatte es bis zur ersten Deutschen Meisterschaft gedauert, sechzehn bis zum ganz selbstverständlichen ersten Titel der neugegründeten Bundesliga, die nicht zuletzt auf das Drängen Kremers zurückzuführen war. Denn der hatte das kommerzielle Potential einer eingleisigen Liga schon lange auf dem Schirm. Als Präsident des überaus erfolgreichen 1. FC Köln hatte sein Wort im DFB um so mehr Gewicht. Und so war die zweite errungene Deutsche Meisterschaft für Kremer und den Verein eigentlich der größte Erfolg seiner Zeit.

Aber die Selbstverständlichkeit und Folgerichtigkeit des sportlichen Aufstiegs parallel zum als Wirtschaftswunder empfundenen Ergebnis der US-Finanzhilfe leistete natürlich einem Leichtsinn Vorschub, der als gegeben hinnahm, was bis dahin doch hart erarbeitet worden war. Hier ein brasilianischer Kicker, die waren ja Weltmeister geworden, dort der Bruder eines Fußballprofis, man kann es ja mal versuchen. Damals, als der 1. FC Köln zum ersten Mal – und einzigen Mal – wirklich oben stand, als der Club tatsächlich eine der ersten Adressen für Fußballsport in Europa war, wurde der Grundstein gelegt für die von Nachlässigkeiten, Nonchalance und Nietentum bestimmten dreieinhalb Dekaden, in denen dieser Club fast immer unter seinen (mindestens sportlichen) Möglichkeiten gewirkt hat. Kremer, der den Erfolg herbeigezwungen hatte, war in dessen Angesicht selbstgefällig geworden. Und der Ton, den er damals eingeführt hat – es werde schon gutgehen, weil es gutgehen muß –, hat im Zusammenspiel mit der von Kremer diktierten Erbfolge, die der Präsident Klaus Hartmann als dritter Vereinschef aus dem Kaufhof-Konzern im November 1997 abschloß, mit der absolut gleichen Selbstverständlichkeit und Folgerichtigkeit in den (mindestens sportlichen) Ruin geführt. Soweit ist der Weg nicht von der Erfolgstrunkenheit, die Zézé oder Srdjan ins Team brachte, bis zu der Bewußtlosigkeit, die Klaus Hartmann und seinen neuen Sportdirektor Carl-Heinz Rühl zu Beginn der Abstiegssaison 1997/98 Spieler wie Goran Vucevic oder Alexander Rytschkow verpflichten machte.

Schwarze Perlen und Tor-Vampire

Auch wenn sich mit dem Vorgang, den man die europäische Integration zu nennen beliebt, der Blick auf Kicker aus anderen Ländern ändert, auch wenn das Bosman-Urteil – das ja gar nicht das Urteil von Jean-Marc Bosman gewesen ist – die Realität in den Firmen, die Fußballclubs sind, jener in anderen Betrieben angepaßt hat, gilt doch, daß die Aufmerksamkeit, die Fußballspielern zuteil wird, die aus anderen Ländern als Deutschland stammen und in der Bundesliga ihr Brot verdienen, beim deutschen Publikum ganz besonders hoch entwickelt ist. In anderen Staaten ist das ja genauso. Eine deutsche Gurke ist immerhin nicht mehr und nicht weniger als eine deutsche Gurke. Doch der Vorgang der Verpflichtung eines fremdländischen Sportlers ist in der Wahrnehmung von Fans und Medien bis heute ein magisch Ding. Kommt einer aus Nürnberg oder Chemnitz (ehemals Karl-Marx-Stadt), fällt das Ganze nicht weiter auf, kommt er aus Bukarest oder Tamale, kleben die Augen doch sehr stet auf dem Neuling. Man muß sich nicht unbedingt an Christian Dollberg erinnern, der einem argentinischen Provinzverein entwachsen war – und nur weil er eine sächsische Ururgroßmutter oder ein ähnliches Verwandtschaftsverhältnis ins Feld führen konnte, als sogenannter Fußballdeutscher geführt wurde. Die vermeintliche Defensivkraft war der krasseste Fehleinkauf der Ära Morten Olsen. Den Ball konnte er nicht stoppen, nicht nach vorne bringen, nicht irgend etwas Sinnvolles mit ihm anstellen, obwohl er doch dafür angestellt worden war. Wäre er von den Sportfreunden Siegen verpflichtet worden, hätte niemand ein Wort über den tapsigen Kerl verloren, doch er hatte leider den Kontinent gewechselt. Alle Augen richteten sich auf ihn, als er 1995 gemeinsam mit dem Rumänen Dorinel Munteanu und dem Nigerianer Sunday Oliseh vorgestellt wurde. Die populäre Rezeption von Sportlern mit einem anderen Paß als einem deutschen, und das gilt gewiß nicht nur für den Fußball, entspricht bis heute dem grob atavistischen Verhalten, das das Fremde – als solches – immer noch ähnlich sensibel und damit mißtrauisch registriert wie es die Figuren in den Heimatfilmen der 50er vorgelebt haben. Die Maßstäbe haben sich sicherlich geändert, doch ob die Wahrnehmung des Fremden seine Wurzeln in der Ablehnung des nächsten Dorfes oder in der Exotierung des fernen Kontinents findet, macht letztlich keinen wirklichen Unterschied.

Das Engagement anderer als deutscher Fußballspieler hat immer die simple Phantasie des Gewöhnlichen herausgefordert. Diese Dinge müssen noch einmal gesagt werden. Der afrikanische Kicker war stets die schwarze Perle (natürlich nur für die eigenen Fans, die gegnerischen begegneten ihm vor allem in der 80ern mit rassistischen Beschimpfungen und Bananenwürfen), gewiß auch war der rumänische Goalgetter der Tor-Vampir – und das alles ließe sich schnell mit Bildern von Wikingern, Pharaonen und Känguruhs ergänzen. Kicker aus fremden Ländern sind immer das Objekt für Projektionen einfach-vielfältiger Art gewesen.

Die Grenze zwischen Rassismus und rassistischer Romantik ist ja im Fußball Deutschlands und Europas stets fließend gewesen. Der ghanaische Torjäger Anthony Yeboah ist das augenfälligste Beispiel hierfür. Als er als Kicker des 1. FC Saarbrücken bei Eintracht Frankfurt antrat, wurden ihm die üblichen Schmähungen zuteil, derer sich hierzulande jeder afrikanische Fußballprofi in den 80ern gewahr sein mußte. Als er später bei der Eintracht kickte und zweimal der erfolgreichste Goalgetter der Liga wurde, nannte sich ein Fan-Club „Zeugen Yeboahs" – hätte er nicht gewußt, wo das Tor steht, hätten ihn die gleichen Fans der Eintracht weiterhin beschimpft. Der afrikanische Fußballer ist doppelt so attraktiv wie ein deutscher, wenn er den Ball großartig tritt; aber er ist hundertmal so verachtungswürdig, wenn er so spielt wie ein mäßiger einheimischer Ballbeweger. Der Haß, mit dem das Kölner Publikum in der Abstiegssaison im vorletzten Heimspiel gegen 1860 München den zugegebenermaßen grottenschlecht kickenden Pablo Thiam verfolgte, mag da nur als ein Beispiel gelten.

Marktwirtschaft

Daß beim FC mit Tschik Cajkovski und Coskun Tas zwei Fußballer aus Ländern anheuerten, dic in den kommenden Jahren einen gehörigen Exodus zu verzeichnen haben würden, mag als nicht viel mehr als ein marginales Zeichen gewertet werden. Aber in jedem Fall waren die beiden so etwas wie Kundschafter im Feindesland. Gewiß sind sie privilegiert gewesen, doch der Vorgang der Übersiedlung des Sports wegen war damals noch absolut ungewöhnlich. Er wurde ja nicht nur in Deutschland als etwas Bedeutendes wahrgenommen, sondern auch in Jugoslawien und der Türkei. Der Sport begann, sich in dem Maße zu verändern, in dem sich der europäische Kontinent den Interessen der Wirtschaft unterzuordnen bereit zeigte.

Wenn man eine Hitliste aufmacht, besetzen Kicker aus Jugoslawien und Dänemark die ersten beiden Plätze in der Tabelle der Verpflichtungen des FC. Der dänische Fußball hat erst spät zum Professionalismus – und damit zum Geldverdienen – gefunden, für die Kicker des nördlichen Nachbarn war es stets selbstverständlich, im Ausland zu spielen. In Jugoslawien, einem der Länder mit starker Migration in die BRD, galt die Deutsche Mark immer mehr als die eigene Währung. Der Weg war naheliegend. In anderen Migrationsstaaten Südeuropas – wie Italien, Spanien und Portugal – wurden dagegen immer schon hohe Honorare für das Fußballspielen gezahlt. Dort üben die Kicker ihren Beruf gern vor Ort aus.

Und warum sind die Kinder der türkischen MigrantInnen hier nicht Stars in den Clubs geworden, obwohl sie doch seit den 80ern die Jugendmannschaften beherrschen? Sicherlich haben (auch rassistische) Vorbehalte den Ausschlag dafür gegeben, zunächst bei den deutschen Talenten Ausschau zu halten. Doch die Generation der Erhan Önal (FC Bayern München – 1976-78), Erdal Keser (Borussia Dortmund – 1980-84 und 1986-87) und Ilyas Tüfekci (VfB Stuttgart – 1980-82 & Schalke 04 – 1982-83), die Ende der 70er und Anfang der 80er ihr Brot in der Bundesliga verdiente, ertrug das gesellschaftliche Klima nicht, weil es auf deutschnationale Torschüsse fixiert war. Der damalige Bundesinnenminister Friedrich Zimmermann wußte rassistische Haltungen klug zu focussieren, als er eine Rückkehrprämie für türkische Familien aussetzte. Heute haben junge Kicker der dritten und vierten MigrantInnengeneration längst ihre Lektion gelernt. Sie wissen, daß ihnen eine Saison auf der Bank eines Bundesligaclubs genügen wird, um von einem der reichen Istanbuler Vereine gekauft zu werden. Deshalb wird es auf Dauer keine türkischen oder türkisch-deutschen Fußballstars in der Bundesliga geben.

Um über Rassismus zu reden: Der 1. FC Köln ist von rassistischem Verhalten der Fans nicht verschont geblieben (wie natürlich kein Club hierzulande), von widerlichen Ausfällen seiner Profis aber genausowenig. Als unwidersprochen gilt zum Beispiel die „Scheiß-Nigger"-Beschimpfung des Kölner Vorstoppers Paul Steiner gegen den damals für den 1. FC Nürnberg toreschießenden senegalesischen Fußballer Souleyman Sane am Ende der 80er. Sane – und das war eine Sensation – machte den Vorfall publik.

Wer ist Kölner?

Nach den mißlungenen Deals, die Franz Kremer und Julius Ukrainczyk die Freundschaft vermasselten, kamen dann doch noch eine Menge begabter Leute aus der Fremde, die mit dem Lederball gut Freund waren. Es ist allerdings etwas schade, daß viele jener talentierten Spieler gerade beim FC nicht zeigten, was sie konnten. Ole Sörensen aus Dänemark (1965-66) und Roger Magnussen aus Schweden (1966-67) waren mit Vorschußlorbeeren empfangen worden, konnten aber nie Teil der Mannschaft werden. Die kölsche Integrationsfreude hielt sich damals in Grenzen. Der österreichische Angreifer Thomas Parits (1970-71) zeigte erst bei Eintracht Frankfurt (bis 1974), was er drauf hatte, genau so wie der schwedische Mittelstürmer Benny Wendt (1975-76), der erst nach seinem Wechsel zu Tennis Borussia Berlin und in Kaiserslautern (bis 1981) richtig goalgettete – und das besonders gut und gern gegen den FC. Die weitere Karriere von Preben Elkjaer Larsen (1976-77), der mit 18 Jahren nach Köln kam und den sein Trainer Weisweiler höchstpersönlich mit einer Flasche Schabau in der Hand in der Kölner Altstadt gesehen haben wollte, ist ja bekannt. In Köln durfte er dreimal von Beginn an kicken, verließ den Verein und wurde ein Weltstar.

Natürlich hatte der 1. FC Köln fortan auch viele ausländische Spieler unter Vertrag, die ihre weite Anreise nicht zu bereuen brauchten, die in Köln eine gute Zeit hatten und außerordentlich beliebt waren. Der jugoslawische Torhüter Milutin Soskic (1966-71) war so ein Fall. Er kam von Partizan Belgrad, das gerade erst das Endspiel um den Europapokal der Landesmeister gegen Real Madrid verloren hatte (1:2). Und hätte er sich nicht nach zwei ausgezeichneten Spielzeiten zu Beginn der Saison 1968/69 so schwer verletzt, daß er fast ein ganzes Jahr außer Gefecht war, hätte er womöglich nicht irgendwann dem aus Duisburg in seine Geburtsstadt zurückkehrenden Manfred Manglitz aus dem Stadtteil Ehrenfeld Platz machen müssen.

Zuletzt muß man unbedingt noch die Geschichte des Roger van Gool erzählen. Und das eigentlich nur, weil sie für eine längst vergangene Ära steht. Van Gool war nicht der beste Außenstürmer, den der FC je unter Vertrag hatte; er war auch kein Publikumsliebling; als Scorer war er respektabel, doch es gab zur gleichen Zeit bessere im Team. Nein, diese Geschichte ist nur deshalb so wichtig, weil sie den 1. FC Köln zum letzten Mal als die Avantgarde der Liga zeigt. Hennes Weisweiler war gerade zum dritten Mal nach 1949 und 1955 als Trainer verpflichtet worden, nachdem er zum Ende der Saison 1975/76 beim FC Barcelona den Machtkampf gegen seinen Star Johan Cruyff verloren hatte. Die Kunde, daß der Rechtsaußen den FC Brügge verlassen wolle, wurde in Köln mit Interesse aufgenommen. Der Trainer wollte den Mann, das Präsidium unter Alleinherrscher Peter Weiand wollte den Mann, die Geschäftsführung unter Manager Karl-Heinz Thielen ebenso. Alle Hebel wurden in Bewegung gesetzt, eine Million Deutschmark wurden gezahlt, Roger van

Gool kam nach Köln. Wichtig ist die Episode eigentlich nur, weil die Verpflichtung des Außenstürmers der letzte Akt in jener Geschichte gewesen ist, die Franz Kremer dem 1. FC Köln auf immerdar zugedacht hatte. Alles dürfe schließlich passieren, hatte er einmal gesagt, nur das eine nicht, daß der Club abzusteigen habe. – Nach der Episode um Roger van Gool hatte der 1. FC Köln seine Marktführerschaft im heimischen Fußball sicherlich verloren. Es ging, abgesehen von der Episode mit Christoph Daum, von nun an stetig bergab. Darum, und nur darum ist die Geschichte mit Roger van Gool so wichtig.

In den zwanzig Jahren nach dem Transfer van Gools hat es noch einige ziemlich gute Kicker an den Rhein verschlagen. Selbst nach Toni Polster kamen mit Sunday Oliseh oder Dorinel Munteanu sehr fähige Leute, die manchem Team zur Zierde gereichen. Aber niemand von ihnen konnte ahnen, daß für den 1. FC Köln das letzte Konzert anstand. Nach dem Abstieg des Clubs in die 2. Bundesliga mag sich wenigstens jene Forderung der am simpelsten gestrickten Fans erfüllen, die da rufen: „Wir sind Kölner, und ihr nicht!“. Welch grauenhafte Vorstellung, womöglich spielen bald wirklich nur noch echte Kölner für den 1. FC Köln. Wir werden zu beobachten haben, wohin dieser Weg führt.

Trainer Schorsch Knöpfle hat seine Jungs Thielen (l.) und Blusch sehr lieb. Dabei weiß er noch nicht, daß sein Team in der 2. Hälfte noch drei Tore schießen wird.

Willi Lehmann

Das erste Mal

Über die reale Existenz von Fußballgöttern und ihre zeitweilige Gutmütigkeit

Kinder sind dafür bekannt, daß sie in ihrem jungen Leben einige Phasen durchlaufen, in denen sie sich mit Begeisterung neuen Spielen und Hobbys zuwenden, um sie schon wenige Wochen später dem Vergessen zu überlassen. Trotz der Verzweiflung, die dieses Verhalten ihrer Zöglinge bei den meisten Eltern auslöst, birgt dieser scheinbar herzlose Umgang von jungen Menschen mit der gerade frisch gewonnenen Liebe doch eine gewisse Vernunft in sich. Aus Sicht der Kinder ist nun mal diese Welt so groß, weit, bunt und unentdeckt, daß es ihrerseits einer Verschwendung gleich käme, wenn sie sich schon im Beginn ihres Lebensweges mit der erstbesten Leidenschaft zufriedengeben würden. Um so bemerkenswerter ist es aber, daß dieses scheinbare Naturgesetz der kindlichen Entwicklungspsychologie völlig aus aus den Angeln gehoben wird, sobald das Spiel mit dem Ball in das Leben von kleinen Jungs tritt.

Ich selbst verbrachte meine Kindheit in dem Kölner Stadtteil Ehrenfeld, in der Nähe des Takufelds, umgeben von einem Haufen gleichaltriger Kinder aus den sogenannten geburtenstarken Jahrgängen.

Ich weiß nicht mehr, woher wir damals den ersten Ball hatten, aber als er vor unseren Füßen lag, verwandelte er uns von hier auf jetzt in eine balljagende Meute, die mit hemmungsloser Begeisterung das Fußballspiel für sich entdeckte.

Egal wo wir waren und was wir eigentlich hätten tun sollen, wenn sich auch nur die kleinste Gelegenheit ergab, teilten wir uns in zwei Mannschaften auf, markierten mit unseren Klamotten die Tore und traten nach Lederkugeln, Tennisbällen oder sonstigen Gegenständen, die uns für diesen Zweck geeignet erschienen. Tag für Tag und Stunde um Stunde liefen wir das Takufeld rauf und runter und mit jedem Tor, das wir schossen, verfielen wir tiefer in unsere Leidenschaft zu diesem Spiel.

Wir kannten damals noch nicht das Bemühen, irgendwelchen großen Fußball-Stars nachzueifern. Auch wenn wir schon einige Namen kannten wie Uwe Seeler, Radi Radenkovic oder Pelé, waren wir doch zu sehr mit uns selber beschäftigt, als daß sie schon irgendeine weihevolle Bedeutung für uns hätten haben können. Wir selbst waren noch die Helden des Spiels.

Als ich neun Jahre alt wurde, blieb meine Fußball-Begeisterung nicht mehr nur auf unseren Mikrokosmos der Ehrenfelder Takuwiesen beschränkt. Über den Fernseher ergriff mich und meine Freunde die große, weite Welt des Fußballs. Die ersten Spiele, die ich abends gemeinsam mit meinen Eltern und den älteren Brüdern am Fernseher verfolgen durfte, waren die Qualifikationsspiele der deutschen Nationalelf um die Teilnahme an der Weltmeisterschaft 1970 in Mexiko. Sie zählen zu den ersten kleinen Fußballfesten, die ich in völliger Hingabe genossen habe. Mehr noch als von den Spielen selbst war ich davon beeindruckt, wie die friedlich-freudige Erwartung im Wohnzimmer meiner Eltern im Augenblick des Anpfiffs umschlug in diese verheißungsvoll knisternde Anspannung, die sich alle Anwesenden nur dadurch erträglicher machen konnten, indem sie ihren Gefühlen freien Lauf gewähren. Raunen, Stöhnen, Jammern und Jubeln lösten sich ab mit einer Unmenge fachkundiger Bemerkungen, die kaum einen Spielzug unkommentiert ließen. Selten erlebte ich mit meiner Familie ähnliche Situationen des Zusammengehörigkeitsgefühls wie in jenen Momenten, in denen wir gemeinsam dem erlösenden Torschuß entgegenfieberten.

An diesen Abenden bekam ich eine erste Ahnung davon, daß Fußball mehr ist als nur ein Spiel von Kindern, die sich auf der Wiese beim Bolzen von Lederkugeln vergnügen.

Von nun an war es nur noch eine Frage der Zeit, bis der FC unsere ganz besondere Aufmerksamkeit auf sich zog. Zweifellos gehörte der FC damals zu den allerersten Adressen im deutschen Fußball und es brauchte nicht lange, bis auch meine Freunde und ich – wenn auch nur aus der Ferne – uns in seinem Glanz zu sonnen begannen. Es passierte jetzt häufiger, daß wir anstatt den Bällen nachzujagen einfach nur auf der Takuwiese rumlagen und alle möglichen Neuigkeiten und Geschichten über den FC unter uns austauschten. Die Namen der FC-Stars wie Overath, Weber und Löhr wurden uns mit der Zeit so vertraut, als wenn sie selbst schon immer mit uns über das Takufeld gerannt wären. Besonders hingezogen fühlten wir uns zu den schon fast mythischen Erzählungen über die legendären Schlachten der FC-Elf gegen Liverpool, die im Europacup einem haushoch favorisierten Gegner mit Mann, Maus und gebrochenem Wadenbein dreimal hintereinander ein Unentschieden abtrotzte und erst beim Münzwurf an der Mißgunst des Schicksals scheiterte. In unseren jungen Herzen verwandelten sich diese Spieler des FC augenblicklich zu leibhaftigen Heldenfiguren, von deren Tapferkeit wir nachts träumten.

Natürlich verspürte jeder von uns das heiße Verlangen, einmal selbst den FC in der Müngersdorfer Hauptkampfbahn unterstützen zu können. Doch wir waren noch Kids, gerade acht oder neun Jahre alt, und der Gedanke an einen Besuch in Müngersdorf schien uns damals noch genauso weit weg wie die Reise zu einer Schatzinsel. Was uns blieb, waren die Sportschau und der „Express", um dessen Sportteil mein Vater von jetzt ab jeden Morgen mit mir kämpfen mußte.

Die Nachrichten, die mich in dieser Saison 1968/69 vom FC erreichten, waren aber leider alles andere als die Erfolgsstory, die sich ein junger FC-Fan wünschte. Während der FC auf internationalem Parkett noch souverän mitspielte und erst im Halbfinale des Europacup der Pokalsieger gegen den FC Barcelona ausschied, bekam die Mannschaft in der Bundesliga kein Bein mehr auf die Erde. Im Frühjahr 1969 brach die Elf dann völlig ein und sackte bis ans Tabellenende ab. Ich bezweifle, ob ich mir damals tatsächlich schon über die bestürzende Dimension eines Abstiegs im klaren gewesen bin. Sicher ist aber, daß auch für uns Kinder das Schrillen der Alarmglocken unüberhörbar wurde. In diese sich zuspitzende Situation fiel der Geburtstag meines besten Freundes. Er hatte nur zwei Wünsche an seine Eltern: Eine FC-Fahne und ein Spiel in der Müngersdorfer Hauptkampfbahn.

Am Tag seines Geburtstags sahen wir ihn mit stolzem Gesichtsausdruck auf die Takuwiesen laufen, in den Händen eine rot-weiße Fahne schwenkend. Mit lautem Jubel kreisten wir ihn ein, rissen ihm die Fahne fast aus den Händen und ließen sie gemeinsam über die Takuwiesen wehen. Als Detlef dann noch völlig atemlos aus sich herauspreßte, daß er beim nächsten Heimspiel zusammen mit seinem Vater zum FC gehen würde, blieb uns allen die Spucke weg. Wir wußten sofort, was dies zu bedeuten hatte. Detlef ging nicht nur als erster von uns zu einem FC-Spiel, sondern er ging zum Spiel der Spiele überhaupt. Die vorrangegangene Niederlage des FC bei Alemannia Aachen ließ es jetzt am letzten Spieltag zu dem direkten Duell mit dem 1. FC Nürnberg kommen. Wer verliert, steigt ab. Alles oder nichts! Und Detlef war dabei!

Instinktiv schoß mir durch den Kopf, daß dies auch mein großer Tag werden konnte. Ich rannte nach Hause, beseelt von dem Wunsch, am nächsten Samstag mitgehen zu dürfen und mit der bangen Hoffnung, daß mir meine Eltern das nicht abschlagen würden. Mit aller diplomatischen Kunstfertigkeit und unter den größten Versprechungen erweichte ich meine Eltern. Die Anwesenheit von Detlefs Vater auf der Fahrt nach Müngersdorf war schließlich das Totschlag-Argument, an dem ich sie nicht vorbei kommen ließ. Sie willigten ein und auch Detlefs Vater machte keine Probleme.

Doch mitten in unserer glückseligen Vorfreude passierte das Unfaßbare. Das Stadion war ausverkauft und Detlefs Vater stand ohne Karten da. Noch nie in meinem Leben zuvor hatte ich eine erschütterndere Nachricht erhalten. Doch Detlef und ich konnten und wollten uns diesem Schicksalsschlag nicht kampflos ergeben. Jetzt mußte es dieses Spiel sein und kein anderes.

Tagelang beknieten wir unsere Eltern, daß sie uns am Samstag nach Müngersdorf fahren lassen sollten, um doch noch Karten für das Spiel zu ergattern. Wir wuchsen über uns hinaus. Die eindeutige Ablehnung der Eltern gegenüber unserem Ansinnen machte uns nur noch entschlossener. Über Tage hingen die Haussegen schief und selbst das Machtwort unserer Väter hielt uns nicht davon ab, unsere Eltern beständig zu terrorisieren. Wir mußten diese Schlacht gewinnen, und wir schafften es. Am Tag vor dem Spiel gaben unsere Eltern schließlich entnervt auf. Unter Tausenden von Auflagen ließen sie uns mit der sicheren Gewißheit ziehen, daß das Schicksal uns in Müngersdorf für unsere gnadenlose Quengelei bestrafen würde.

Ich kann nicht ausdrücken, mit welch triumphalem Gefühl wir uns auf den Weg ins Stadion machten. Wir hatten das Unmögliche wahr gemacht und unsere kindliche Naivität bewahrte uns in diesem Augenblick davor, uns wegen der fehlenden Karten den Kopf zu zerbrechen. Wir genossen die gemeinsame Anfahrt zum Spiel mit den vielen anderen FC-Fans, immer fröhlich die Fahne schwenkend und in unserer Siegeslaune grenzenlosen Optimismus verbreitend.

In Müngersdorf angekommen, machten wir schnell die Kartenhäuschen auf dem Vorplatz des Stadions aus. Wir hatten gehört, daß dort immer noch Restkarten in den Verkauf kommen, und hier wollten wir unser Glück versuchen. Doch diese Hoffnung begrub sich in Windeseile. Mit uns drückten sich dort bereits Hunderte von Menschen rum, deren verzweifelte Augen von einem geschlossenen Häuschen zum nächsten wanderten. Was wir aus den Gesprächen aufschnappten war so eindeutig wie niederschmetternd. Hier war für uns nichts mehr zu holen. Ein erstes Entsetzen machte sich bei uns breit. Wir zogen zu den Stadiontoren, bereit dazu, jede Auflage unserer Eltern, wie das Verbot des Überkletterns von Zäunen, außer Acht zu lassen. Doch Stacheldraht sowie jede Menge Wachleute, die auf einen solchen Versuch von uns nur gewartetet hatten, machten so ein Unternehmen von vornherein aussichtslos. Auf dem Stadionvorplatz entdeckten wir kleinere Trauben von Menschen, wo Karten zu absolut unerschwinglichen Preisen gehandelt wurden. Wir umkreisten mehrfach das Stadion auf der Suche nach sonstigen Schlupflöchern, hielten zum Schluß sogar Ausschau nach Bäumen, die hoch genug waren, um von ihnen aus ins Stadion blicken zu können. Doch auch hier bot sich uns nicht eine einzige Gelegenheit. In unserer Verzweifelung begannen wir den Erdboden nach verlorenen Eintrittskarten abzusuchen. Die Zeit rann uns zwischen den Händen davon. Tausende von Menschen zogen in erregter Erwartung an uns vorbei, und aus dem Stadion hörten wir schon die Gesänge der Fans. Es war keine halbe Stunde mehr bis zum Anpfiff, doch für uns schien das Spiel vorüber, bevor es überhaupt begonnen hatte. Untröstlich, mit hängenden Köpfen und eingerollter Fahne standen wir auf dem Weg zum Marathontor. Kurz davor, einfach nur noch loszuheulen.

Wir hatten damals noch keinen Sinn für die Existenz höherer Mächte im Fußball und wozu sie fähig sein können, doch auch uns war klar, daß nur noch eine schicksalshafte Fügung uns retten konnte. Und tatsächlich: Endlich erhörten die Fußballgötter unser jämmerliches Flehen und schickten uns einen Engel in Gestalt eines schon sehr betagten Herrn. Mitten aus der vorbeiströmenden Menge trat er mit einem mitleidigem Blick auf uns zu und wollte wissen, mit welchem Schicksal wir haderten. In wenigen Sätzen konnten wir ihm unsere mißliche Lage erklären, und mit einem jovialen „Na, dann kommt mal mit!" führte er uns zum Eingang an der Haupttribüne. Wir stellten uns mit ihm zusammen in die Schlange und als die Reihe an uns war, zückte er einen Ausweis, legte den Arm um unsere Schultern und drückte uns sanft am Wachdienst vorbei. Wir standen im Stadion, vor uns die riesige Rückfront der Tribüne. Wir waren außer uns vor Freude und auch der alte Mann genoß sichtlich seine gute Tat. Doch unsere Wege mußten sich hier auch schon wieder trennen, denn auf der Hauptribüne gab es für uns natürlich keinen Platz mehr. Der Mann schickte uns zur linken Seite, wo eine schmale Treppe neben einem Zaun die Tribüne von der Nordkurve trennte. Vom unteren Ende dieser Treppe könnten wir dann auf das Spielfeld sehen.

Noch heute, wenn mir beim FC mal wieder nichts anderes übrig bleibt, als auf ein Fußball-Wunder zu hoffen, gibt mir diese frühe Begegnung mit dem alten Mann die Kraft zurück, an die zeitweilige Gutmütigkeit der Fußballgötter zu glauben. Spätestens der diesjährige Abstieg des FC macht aber auch deutlich, daß die Betonung eindeutig auf „zeitweilig" liegen muß. Wir bedankten uns überschwenglich bei ihm und machten uns auf den Weg. Wenige Augenblicke später standen wir tatsächlich mitten in der Hauptkampfbahn, um uns herum der atemberaubende Anblick eines vollen Hauses, das den Anpfiff nicht mehr erwarten konnte. Wir schnupperten nicht nur Stadionluft, wir inhalierten sie in vollen Zügen. Uns direkt gegenüber am anderen Ende der Nordkurve stand damals der FC-Fanblock, der unaufhörlich mit lauten Gesängen die Arena anheizte. Bei der Durchsage der Mannschaftsaufstellungen schien es schon niemanden mehr im Stadion auf den Sitzen zu halten. Jeder Bekanntgabe eines gegnerischen Spielers höhnte ein markerschütterndes „Na und?" entgegen. Die Aufstellung des FC war im infernalischen Jubel nicht mehr zu hören. Die Nordkurve verwandelte sich in ein rot-weißes Fahnenmeer, und auch wir schwenkten unsere Fahne, während die Holztribüne auf der Gegengeraden den Einzug der

Mannschaften mit lautem, rhythmischem Stampfen der Füße begleitete. Detlef und ich waren überwältigt.

Direkt mit dem Anpfiff bemühte sich die FC-Elf, das Spiel nach vorne zu tragen. Schließlich standen sie ja auch mit mehr als zwölf Mann auf dem Platz. Doch die „Clubberer" aus Nürnberg hatten sich klug auf diese Anfangsoffensive eingestellt. Sie machten die Räume eng und stürzten sich auf den ballführenden Mann, was das Aufbauspiel des FC zunehmend hektischer und glückloser werden ließ. Fiebrige Nervosität legte sich über das Spielfeld und ergriff die vollbesetzten Ränge. Die Nürnberger kamen mit jedem Ballbesitz besser ins Spiel und erkämpften sich erste Chancen. Der FC wankte, das Spiel drohte zu kippen. Jetzt stemmte sich das zu allem entschlossene Publikum gegen das drohende Unheil und peitschte seine Elf nach vorne. Immer wieder erhob sich das langgezogene EF-CE – EF-CE, was die Mannschaft auch zusehends aufrichtete. Qualvolle Minuten wurden durchstanden, bis der FC wieder Oberwasser gewann und zumindest bis zur Halbzeit einen Rückstand vermeiden konnte.

Mit dem Wiederanpfiff stürmte der FC Richtung Nordkurve, was den Lärmpegel der Anfeuerungen nochmals höher schnellen ließ. Auch das Spiel war jetzt ein anderes. Beherzt ging die Mannschaft zum Angriff über und schnürte die Nürnberger in der eigenen Hälfte regelrecht ein. Flanke um Flanke flog in den gegnerischen Strafraum und das Nürnberger Spiel geriet immer mehr zur Abwehrschlacht. Mehrmals hatten wir schon den Torschrei auf den Lippen, doch dieses eine verdammte Tor, es wollte nicht fallen.

Die Stimmung auf den Rängen nahm mit jeder weiteren vergebenen Chance zunehmend hysterische Züge an. Der Hexenkessel Hauptkampfbahn stand mächtig unter Druck. Dann die 67. Minute: Eine weitere Hereingabe in den Nürnberger Strafraum fiel Wolfgang Overath, der mittlerweile die Mittelstürmerposition einnahm, direkt vor die Füße. Das Stadion schrie auf. Overath zog aber weder direkt ab noch schien er den Ball unter Kontrolle zu kriegen. Das Leder blieb zwischen seinen beiden Füßen hängen und er drohte, darüber hinwegzustolpern. Aber mehr noch als Overath irritierte dieses Mißgeschick die gegnerischen Abwehrspieler. Der Nürnberger Torwart hatte sich in Erwartung eines Direktschusses schon zu Boden geschmissen. Der direkte Gegenspieler Overaths irrte orientierungslos im Nirgendwo des Sechzehners umher. Overath erfaßte als erster die Situation. Er hatte für einen kurzen Moment allen Raum der Welt, um sich den Ball auf seinen linken Fuß zu legen und ihn dann mit voller Wucht ins offene Tor zu hämmern. Ein fünfzigtausendfacher Schrei der Erlösung tobte durch die Hauptkampfbahn. Detlef und ich fielen uns um den Hals. Auf der Haupttribüne rechts von uns purzelten die Menschen übereinander. Selbst die neben uns stehenden Sanitäter verloren jegliche Zurückhaltung, bemächtigten sich unserer Fahne und kletterten damit auf den Zaun. Der ganze Hexenkessel entlud sich in einer Explosion hemmungsloser Freude. Wir alle konnten unser Glück nicht fassen. Nur kurze Augenblicke nach diesem Torjubel schallte ein nicht enden wollendes „Ohh wie ist das schön..." durch das Stadion, das in Folge nur noch von zwei weiteren FC-Toren unterbrochen wurde.

Am Schluß des Spiels wälzte sich eine Mannschaft auf dem Rasen, die im allerletzten Moment noch mal ihren Kopf aus der Schlinge gezogen hatte. Auch wenn sie die bis dahin schlechteste Saison der Vereinsgeschichte hinter sich gebracht hatte, schrieb sie mit diesem einen Spiel ein weiteres Kapitel auf dem Ruhmesblatt des 1. FC Köln. Ihre Ehrenrunde war mit dem Gewinn einer deutschen Meisterschaft vergleichbar. Die Kölner Fans feierten ihre Elf ausgiebig und verabschiedete sie mit einem dreifach donnernden HIPP HIPP HURRA.

Detlef und ich verpaßten in der nächsten Saison kein einziges Heimspiel. Wir waren von den Fußballgöttern geküßt worden und wir dankten es ihnen, indem wir unserem Verein huldigten. Daß sich aus diesem bewegenden Samstagnachmittag die hingebungsvollste Leidenschaft entwickelte, zu der ich in diesem Leben fähig sein werde, war ein weiteres Geschenk, das sich damals aber noch nicht erahnen ließ.

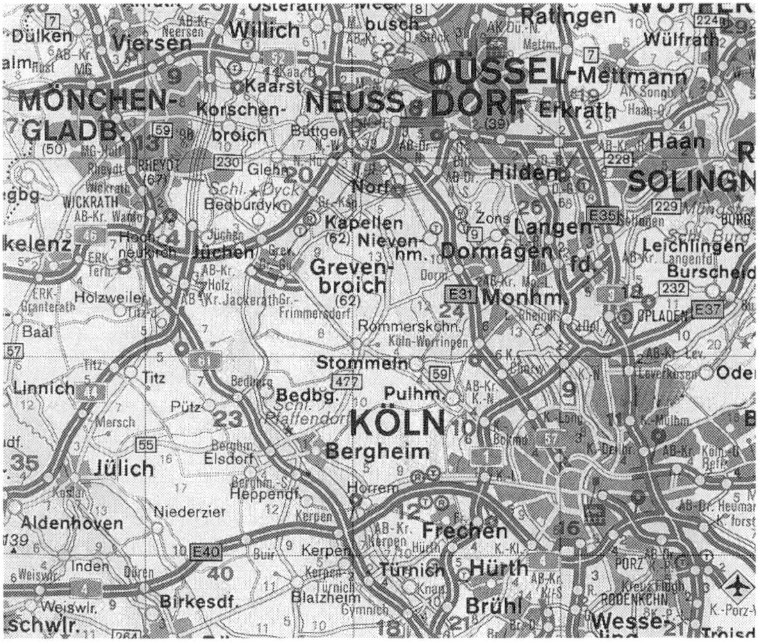

Wo zum Teufel liegt Leverkusen?

Willi Lehmann

Gladbach – ewiger Rivale

Ein Blick auf die Ursprünge des Kampfs um die Macht am Rhein

Wenn wir davon ausgehen, daß der Titel des „Ewigen Rivalen“ die höchste, wenn auch zweifelhafteste Anerkennung ist, die ein Fußballfan an einen gegnerischen Verein vergeben kann, sollte man schon genau wissen, warum man welchem Club diese Ehre zuteil werden läßt.

Ein Traditionsverein wie der FC hat natürlich mehrere große Gegner, mit denen er sich über Jahrzehnte hinweg immer wieder auseinanderzusetzen hatte. Bayern München wäre z.B. ein solcher Verein, mit dem unseren Club eine lange Geschichte verbindet, die schon viele spannende Duelle bis hin zu den erbitterten Kämpfen um die Deutsche Meisterschaft gesehen hat. Aber auch wenn sich das abstoßende Credo dieses Vereins hervorragend als Feindbild eignet, würden die Bayern wenig zum „Ewigen Rivalen“ taugen. Der tiefsitzenden Abneigung aller FC-Anhänger gegenüber diesem Club fehlt einfach das gewisse Maß an Exklusivität. Die Bayern sind und bleiben das rote Tuch der ganzen Liga und sie zum speziellen Rivalen des eigenen Vereins zu erklären, wäre ähnlich phantasievoll wie das Aufsetzen einer Pappnase im Kölner Karneval.

Viel interessanter hinsichtlich des zu vergebenen Titels sind ohnehin die anderen Vereine aus dem Rheinland. Durch die lokale Nähe lebt die Rivalität unter den Anhängern dieser Clubs eben nicht nur über die zwei Spieltage innerhalb einer Saison. Denn egal, was du tust oder auch bleiben läßt, ob auf der Arbeit, in der Kneipe oder sogar in deinem eigenen Freundeskreis, überall können einem Fans dieser Vereine über den Weg laufen. Hier ist die Frage nach der Vereinszugehörigkeit zugleich ein gesellschaftliches Ereignis mit erheblicher Tragweite, die bis weit in den eigenen Alltag hinein reichen kann. Peinliche Niederlagen der FC-Elf können schnell zu einem persönlichen Desaster werden, welches allein schon Grund genug wäre, montags gelegentlich erst gar nicht auf der Arbeit zu erscheinen. Andererseits eignet sich die soziale Dimension einer solchen Niederlage bestens zur eigenen Charakterschulung, denn man lernt, auch in den bittersten Stunden und unter böswilligster Häme für seinen Verein gerade zu stehen. Zudem verbinden sich mit dieser Lokalrivalität auch jene glücklichen Momente, in denen große Siege um so genußvoller werden, wenn man sie montags den anderen Kollegen unter die Nase reiben kann.

Die Auswahl regionaler Vereine, die für den Titel eines ewigen Rivalen überhaupt in Frage kommen, ist relativ bescheiden. In Köln selbst agiert der FC außer Konkurrenz. Selbst die eingefleischtesten Fans der Kölner Fortuna vermieden es bisher, abgesehen vom Pokalfinale 1983, ihren Verein in einem Atemzug mit dem FC zu erwähnen. Dafür lagen die sportlichen Dimensionen beider Clubs denn doch zu weit auseinander.

Anders würde es gegenüber der Düsseldorfer Fortuna aussehen, schon allein wegen der guten nachbarschaftlichen Beziehungen, die die Menschen der beiden rheinischen Metropolen zueinander pflegen. Ein starker sportlicher Konkurrent aus der Landeshauptstadt wäre das Eichenholz, aus dem ein ewiger Rivale für den FC geschnitzt sein könnte. Doch der Düsseldorfer Fußball wie auch sein Anhang leiden zu häufig unter lethargischen Auszeiten, um sich den Titel eines ernsthaften Rivalen erwerben zu können.

Bleiben also nur noch zwei Vereine aus der Region übrig, die das Zeug zu diesem Titel hätten. VfL Borussia Mönchengladbach und Bayer 04 Leverkusen. Mir ist bewußt, daß viele der jüngeren FC-Fans in Bayer Leverkusen ihren Erzrivalen sehen. Auch wenn dies aufgrund der jüngsten Vergangenheit nachvollziehbar ist, sollten sie trotzdem bedenken, daß es einen sportlichen wie emotionalen Unterschied zwischen Feindseligkeit und Rivalität gibt. Zudem sollte dem FC-Anhang bewußt sein, daß zu einem ernsthaften Rivalen mehr gehört als eine aus Geld gestrickte Erfolgs-Story, die diesen Verein in kürzester Zeit bis in die Champions-League gespült hat.

Der bis vor wenigen Jahren eher unauffällig spielende Werksclub ist durch den Fußball-Boom der 90er Jahre zum Prestige-Objekt eines Konzernvorstands geworden, der daran glaubt, sein umweltvergiftendes Image über einen erfolgreichen Fußball-Club aufpolieren zu können. Mit generalstabsmäßiger Planung wurde der Verein in ein Public Relations-Projekt verwandelt, das über den sportlichen Erfolg nach maximaler Medien-Präsenz greifen sollte. Nach allen Regeln des modernen Marketings wurde innerhalb des Konzerns die sportliche Produktpalette um Bayer 05 Uerdingen abgespeckt und zugleich Leverkusen zum einzig glanzvollen Aushängeschild des Chemiegiganten erklärt. Die dadurch frei gewordenen Millionen und noch viele mehr flossen in den Einkauf mehrerer internationaler Top-Spieler wie Trainer, während sich die Bayer-

Vorstandsetage ein neues Schmuckkästchen von Stadion mit VIP-Lounge gönnte. Daß bei diesem Multi-Millionen-Sponsoring auch erfolgreicher Fußball herauskommt, ist allenfalls eine von guten Personalentscheidungen begleitete kaufmännische Leistung, hat aber wenig mit einem zäh verdienten sportlichen Aufstieg zu tun, dem man entsprechend Respekt zollen müßte. Wer sich in Leverkusen auf diese Glanztat des Konzernmanagements etwas einbildet, muß entweder ein Vollidiot oder Aktionär der Bayer AG sein. Ich kann diesen beiden Sorten von Bayer-Anhängern versichern, daß ich sie um nichts beneide. Kein Fan der Liga wird ihnen jemals Respekt entgegenbringen, denn ihr Retorten-Club ist nur ein weiteres abschreckendes Beispiel dafür, daß auch im Fußball der Erfolg mit dicken Scheckheften zu kaufen ist. Meinetwegen kann Bayer fünfmal hintereinander den Deutschen Meister machen, die Nummer 1 am Rhein wird sie deshalb trotzdem nicht sein.

Der einzig wirklich respektable Gegner im Kampf um die Macht am Rhein ist und bleibt die Borussia aus Mönchengladbach. Dieses Derby besitzt einen einzigartigen Charakter und zudem eine Geschichte, die unauslöschlich mit der Historie des 1. FC Köln verbunden ist. Die Ursprünge dieser Rivalität gehen bis weit in die 70er Jahre zurück und sind für FC-Fans damals wie heute zumeist leidvoller Natur.

Schuld daran ist die schon fast als traumatisch zu bezeichnende Heimbilanz des FC gegen Gladbach, in der gerade mal 10 Siege den 18 Niederlagen gegenüberstehen. Gegen keinen anderen Verein der Bundesliga besitzt der FC ein negatives Punkteverhältnis in Müngersdorf, nicht mal gegen Bayern München. Gegen die Gladbacher allerdings hagelt es seit Jahrzehnten unglaubliche Niederlagenserien, was natürlich auch dazu führte, daß diese Spiele für die Borussen-Fans zum alljährlichen Auswärts-Highlight avancierten. Ihre massenhafte Anwesenheit machte diese Heimniederlagen für FC-Fans natürlich nicht angenehmer. Andererseits gibt es für den FC-Anhang wohl kaum einen anderen Heimsieg, nach dem das Kölsch so gut und ausgiebig schmeckt wie nach einem Triumph gegen Mönchengladbach.

Meine ersten persönlichen Erfahrungen mit den Gladbachern machte ich in der Saison 69/70. Das Aufreibende an meinen Erinnerungen an diese Saison sind aber nicht die standesgemäßen Niederlagen in Müngersdorf wie auch am Bökelberg, sondern vielmehr das nervenzerfetzende Fernduell, das sich der FC mit den Gladbachern im Kampf um die Meisterschaft lieferte.

Nachdem sich der FC in der vorangegangenen Saison erst am letzten Spieltag gegen den Abstieg hatte retten können, war diese Spielzeit von der direkten Rückkehr in den deutschen Spitzenfußball geprägt. Die Verpflichtung von Manfred Manglitz ins Kölner Tor sowie die legendäre Torausbeute der gesamten Kölner Offensivabteilung waren die Eckpfeiler für eine begeisternde Mannschaftsleistung über weite Strecken dieser Spielzeit.

Nach einem durchwachsenen Saisonstart, mit dem die Diva vom Rhein schon damals ein Gewohnheitsrecht in Anspruch nahm, stabilisierte sich das Kölner Spiel zusehends und schon am 12. Spieltag eroberte sich die FC-Elf mit einem phänomenalen 8:0 – Sieg gegen Schalke für kurze Zeit die Tabellenführung, die sie aber drei Wochen später nach einem direkten Duell in der Hauptkampfbahn wieder an die Gladbacher abtreten mußte. Schon zu diesem Zeitpunkt galten die Borussen als gefürchteter Gegner in Müngersdorf. Die erneute Niederlage wurde zur vierten Heimpleite gegen Gladbach in Folge.

Doch der FC behielt trotz dieser Niederlage die Nerven, blieb in der Tabelle auf Tuchfühlung und hetzte nach der Winterpause zusammen mit den Bayern die Gladbacher vor sich her. Nach einem hart erkämpften 2:1 – Heimsieg gegen 1860 übernahm der FC am 21. Spieltag mit einem Punkt Vorsprung erneut die Tabellenspitze. Obwohl die Gladbacher in dieser Saison spielerisch die absolut dominierende Elf waren, träumten wir in Köln natürlich vom Meistertitel. Und der FC schien dem Druck standzuhalten. Mit der bis heute größten Siegesserie von sieben Spielen hintereinander verteidigte die Mannschaft die Tabellenführung. In allen anderen Spielzeiten hätte diese Serie dafür gereicht, um im Kampf um die Meisterschaft eine Vorentscheidung herbeizuführen. Doch die Gladbacher hielten zäh dagegen und gewannen ihrerseits jedes ihrer Spiele. Ein entfesselter Kampf um den Titel zog die Fußball-Nation in ihren Bann. Am 28. Spieltag empfing der FC in Müngersdorf Rot-Weiß Oberhausen, das als Aufsteiger hart um den Klassenerhalt kämpfen mußte. Nicht nur wegen des vorentscheidenen Charakters ging dieses Spiel in die Annalen der Kölner Vereinsgeschichte ein. Keine Frage, nach Form und Tabellenstand war ein Sieg gegen RWO Pflicht. Doch Pflichtsiege waren noch nie die Sache des 1. FC Köln. In einem äußerst verkrampften Spiel, das der FC zwar überlegen, aber keinesfalls erfolgreich gestaltete, nutzte die Elf die wenigen Torchancen, die sich ihr boten, nicht aus. Wie in allen anderen Stadien der Welt fanden die 30 000 entnervten Fans den Hauptschuldigen für die Misere in der Person des Schiedsrichters. Mit einigen einsamen Entscheidungen, in denen er keineswegs die Meinung des Kölner Anhangs teilte, begünstigte Schiedsrichter Ohmsen das brutale Spiel der Oberhausener und zog den massiven Zorn des Stadions auf sich. Immer wieder rollten die empörten „Schieber, Schieber"-Sprechchöre durch die Hauptkampfbahn. Das Kölner Spiel wurde um so zerfahrener. Wenige Minuten vor Abpfiff die Katastrophe. Ein hundsgemeiner Konter mit abseitsverdächtigem Zuspiel brachte den Oberhausenern die glückliche Führung. Die Verzweiflung auf den Rängen schlug um in blanken Haß. Mit aller Macht drückte die FC-Elf auf den Ausgleich, angefeuert von einem wutentbrannten Publikum, das diese Niederlage nicht wahrhaben wollte.

Kurz vor dem Abpfiff kam es im Oberhausener Strafraum zu tumultartigen Szenen, in deren Verlauf die Spieler des FC mehrmals aus kürzester Distanz auf das gegnerische Gehäuse abzogen, ohne den Ball im Tor versenken zu können. In diesen wenigen Sekunden glaubte das Stadion, ein gegnerisches Handspiel sowie den Ball schon über der Torlinie gesehen zu haben. Doch Schiedsrichter Ohmsen bemerkte nichts dergleichen und pfiff das Spiel statt dessen einfach ab.

Mit dieser Niederlage hatte der FC weit mehr verloren als nur dieses eine Spiel. Die Gladbacher übernahmen die Tabellenführung und gewannen damit eine wochenlange Nervenschlacht. Dies war selbst für die gemütvolle kölsche Seele zuviel. Nur wenige Sekunden nach dem Abpfiff hatten überall in der Hauptkampfbahn hunderte FC-Fans den Stadionzaun überklettert und wollten dem Schiri an den Kragen. Aus der Kurve nahe des Marathontors konnte ich beobachten, wie mehrere Männer versuchten, mit Gegenständen auf den Schiedsrichter einzuschlagen, der sich von Ordnern geschützt im letzten Moment in Sicherheit bringen konnte. Dies war aber erst der Auftakt zu einer Massenkeilerei, die sich die FC-Fans nicht nur im Stadion, sondern rund um die Hauptkampfbahn mit Ordnern und einer völlig unterbesetzten Polizeitruppe lieferten. Am Marathontor vor dem Stadion versammelten sich Tausende in aufgebrachter Lynchstimmung, die den Kopf des Schiris forderten und versuchten, das Tor zu stürmen und in die Katakomben des Stadions einzudringen. Mehrmals unternahm die Polizei den Versuch, die Menge zu zerstreuen, was ihr aber trotz Knüppeleinsatz nicht gelang. Statt dessen ließen die FC-Fans ihre Wut an dem RWO-Mannschaftsbus aus. Erst Stunden später konnte Schiedsrichter Ohmsen getarnt in einem Notarztwagen unbemerkt das Stadion verlassen.

Nach dieser bitteren Niederlage war für den FC die Meisterschaft gelaufen. Völlig von der Rolle verlor die Elf sechs Spiele hintereinander, was ebenfalls einen noch heute gültigen Vereinsrekord darstellt. Am Ende der Saison war Gladbach souverän Deutscher Meister und errang damit zum ersten Mal diesen Titel. Spätestens seit diesem Jahr wurde den meisten FC-Fans klar, daß die Gladbacher Borussia mehr war als ein Emporkömmling aus einem rheinischen Provinznest. Der Verein zeigte großen Fußball und griff jetzt nach der Macht am Rhein, die bis dato unumstritten dem FC gebührte.

Auch in den folgenden Jahren gelang es der Kölner Mannschaft nicht, das Blatt gegen den erwachten Rivalen zu wenden. Selbst drei Heimsiege in Folge gegen die Gladbacher konnten nicht verhindern, daß der Konkurrent vom Niederrhein sportlich am 1. FC Köln vorbeizog. Bis zur Saison 1977/78 machten die Gladbacher mit den Bayern die Kämpfe um den Deutschen Meistertitel unter sich aus.

Die Rivalität zwischen den beiden Vereinen aus dem Rheinland wurde auch über einen Zweikampf der besonderen Art weiter angefacht. Mit Wolfgang Overath und Günter Netzer besaßen beide Clubs eine Nummer 10 auf dem Platz, die sich einen zähen Kampf um die Position des Mittelfeld-Regisseurs in der deutschen Nationalelf lieferten. Trotz des gegenseitigen Respekts, den sich die beiden und ihr jeweiliger Anhang entgegenbrachten, gingen die Meinungen darüber, wer der bessere Mann für das deutsche Team war, weit auseinander. Beide Fußballer begeisterten über ihr raumgreifendes Spiel und die Fähigkeit, ein Spiel zu führen und zu lenken. Doch Gladbach war auch über seine internationalen Erfolge zur Boomtown des deutschen Fußballs geworden und so kam es, daß Netzer tatsächlich Wolfgang Overath kurzfristig von seinem Stammplatz in der Nationalelf verdrängen konnte. Doch bald schon erkannte Nationaltrainer Schön, daß Netzer einen entscheidenden Nachteil gegenüber Overath hatte. Netzer war genial, wenn es gut lief, aber er hatte auch die Schwächen eines Schönwetter-Spielers, wenn auf dem Spielfeld Kampf und nicht nur Klasse angesagt war.

Overath hatte über sein Temperament eine Fighter-Qualität, mit der er es immer wieder schaffte, ein ganzes Team mitzureißen. Letztendlich gaben diese Führungsfähigkeiten den Ausschlag dafür, daß er wieder die zentrale Rolle im Mittelfeld übernehmen konnte und später auch das Team zusammen mit Beckenbauer zur Weltmeisterschaft führte.

In der Saison 1972/73 gelang es dem 1. FC Köln seit sechs Jahren zum ersten Mal, die Gladbacher zumindest in der Tabelle der Bundesliga wieder hinter sich zu lassen. Doch zum Abschluß der Saison stand noch ein Spiel aus, das wie kein anderes zum Synonym für die Rivalität der beiden rheinischen Vereine wurde. Im Pokalfinale 1973 standen sich im Düsseldorfer Rheinstadion Borussia Mönchengladbach und der 1. FC Köln gegenüber. Bis heute machen die Klasse und Dramatik dieser Begegnung sie zum herausragenden Endspiel in der Geschichte dieses Wettbewerbs

An diesem knallheißen Junitag reisten wir schon am frühen Vormittag mit den ersten Sonderzügen nach Düsseldorf an. Insgesamt waren es sicherlich mehr als 25.000 Kölner, die den FC in dieser Pokalschlacht gegen den Erzrivalen unterstützen wollten. Die jugendlichen Fans beider Vereine waren sich schon damals nicht sehr wohlgesonnen und ich erinnere mich an einige Schlägereien, die unseren Weg zum Rheinstadion begleiteten. Gewalt zwischen den gegnerischen Lagern gehörte damals zu einem festen Bestandteil der Fankultur und war ein entscheidender Grund dafür, daß die gesellschaftliche Anerkennung von Fußballfans eher gegen Null tendierte. Hooligans gab es damals noch keine, hier schlug sich der gemeine Kuttenfan. Auswärtsfahrten waren früher oft ein einziges Rennen und Jagen, selbst in der Stadionkurve war man vor Angriffen nicht sicher. In diesen Auseinandersetzungen entwickelten sich natürlich auch ganz spezielle Feindschaften und die Rivalität zwischen den beiden großen Vereinen aus dem Rheinland setzte sich schon seit Jahren mit aller Härte auch auf der Straße fort.

Im Rheinstadion selbst waren die Blocks der jugendlichen Fans fein säuberlich getrennt. Die Gladbacher standen in jenem Block, in dem normalerweise der Düsseldorfer Anhang seinen Platz hat, und die Kölner direkt gegenüber auf der anderen Seite derselben Kurve. Dazwischen jede Menge Polizei. Das direkte Aufeinandertreffen dieser riesigen Fanmassen in einem Stadion erzeugte schon lange vor Beginn des Spiels eine Atmosphäre, die es nur in einem Finale mit Derby-Charakter geben kann.

Diese überhitzte Stimmung schlug sich auch sofort auf das Spiel nieder, das vom ersten Augenblick an als offene Feldschlacht geführt wurde und sich nicht mit dem sonst üblichen taktischen Abtasten des Gegners aufhielt. Schon nach zwei Minuten rutschte uns das erste Mal das Herz in die Hose, als Bernd Rupp nach einem Dribbling alleine vor dem Kölner Keeper Welz auftauchte und die Lederkugel an ihm vorbei Richtung Tor schob. Die Gladbacher rissen schon die Arme hoch, doch Bernd Cullmann setzte dem Ball hinterher und kratzte ihn mit einem immer länger werdenden Bein im letzten Augenblick von der Linie. Jetzt fightete der FC zurück, angetrieben von Overath und Flohe, und es entwickelten sich auf beiden Seiten Torchancen in Minutenabfolge. Mitte der ersten Halbzeit erwischte es uns dann doch. Hacki Wimmer zog vom Sechzehner ab und traf ins linke untere Eck.

Der FC wie auch sein Anhang ließen sich aber nicht entmutigen. Den Freudengesängen der Gladbacher schallte die unverminderte Anfeuerung der Kölner Fans entgegen. Das Spiel blieb weiterhin offen und kurz vor der Halbzeit fiel das von uns heiß ersehnte Tor. Overath legte den Ball mit der Hacke ab und Herbert Neumann drosch ihn mit einem beherzten Schuß ins Gladbacher Tor.

Nach der Halbzeit bekam das Spiel immer mehr einen gesundheitsgefährdenden Charakter für die Anhänger beider Clubs. Chance um Chance ließen die Herzkranzgefäße der Zuschauer sich zusammenziehen. In der 58. Minute passierte das Unglaubliche. Mit dem Prototyp einer Schwalbe segelt Jupp Heynckes durch den Kölner Strafraum und bekommt von Schiedsrichter Aldinger für diese Unsportlichkeit noch einen Elfer zugesprochen.

Ich wollte nicht mehr hingucken, als Heynckes sich den Ball selbst auf den Punkt legte. Ich blickte auf die gegenüberliegende Gladbachkurve in der Erwartung ihres Torjubels. Doch nicht ihre, sondern unsere rot-weißen Fahnen gingen hoch. Gerhard Welz ließ sich von Heynckes nicht verladen und fischte den flachgeschossenen Ball aus der rechten Ecke.

Mit fortschreitender Spielzeit wurden die Torszenen auf beiden Seiten immer turbulenter, auch wenn schon lange nicht mehr das hohe Tempo gegangen werden konnte. Wolfgang Overath mußte in der 71. Minute sogar das Spielfeld von Wadenkrämpfen geschüttelt verlassen. Aber auch ohne ihren wichtigsten Mann versteckten sich die Kölner nicht. Kurz vor Ende der 90 Minuten hatte Heinz Flohe das alles entscheidende Tor auf dem Fuß, doch seine Granate klatschte zu unserem Entsetzen nur an die Querlatte.

Das Spiel mußte in die Verlängerung. In deren Pause brandete auf einmal aus dem nichts Jubel in der Gladbacher Kurve auf. Ich blickte auf das Spielfeld, um zu sehen, was vor sich ging und entdeckte eine riesige Menschentraube, die auf dem Feld auf und ab lief. Mittendrin erkannte ich Günter Netzer, der sich, umgeben von Fotografen, für die Verlängerung warm lief. Wegen eines Clinchs mit Hennes Weisweiler mußte er sich bis jetzt das Spiel von der Bank anschauen. Nun wechselte er sich selber ein.

Wenige Minuten später, kurz nach dem Wiederanpfiff und mit seiner ersten Ballberührung schoß Netzer das Tor seines Lebens. Völlig ungedeckt bekam er in halblinker Position den Ball aufgelegt und mit einem knallharten Schuß, der ihm leicht über den Spann rutschte, besiegelte er die Kölner Niederlage. Auch wenn sich die FC-Elf nach diesem Tor nochmals bemühte, das Spiel herumzureißen, gelang ihr trotz mehrerer Chancen nicht mehr der Ausgleich.

Schon wieder standen wir mit leeren Händen vor einem Gladbacher Triumph. Der einzige Trost, der uns blieb, war der große Kampf unserer Mannschaft.

Seit diesem Finale vor 25 Jahren gehört es zu meinen größten Wünschen, daß der FC noch einmal die Gelegenheit zu einer Revanche in einem Pokalfinale gegen die Gladbacher bekommt. Und irgendetwas in meiner geschundenen Seele macht mich sicher, daß es diesen großen Tag geben wird.

Doch wenn von den Ursprüngen der Rivalität zwischen dem FC und den Gladbachern die Rede ist, dann darf die Meisterschaftssaison 1977/78 nicht unerwähnt bleiben. Wieder lieferten sich beide Vereine ein Fernduell der besonderen Art, das längst in die Geschichte der Liga eingegangen ist.

Am 13. Spieltag der Saison 1977/78 übernahm der FC die Tabellenführung und verteidigte sie hauchdünn bis zum großen Finale des letzten Spieltags. Nach Overaths Abschied von der Fußballbühne, der durch Weisweiler beschleunigt wurde, war nun Heinz Flohe zentrale Figur und Antreiber der Geißbock-Elf. Mit großem Geschick setzte er die Marschroute Weisweilers um, der dem Kölner Spiel vor allem größere Athletik verordnet hatte. Hinzu kam die Durchschlagskraft eines Dieter Müller. Mit insgesamt 24 Toren holte er sich am Schluß die Torjägerkanone. Hartnäckigster Verfolger waren mal wieder die Gladbacher Borussen, die zuvor dreimal hintereinander den Meistertitel gewonnen hatten. Vor dem letzten Spieltag lagen beide Vereine punktgleich auf den ersten Plätzen, doch der FC lag im Torverhältnis mit 10 Toren in Führung.

Angesichts des Umstands, daß der FC sein letztes Saisonspiel beim feststehenden Absteiger St. Pauli im Hamburger Volksparkstadion zu bestreiten hatte, zweifelte kaum jemand mehr am Titelgewinn der Kölner. 10 Tore Vorsprung waren mehr als genug. Die Gladbacher trafen im Düsseldorfer Rheinstadion auf sie Borussia aus Dortmund, die auf einem gesicherten Platz in der Tabellenmitte stand. Gladbachs einzige Hoffnung war ein derber Ausrutscher des FC.

Doch die Fußballgötter und ein Mann namens Otto Rehhagel hatten eine andere Inszenierung im Auge. Rehhagel, bis zu diesem Spiel der Trainer der Dortmunder, zeigte sich einem gemütlichen Feierabendkick zugeneigt und schickte eine Mannschaft auf den Platz, die nichts dabei fand, sich vor einem Millionenpublikum abschlachten zu lassen. Damit bei diesem fußballerischen Selbstmordversuch auch wirklich nichts schief gehen konnte, ließ Otto zudem einen Ersatzkeeper auflaufen, der in seiner Bundesligapremiere gleich den Ligarekord für die meisten kassierten Tore aufstellen durfte.

Zur Halbzeit lagen die Gladbacher in einem Spiel, in dem nur über ein zweistelliges Ergebnis die Meisterschaft zu gewinnen war, schon 5:0 in Führung. Leider ist die Pausenansprache von Rehhagel an sein Team nicht für die Nachwelt dokumentiert worden, der Erfolg war allerdings durchschlagend.

In aller Seelenruhe genoß Otto im weiteren Verlauf der 2. Halbzeit die Gladbacher Offensivkünste und war erst zufrieden, als das Dutzend voll war.

Wie die meisten FC-Fans verfolgte auch ich diesen Spieltag mit meinen Freunden am Radio. Wir waren uns des Meistertitels schon sicher, denn ein Sieg über St. Pauli stand außer Zweifel. Die frühzeitige Führung durch Heinz Flohe im Hamburger Volksparkstadion ließ uns dann auch zur feucht-fröhlichen Meisterfeier übergehen, als die Torflut im Gladbach-Spiel anrollte. Innerhalb weniger Minuten fanden wir uns in einer Zitterpartie wieder, ungläubig immer wieder nachrechnend, wie der uneinholbare Vorsprung des Torverhältnisses dahin schmolz.

Währenddessen ahnte die FC-Elf nichts von alledem. Souverän spielte sie ihren Meisterstiefel runter und ging nach der Pause mit

2:0 in Führung. Den Gladbacher Zwischenstand kannten sie nicht und der schien angesichts des sicheren Sieges auch nur noch von statistischem Wert zu sein. Bernd Cullmann erzählte nach dem Spiel, daß die Mannschaft es nach dem 2:0 ruhiger angehen lassen wollte und die Spieler es nicht verstanden, warum Weisweiler sie weiter nach vorn trieb und selbst nach dem 3:0 keine Ruhe gab.

Derweil waren die Gladbacher schon bis auf drei Tore ran und unsere Gesichter kreidebleich. Glücklicherweise versäumte es die FC-Elf nicht, die entscheidenden Tore gegen die tapferen Paulianer zu schießen. Jeder FC-Fan kann sich ausrechnen, was es für die weitere Geschichte des rheinischen Derby bedeutet hätte, wenn der FC an diesem Tag und unter diesen Umständen wieder an den Gladbachern gescheitert wäre. Doch dieses eine Mal behielt der FC die Nase in einem Herzschlagfinale gegen den Erzrivalen vorn.

Kölsch gegen Guinness - 2:0, 0:3. Der letzte internationale FC-Auftritt 1992. Fans von Celtic Glasgow, dem 1.FC Köln und St.Pauli im Q-Hof/Rhenania.

Willi Lehmann

FC St. Pauli – die Fanfreundschaft

Die Beziehung zu St. Pauli verweist auf ein großes Problem

1988 – im Jahr des Wiederaufstiegs des FC St. Pauli – war hierzulande noch wenig zu spüren von dem nahenden Boom der 90er Jahre, der den Fußball und vor allem das um sich greifende Bekennertum zur eigenen Existenz als Vereinsfan schick machte. Die Zuschauerzahlen in den Stadien stagnierten, der gemeine Fußball-Fan galt noch als Prollo, und die Fan-Kultur selbst zeichnete sich vielerorts durch einen verbissenen und mitunter auch leicht faschistoiden Habitus im Kult um den eigenen Verein aus.

Im Gegensatz hierzu eilte dem FC St. Pauli ein besonderer Ruf voraus. Wiederauferstanden aus der zwischenzeitlichen Drittklassigkeit, sorgten Mannschaft wie Fans durch ihr leidenschaftliches Auftreten für Furore im Profifußball. Das kleine Millerntor wurde bundesweit zum „Freudenhaus der Liga" erklärt, wo Fußball zwar in erster Linie gekämpft statt gespielt wurde, dafür aber mit einer Begeisterung und Fairness auf den Rängen, die auch den ödesten Kick in ein Fußballfest verwandelten. Verein, Mannschaft und Fans präsentierten sich als eine verschworene Gemeinschaft, die Zeugnis davon ablegten, daß im Fußball auch jenseits eines Multi-Millionen-Etats vieles zu bewegen ist, wenn alle Beteiligten ihr Bestes geben. St. Pauli machte sich als David unter den Goliaths auf den Weg, die Bundesliga für sich zu erobern.

Eine Ursache für die spektakuläre Entwicklung beim FC St. Pauli lag aber auch in Geschehnissen, die außerhalb des Fußballfeldes stattfanden. Die Kämpfe um die besetzten Häuser der Hafenstraße führten bei den Bewohnern des Arbeiterstadtteils St. Pauli zu einer neuen Identifikation mit dem eigenen Viertel, die weit über den alten Mythos der Reeperbahn hinausging. Viele Paulianer zeigten sich solidarisch im Widerstand gegen Luxussanierung und Wohnraumspekulanten, die ihr Viertel zugunsten einer betuchten Elite zerstören wollten.

Im Sog dieser Bewegung bekam auch die Verbundenheit der Paulianer zu ihrem Verein neuen Auftrieb. Viele, die gemeinsam für den Erhalt der Hafenstraße auf die Straße gingen, trafen sich auf der Gegengeraden am Millerntor wieder und umgekehrt. Die Piratenfahne wurde zum Symbol einer Fankultur, die die soziale Problematik nicht mehr vor den Stadiontoren ließ.

Ich selbst pflegte damals zu St. Pauli noch keine sentimentalen Gefühle. Die ausschweifenden Feierlichkeiten im Meisterjahr 1978, die die FC-Fans gemeinsam mit den Paulianern im Hamburger Volksparkstadion und bis in den frühen Morgen auf der Reeperbahn begingen, kannte ich nur vom Hörensagen. Dies lag mittlerweile auch schon 10 Jahre zurück und ich hatte keinen Gedanken daran verschwendet, daß dieses Ereignis noch mal eine aktuelle Bedeutung erlangen würde.

Auch für die Fans des FC St. Pauli war die Erinnerung an diesen Tag verblaßt. Wer will es ihnen verübeln, denn immerhin fiel die Kölner Meisterfeier mit ihrem Abstieg aus der 1. Liga zusammen und gehörte somit nicht gerade zu den glanzvollen Stunden ihrer Vereinsgeschichte.

Doch unter den FC-Fans gab es noch einige, die diesen triumphalen Tag in Hamburg nicht vergessen hatten. Schon bald machten in der Kölner Südkurve die Erzählungen von 1978 die Runde, und weil das kölsche Gemüt es so wollte, wurde bald eine Fanfreundschaft aus der Taufe gehoben. Äußerst einseitig, wie sich zunächst herausstellte. Die Anhänger des FC St. Pauli zeigten sich nicht nur überrascht von den Umarmungsversuchen der FC-Fans, sondern reagierten auch ein wenig pikiert. Die Paulianer sahen sich selbst als die „anderen" Fans, die eben nicht nur dumpf ihre Mannschaft anfeuerten, sondern sich um eine Fan-Kultur jenseits von Kommerz und sozialer wie rassistischer Ausgrenzung bemühten. Der gemeine FC-Fan zeigte sich damals von solchen Anstrengungen unbeleckt. Seine political correctness erschöpfte sich in dem kölschen Motto „Jede Jeck is anders!", die Vermischung von Fußball und Politik war nicht seine Sache. In dieser Zeit war dann auch des öfteren in den Pauli-Fanzines der Unmut über den Kölner Anhang nachzulesen, dem man vorwarf, nichts von ihrer Fan-Kultur kapiert zu haben.

Die FC-Fans störte das wenig. Sobald es der Spielplan zuließ, machten sich viele Kölner auf die Reise in die Stadien, in denen St. Pauli antrat. Nicht nur die Tatsache, daß der Pauli-Anhang auch an schlechten Tagen bedingungslos hinter seiner Mannschaft stand, faszinierte dabei die Kölner Fans, sondern vor allem die Kunst der Paulianer, sich selbst noch in der schlimmsten Niederlage feiern zu können. In diesen kleinen Fußballfesten jenseits von Sieg oder Niederlage erkannte der FC-Anhang seine Seelenverwandschaft zu den Pauli-Fans, denn als Rheinländer weiß man diese Fähigkeit des sinnentleerten Feierns überaus zu schätzen.

Doch die unverbrüchliche Treue zu dieser Fanfreundschaft rührt auch daher, daß der FC St. Pauli als Club eines Hamburger Stadtviertels für eine Kölner Sehnsucht steht, die sich in der Gestalt des 1. FC Köln niemals verwirklichen kann. Der Kölner an sich lebt in aller erster Linie über seine Verwurzelung im Veedel, erst danach kommt die Liebe zu seiner Stadt. Auch wenn der FC nur deshalb zu einer Größe im deutschen Fußball werden konnte, weil er genau diese Begrenztheit der kölschen Veedelsmentalität sprengte, so ist dies doch zugleich sein einziger Makel. Die große Kluft zwischen den Fans in Müngersdorf und der Vereinsführung im Geißbockheim ist Ausdruck dieses Dilemmas.

Mittlerweile kann die Fanfreundschaft zwischen den beiden Clubs auf eine zehnjährige Geschichte zurückschauen, die selbst durch zwei weitere Abstiege von St. Pauli nicht zu erschüttern war. Auch der Blick der Paulianer auf die FC-Fans ist ein anderer geworden. Zum einen liegt es wohl daran, daß ihre Versuche mit zwei weiteren Fanfreundschaften, zum MSV Duisburg und 1860 München, einen enttäuschenden Verlauf genommen haben, zum anderen konnte die hartnäckige Herzlichkeit der FC-Fans letztendlich nicht ihre Wirkung auf die Pauli-Fans verfehlen. Zudem hat sich über die Jahre auch einiges im FC-Anhang zum Vorteil entwickelt, was letztendlich auch als Lernprozeß innerhalb dieser Fanfreundschaft gesehen werden kann. Und nicht zuletzt haben die legendären Fan-Parties mit Guildo Horn und den Thekenschlampen das ihre dazu getan, um einander als Seelenverwandte zu erkennen.

Hannes Löhr zeigt dem kleinen Konkurrenten, wo Bartel den Most holt.

Bernd Imgrund

„Wir schweigen sie tot"

Kann ein Fortuna-Köln-Fan überhaupt ein Verhältnis zum 1. FC haben?

Glam-Rock galt schon damals als der Abstieg der Rockmusik in die Bravo-Welt. Das kann man so sehen, aber wessen musikalische Sozialisation in den frühen und mittleren 70ern über diese Schiene lief, den ließ solch pophistorische Schlaumeierei kalt. Noel Campbell sah jedenfalls aus wie Noddy Holder, der Frontmann von Slade, und so eine geistige Bogenlampe eines angehenden Teenagers kann schon mal die Liebe zu einem Verein begründen.

Noel Campbell – Ire, fussig, monströser Backenbart – spielte fast eine komplette Dekade, von 1971 bis 1979, bei Fortuna Köln, insgesamt 191 Mal, und schoß dabei 25 Tore. In der Saison 1973/74, dem einzigen Bundesligajahr der Fortuna, war er dabei, und einmal wäre er fast Trainer in der Südstadt geworden. Das war 1983, in jenem Jahr, das seinen Höhepunkt am 11. Juni hatte.

Es kam viel zusammen an diesem heißen Sommertag im Müngersdorfer Stadion zu Köln. Im 40. Pokalfinale der DFB-Geschichte trafen aufeinander: der 1. FC Köln und Fortuna Köln. Nie zuvor war das Endspiel in einem Lokalderby kulminiert, und selten waren die Karten klarer verteilt. Hier der Nobelclub aus dem schnöseligen Müngersdorf, der u.a. auf drei deutsche Meistertitel zurücksah, dort der Tabellensechste der 2. Liga aus dem Arbeitervorort Zollstock am Rande der Südstadt. No Names gegen Markenartikel wie Littbarski, Fischer und Allofs, Hemdsärmeligkeit gegen Arroganz, David gegen Goliath – man kennt das ja: »Mein Herz sagt, daß Fortuna gewinnt, denn es schlägt immer für die Schwächeren.«

Der ehemalige Kölner Journalist und »Frühschoppen«-Moderator Werner Höfer hat das damals gesagt, und wie sein Spruch einer Revision unterzogen werden mußte, als seine Nazi-Vergangenheit ans Licht kam, so ist auch jener fußballkölsche Antagonismus zwischen der Fortuna und dem FC nur die halbe Wahrheit. In Köln habe man nur die Wahl zwischen der CDU (die den FC-Vorstand seit Urzeiten dominiert) und der Monarchie des Jean »Schäng« Löring, hat ein hiesiger Journalist mal geschrieben. Das ist genauso richtig wie irrelevant, denn Fan-Tum gründet nicht auf Analyse und Logik, sondern auf Schlüsselerlebnissen verschiedenster Art. Das kann ein Foto des erwähnten Noel Campbell sein oder auch der phonetische Reiz des Namens »Oleknavicius« (Günter, 1972-75 bei Fortuna), weil der so nah an »Lolek und Bolek« liegt. Oder: Haben Sie schon einmal – bzw. dutzende Male während seiner drei Trainerperioden – Hannes Linßen von hinten gesehen? Wissen Sie, was »Knacker einfach« ist, bzw. wie abscheulich dieses im Südstadion gereichte Würstchen schmeckt? Wüßten Sie einen Grund, es dennoch jedesmal wieder zu essen?

Es gibt einen, und der heißt Trotz. Stimmt schon: Der FC spielte über die Jahre den besseren Fußball, hatte die größeren Stars, die spektakuläreren Querelen und kickt in einem Stadion, das zwar betonschüssel-häßlich, aber zumindest eines ist. Das Südstadion kommt als besserer Bolzplatz daher, rundherum offen bis auf die mickrige Tribüne, atmosphärisch die absolute Witznummer für jeden mitgereisten Auswärtsfan zwischen Meppen und Unterhaching. »Wir schweigen sie tot«, heißt es unter den Mittelständlern des Stehplatz-Mitte-Fanblocks, denen die vielzitierte »rheinische Frohnatur« in der Wiege gestorben zu sein scheint und die auch zahlenmäßig fast jedem Gastverein-Anhang unterlegen sind. Aber wenn man dann mal was sagt, so richtig in Fan-Ekstase, »Schieß doch, du Nuß«, dann, ja, hört man's bis Sülz.

Neidisch schielt der Fortuna-Freund zuweilen nach Hamburg, wo dem Traditionsclub HSV mit dem FC St. Pauli ein Lokalrivale mit echtem Underdog-Flair gegenübersteht. Das Millerntor ist ein richtiges Fußballstadion, mit richtigen Fans, die richtige Fanzines vollschreiben – so scheint es jedenfalls aus der Entfernung. In Zollstock gibt es nur eine Stadionzeitung, die heißt »Kickeriki« und sieht auch so aus: hier 'ne Tabelle, da 'ne Statistik, dann ab zur Bierreklame. Lieb- und lebloser kann man so ein Blatt nicht gestalten, dagegen wirkt selbst das »Geißbock-Echo« vom FC wie eine Perle der Fan-Presse.

Untersucht man das Konkurrenz-Verhältnis der beiden Kölner Proficlubs, führt ein Weg über jenen FC St. Pauli. Nicht nur die Südstädter nämlich würden sich von dem Verein gerne eine Schnitte abschneiden. Und deshalb reitet man beim FC seit 1978 auf einer angeblichen Fan-Freundschaft herum, die mal existierte, weil der FC damals mit einem 5 : 0 in Pauli Meister wurde, obwohl der punktgleiche Verfolger Gladbach an jenem letzten Spieltag mit 12 : 0 gegen eine Dortmunder Mannschaft gewann, die samt Trainer (Otto Torhagel nannte man ihn in der Folge) in die Oberliga versetzt gehört hätte. Heutzutage wird diese Beziehung von offizieller FC-Seite künstlich am Leben erhalten und führt zu solchen Fettnäpfchen wie in der Saison 1997/98: Anläßlich des Pauli-Gastspiels bei Fortuna forderte das FC-Info die Kölner Fans auf, zahlreich zum

Match zu erscheinen und die Hamburger abzufeiern. Der Schäng war sauer, die Tagespresse empörte, der FC entschuldigte sich.

Dennoch können solche Punktgewinne nicht darüber hinwegtäuschen, daß die Fortuna – jedenfalls bisher! – stets die zweite Geige spielte. Daß der Südstadtverein auch noch ausgerechnet acht Tage nach dem FC gegründet wurde (am 21.2.1948) und die 50-Jahre-Feierlichkeiten deshalb lediglich im Fahrwasser des FC-Jubiläums dümpelten, grenzt schon an eine historische Blutgrätsche. »Ich gehöre zu denen, die immer davon überzeugt waren – und sich entsprechend verhalten haben –, die Besseren zu sein, eben der 'Erste FC Köln«, sagt Hans-Gerd König, 30 Jahre lang Stadionsprecher in Müngersdorf. Wenn er sich da mal nicht geirrt hat...

Denn jetzt ist es ja so weit: der FC ist abgestiegen, es kommen die Tage des direkten Vergleichs. Und alles wird anders. Zugegeben, bislang konnte die Fortuna im bezahlten deutschen Fußball noch kein einziges Tor gegen die Geißböcke erzielen. Jeder weiß, wie das angesprochene Pokalfinale verlief: Fortuna war besser, der FC gewann durch ein Törchen von Littbarski. Und 1973/74, na ja: Beim Hinspiel hatten wir kein Glück (da war Overath zu gut, 0 : 2), und im Rückspiel kam auch noch das Pech hinzu, weil Heinz »Flocke« Flohe nicht zu stoppen war und allein drei Tore zum 5 : 0 beisteuerte. Aber warum mit alten Kamellen nach vertrockneten Strüüßjer werfen?

Es ist, wie es ist, un et kütt, wie et kütt: Noddy Holder ist heute ein gefragter Serienschauspieler, Noel Campbell arbeitet nach einem Zwischenspiel als Bodyguard eines irischen Bierbrauers nun auf einem Golfplatz, und Fortuna – steigt auf. Wie immer.

Er kämpft, er rackert, aber er macht den Ball nicht rein - Ion Vladoiu.

Elmar Wigand

FC – mon amour

Liebe in Zeiten des Abstiegskampfes

Im Jahre 1978 bin ich FC-Fan geworden und es gibt keinen Grund, auf diese Tatsache besonders stolz zu sein. Heute scheint es mir ein Zeichen von Charakterschwäche zu sein, sich ausgerechnet mit der Mannschaft zu verbändeln, die gleichzeitig Meisterschaft und Pokal gewinnt.

Damals war ich 9 Jahre alt – eine Zeit, in der ich noch blind war für die taktische Finesse eines Hennes Weisweiler, die Dribblings eines Karl-Heinz Flohe oder die Vollstreckerqualitäten des Dieter

Müller. Seien wir ehrlich. Hauptsächlich ging es darum, am nächsten Montag in der Schule anzugeben und klugzuscheißen, bis sich auch das letzte Mädchen auf die andere Seite des Schulhofs zum Gummitwist verzogen hatte. Jungen können echt blöd sein. Doch es gab auch andere 9jährige, Thorsten Mense etwa, Sohn eines ortsansässigen Friseurs, Zeit seiner Kindheit schwer gestraft durch Mittelscheitel, Kassengestell und Übergewicht. Ich konnte ihn nicht leiden – heute denke ich mit Respekt an ihn zurück. Er war Eintracht Braunschweig-Fan, verleugnete seine Liebe bei keiner unserer montäglichen Schlaubergerrunden und trug sein blau-gelbes Eintracht-Trikot erhobenen Hauptes im Sportunterricht, obwohl sich die Jägermeistertruppe von Saisonbeginn an am Tabellenende eingenistet hatte wie ein fetter Hamster in seinem Bau. Spott, Hohn und Gelächter – was muß er durchgemacht haben, der dicke Thorsten, und wieviel menschliche Größe hat er doch bewiesen in jener Saison. An ihn muß ich denken, wenn ich heute diese charakterlose Brut mit ihren Bayern- und Dortmund-Trikots durch Kölns Grünanlagen wetzen sehe.

Großgeworden bin ich in Ahlen, einer kleinen Bergarbeiterstadt zwischen Hamm und Bielefeld – geografisch gesehen mitten in Westfalen, ethnologisch der nordöstlichste Ausläufer des Ruhrgebietes. Hier ist man entweder Schalke- oder Dortmund-Fan. Ich jedoch bin in Köln geboren und der historische 78er Doppelpack traf just in die Zeit, als ich begann, mir auf meine biografische Besonderheit etwas einzubilden.

Ich hatte selten die Gelegenheit, den FC live zu bewundern. Wie alle Fans in der Diaspora habe ich WDR2 „Sport und Musik" gehört, Kurt Brumme, Werner Hansch, die Sportschau, sämtliche Europacupspiele im Fersehen. Damals existierte nur die Frage, wann der FC aus dem europäischen Wettbewerb fliegen würde, nicht, ob er jemals wieder hineinkäme, wie heute. Wie gern erinnere ich mich in schlechten Tagen an jenen unfaßbaren 4: 0 Auswärtssieg beim FC Barcelona, mit dem wir die hochbezahlte katalanische Startruppe vor eigenem Publikum demütigten und eine vorausgegangene 0:1 Heimniederlage vergessen machten.

Bald schon war mir klar, daß das blöde Image der „launischen rheinischen Diva“ nicht von ungefähr über meinen Verein kam, daß der Höhenflug 1978 doch eher ein Ausrutscher war. Sie hatte alles, sie hatte Klasse, eine Equipe mit Geschichte, ihr Rot – seit jeher meine Lieblingsfarbe – und Hennes, den Süßen, mit seinem bestickten Leibchen am Spielfeldrand. Sie hat geniale Spieler hervorgebracht, konnte brilliant auftrumpfen, ja zaubern, doch in den entscheidenen Momenten, da hat sie versagt, ist kläglich und unerklärlich eingeknickt wie eine nervenschwache Gymnasiastin, die bei der Jahresabschlußaufführung ihrer Theater-AG im Schlußmonolog zu stottern beginnt und in Tränen ausbricht.

Ja wenn sie wenigstens geweint hätten, unsere hochbezahlten Stars, doch meist steckten sie ihre katastrophalen Pleiten mit einem nonchalanten „Dumm gelaufen“ weg, das nicht mal mehr wütend machte, sondern nur tief erschütterte.

Ich war nicht oft im Müngersdorfer Stadion. Mein Großvater lud mich einige Male ein, doch auch nachdem ich von Ahlen nach Köln gezogen war, machte ich mich rar in der Betonschüssel an der Aachener Straße.

Vielleicht bin es nicht wert, Fan genannt zu werden, wahrscheinlich blicken die auf mich herab, die, egal was passiert, mit ihren aufnäherbepflasterten Kutten in der Südkurve stehen, und was sollen die von mir denken, die kein Auswärtsspiel auslassen. Vielleicht bin ich eher ein Liebhaber denn ein Fanatiker. Als die Preise dort noch erschwinglich waren, habe ich es geliebt, in der Mittelgeraden zu stehen, wo die kölschen Öppis gemütlich ihr Bockwürstchen verdrückten und genüßlich fachsimpelten. Hier brüllte keine Horde Übergeschnappter „Sieg“, auch wenn die drohende Niederlage erkennbar war für alle, die Augen hatten. Hier wußte man die Stärken und Schwächen des eigenen Teams noch einzuschätzen.

Die idiotische Preispolitik des Vereins, die mit der Versitzplatzung des Stadions einherging, hat mich in die Südkurve verdrängt. Glücklicherweise sind viele hierher gefolgt. Der Rest des Stadions ist gähnend leer, wir stehen dichtgedrängt in diesem Affenkasten. Die Sicht ist beschissen, aber was soll´s. Dann lachen wir uns halt in der Südkurve kaputt über Torchancen, die so planlos verschenkt werden wie die Häßler-Millionen unter dem Regime von Lattek und Artzinger-Bolten. Dann staunen wir eben hier über das magische FC-Dreieck der Saison 1996/97 bestehend aus Rico Steinmann, Martin Braun und Thomas Zdebel, in dem der Ball auf mysteriösere Weise verschwindet als eine Luxusyacht bei Bermuda.

Überhaupt Rico Steinmann. Was haben wir über ihn gelacht, diesen Trainingsweltmeister, der zu uns gekommen war, hochgelobt als das Mega-Fußballerschnäppchen im Schlußverkauf der untergegengenen DDR, und der stets mit einer Grandezza über den Platz stolzierte, als wollte er gleichzeitg Dr. Rainer Klimke und seinen Hengst Ahlerich verkörpern. Er versiebte mit Sicherheit jede Chance. Wenn er denn mal traf, war es ein schlechtes Omen. Dann ging das Spiel meist verloren. Vielleicht war der Junge einfach nur sensibel, zu gut für diese böse Welt, womöglich hat er wegen uns die Flatter gekriegt. Es muß ein beschissenenes Gefühl sein, wenn du an den Ball kommst und sich ein böses Raunen aus dem Stadion erhebt. „Bitte spiel den Ball nicht zu Rico." „Mist, doch zu Rico." „Aaah, daneben! War klar." Und irgendwie habe ich Rico auch gemocht, weil er mich mit wildfremden Menschen vereint hat im sarkastischen Lachen, weil er stets Gradmesser war für eine gesunde, selbstironische Distanz zum eigenen Verein.

Immer wenn ich im Stadion war, hat der FC gewonnen. Das ist der wahre Grund, warum ich mich in Müngersdorf so rar gemacht habe. Zunächst fiel es mir nicht weiter auf. Als ich meine wundersame Eigenschaft schließlich erkannte, wollte ich sie nicht leichtfertig aufs Spiel setzen.

Es war keineswegs so, daß ich nur zu kommen brauchte, und schon würde der FC gewinnen, nein, dann hätte ich den Club mit Leichtigkeit zur Meisterschaft befördert. Meine Fähigkeit bestand vielmehr darin, zu wissen, wann ein FC-Sieg im Bereich des Möglichen liegen würde, und ich meine nicht im Bereich des sportlich Möglichen, sondern auf einer spirituellen, metaphysischen Ebene. Sportlich gesehen wäre ein Sieg 1996 im DFB-Halbfinale gegen

Wolfsburg durchaus im Bereich des Möglichen gewesen, wer sich jedoch in die Seelenlage unserer Diva hineinversetzen konnte, mußte ahnen, daß dieser Abend übel enden würde.

So ging ich nur nach eingehender innerer Prüfung ins Stadion, beseelt von der Vorstellung, daß ich dem Fußballglück den letzten Schubser zu unseren Gunsten verpassen würde, wenn ich reinen Gewissens, festen Glaubens und frohen Mutes die Linie 1 Richtung Müngersdorf bestieg. Und es war keineswegs so, daß ich aus Feigheit ferngeblieben wäre. Im Schicksalsjahr 1992/93, als an den Wänden der Außenbezirke unserer Stadt flehende Graffitis „Rettet den FC“ wie dräuende Mentekel des bevorstehenden Unterganges erschienen, war ich beispielsweise beim wichtigen 2:0 gegen Karlsruhe zugegen.

Doch dann, Ende der Saison 1996/97, als meine Freunde mich schon „Hennes“ zu nennen begannen ob meiner glücksbringenden Fähigkeiten, mich gar anflehten, wieder die Südkurve zu beehren, machte ich einen schweren Fehler.

Ich hatte mich zu Karneval verliebt, glücklich, wie es zunächst schien. Es war ein großartiger Fasteleer im Jahre 97, orgiastisch und durchgedreht. Mein Till-Eulenspiegel-Kostüm erlaubte mir jedwede verbale Freizügigkeit; Kinder und Narren sprechen die Wahrheit. Beim Geisterzug trommelte ich mich fast um den Verstand und nach der Nubbelverbrennung verlor ich mein Herz.

Ich war im Aufwind, ganz Köln schien aufzublühen. Klar war ich am nächsten Samstag gegen Düsseldorf dabei. Denen wollten wir zeigen, was rheinischer Frohsinn war. Irgendwie muß die Woge der Begeisterung auch unsere belgischen Millionäre auf dem Rasen erfaßt haben.

2:0. Ein souveräner Sieg, auf den Rängen eine Riesenparty. Kölle alaaf!

Auch in der Liebe war alles zum Besten bestellt. Sie hatte zwar hier und da einen anderen erwähnt, doch das sei am Abklingen... Ich glaubte ihr gerne, zumal mein Nebenbuhler Nino hieß, was mich instiktiv an Rico erinnerte, einen geborenen Verlierer eben.

Es kam der nächste Spieltag, und ohne mir darüber klar zu sein, hatte ich längst mein Glück in der Liebe mit dem Abschneiden des FC in der laufenden Saison verknüpft. Der Tag war ein Fiasko, besser wäre ich von Freitag bis Sonntag im Bett geblieben. Die vergangenen Jahre hatte der FC als Gast bei 1860 München stets mit 1:2 verloren, sechsmal in Folge. Ich hatte an jenem Samstag einen Auftritt mit meiner Band, zu dem Elke, meine neue Liebe, kommen wollte. Sie kam nicht. Ich stierte das ganze Konzert über ins Publikum wie ein hirnerweichtes Galloway, in der Hoffnung sie noch zu entdecken, doch Madame zog es vor, bei Nino zu nächtigen.

Der FC verlor ein siebtes Mal mit 1:2 gegen 18 Mark 60 und an Peter Neururers Stelle hätte ich Michael Kostner, unserem Libero, befohlen, den Ball noch zum 1:3 ins eigene Netz zu hämmern, auf daß wenigstens diese unwürdige Serie ihr Ende fände.

Auf dem Feld der Liebe hätte ich besser ebenso gehandelt, stattdessen verstrickte ich mich in eine hoffnungslose Dreiecksgeschichte, die mich im Laufe der folgenden Wochen völlig aufzufressen begann. Ein happy end mit mir und Elke war ebenso wahrscheinlich wie das Erreichen eines UEFA-Cup-Platzes mit Schwachmaten wie Rico oder Stefan Kohn, aber rein theoretisch noch ohne weiteres möglich.

Am 22.3.1997 sollte der FC St. Pauli unser Gast sein und ich schreibe nicht nur Gast, ich meine es auch. Seit dem letzten Spieltag 1978, als die Hamburger uns ein 5:0 und somit die Meisterschaft schenkten, besteht eine unzerbrechliche Freundschaft zwischen den Fans beider Teams. Auf Geschenke indes war diesmal nicht zu hoffen. St. Pauli kämpfte gegen den Abstieg, sie spielten verdammt schlecht in dieser Saison. Der FC mußte heute gewinnen. Jetzt oder nie! Ich setzte alles auf eine Karte und bettelte meiner Karnevalsliebe ein Rendezvous nach dem Match ab, wobei ich sämtliche Überredungskünste einsetzte und meine persönliche Schmerzgrenze, die Grenze zum peinlichen Herumgejammer mehr als einmal überschritt. Soweit war es gekommen mit mir.

Dann fuhr ich ins Stadion...

Reinen Gewissens, festen Glaubens und frohen Mutes? Nein. Tief im Inneren wußte ich, daß dieses hier kein gutes Ende nehmen würde, doch ich hatte den Kontakt zu meiner inneren Stimme längst verloren, sie für alle Fälle noch mit drei Dosen Kölsch betäubt.

Das Wetter war herrlich, die Fankurven ausverkauft. Eine großartige Stimmung, doch der FC spielte, als wollte er mich loswerden, als sei mein Besuch im Stadion ihm lästig geworden. Kopflos, planlos, unmotiviert – wie ein Strafbatallion im Minenfeld stocherten sie herum, ließen sich von den nicht minder uninspiriert, dafür aber beherzt kämpfenden Hamburgern die Spielweise diktieren und kassierten Mitte der ersten Halbzeit das 0 : 1. Das machte die Lage nicht besser, zumal der FC in dieser Saison einen Rückstand bislang nie in einen Sieg ummünzen konnte. Wenn mein Rendezvous am Abend so verlaufen würde wie dieses Match, dann gute Nacht, Marie. Psychogespräche, Eifersucht, Tränen und Trennung. Doch noch steckte ich nicht auf, gab Durchhalteparolen aus an meine Getreuen, schließlich war ich selbst, dessen Anwesenheit fast gleichbedeutend war mit einem Sieg, ja im Stadion.

Beide Mannschaften schienen sich nun auf das häßliche altenglische Kick-and-rush-System verständigt zu haben. Den Ball blind nach vorne ballern und beten. Das war nie unsere Art zu spielen gewesen, doch zumindest gab das Team sich nun Mühe, versuchte kämpferisch dagegenzuhalten. Und tatsächlich flattert das Leder plötzlich in den Fünfmeterraum, nimmt Kurs auf die Halbglatze von Ion Vladoiu, der dort am linken Torpfosten freisteht. Ich brüllte wie von Sinnen: „Jetzt, Ion, jetzt oder nie!“ Doch was macht Vladoiu? Anstatt das Dingen einfach nur einzunicken, versucht er eine Ballannahme, versucht zu zaubern, als sei er ein Romario, kommt dabei in Rückenlage und säbelt unbeholfen, ja slapstickartig über den Ball. Vertan ist die größte Chance des Spiels. Die Schlüsselszene. Das war`s dann. Wer sowas nicht reinmacht, der darf nicht gewinnen. Noch Minuten später stehen wir da und zucken mit dem Kopf nach vorne wie geisteskrank, weil wir die Szene wieder und wieder durchleben. Den Ball einfach nur einnicken, Ion, es ist doch so einfach.

Das St.-Pauli-Tor war vernagelt für den Rest des Spiels, zudem wendete sich die Stimmung im Stadion. Die Fans des 1. FC Köln begannen, den FC St. Pauli anzufeuern, was ein komisches Gefühl gewesen sein muß für unsere Spieler, wenn sie es überhaupt bemerkten in ihrer fußballerischen Umnachtung. Mein Voodoo – meine glücksbringende Kraft – war erloschen.

Als ich nach Hause kam, hatte ich zwei Nachrichten auf meinem Anrufbeantworter:

Nr. 1: „Hallo Elmar, hier ist Elke. Ich kann leider nicht pünktlich kommen heute, es wird wohl zwei Stunden später werden..."

Nr. 2: „Ich bin´s nochmal, Elke. Tut mir leid, ich kann heute überhaupt nicht kommen, wir können ja nochmal telefonieren, irgendwann..."

Ene mene mu, und raus bist Du. So kann's gehen. Pech im Spiel, Pech in der Liebe. Doch einen Vorteil hatte das ganze Drama: Die Strähne war gerissen – jetzt war alles egal. Für die nächste Saison konnte ich mir endlich eine Dauerkarte kaufen.

Als der FC dann mit seinem 4:0 gegen Bayer Leverkusen am vorletzten Spieltag die Meisterschaft entschied, beschloß ich, die Saison 1996/97 als durch und durch erfolgreich abzuhaken.

Alles, nur bitte nicht diese Pillenkicker als Deutscher Meister!

Saison 1963/64

		S	U	N	Tore	Punkte
1.	**1.FC Köln**	**17**	**11**	**2**	**78-40**	**45:15**
2.	Meidericher SV	13	13	4	60-36	39:21
3.	Eintr. Frankfurt	16	7	7	65-41	39:21
4.	Bor. Dortmund	14	5	11	73-57	33:27
5.	VfB Stuttgart	13	7	10	48-40	33:27
6.	Hamburger SV	11	10	9	69-60	32:28
7.	1860 München	11	9	10	66-50	31:29
8.	FC Schalke 04	12	5	13	51-53	29:31
9.	1.FC Nürnberg	11	7	12	45-56	29:31
10.	Werder Bremen	10	8	12	53-62	28:32
11.	Eintr. Braunschweig	11	6	13	36-49	28:32
12.	1. FC K'lautern	10	6	14	48-69	26:34
13.	Karlsruher SC	8	8	14	42-55	24:36
14.	Hertha BSC	9	6	15	45-65	24:36
15.	Preußen Münster	7	9	14	34-52	23:37
16.	1.FC Saarbrücken	6	5	19	44-72	17:43

Spieler: (Einsätze/Tore): Benthaus (27/1), Ewert (26/0), Hemmersbach (17/0), Hornig (24/7), Chr. Müller (22/15), Overath (30/9), Pott (27/1), Regh (29/0), Ripkens (1/0), Schäfer (22/12), H. Sturm (30/13), T. Schumacher (4/0), Thielen (25/16), W. Weber (17/3), Wilden (29/1)
Trainer: Georg Knöpfle

Pokalspiele:

Runde 1:	1.FC-Köln-1.FC Nürnberg 3:2 n.V.
Runde 2:	1.FC Köln-Hannover 96 3:0 n.V.
Viertelfinale:	Hertha BSC Berlin-1.FC Köln 4:2

Internationale Spiele:	Messecup 63/64:
Gruppe 1:	1.FC Köln-La Gantoise Gent 3:1
	La Gantoise Gent-1.FC Köln 1:1
	1.FC Köln-Sheffield Wednesday 3:2
	Sheffield Wednesday-1.FC Köln 1:2
Viertelfinale:	AS Rom-1.FC Köln 3:1
	1.FC Köln-AS Rom 4:0
Halbfinale:	CF Valencia-1.FC Köln 4:1
	1.FC Köln-CF Valencia 2:0

Saison 1964/65

		S	U	N	Tore	Punkte
1.	Werder Bremen	15	11	4	54-29	41:19
2.	**1.FC Köln**	**14**	**10**	**6**	**66-45**	**38:22**
3.	Bor. Dortmund	15	6	9	67-48	36:24
4.	1860 München	14	7	9	70-50	35:25
5.	Hannover 96	13	7	10	48-42	33:27
6.	1.FC Nürnberg	11	10	9	44-38	32:28
7.	Meidericher SV	12	8	10	46-48	32:28
8.	Eintr. Frankfurt	11	7	12	50-58	29:31
9.	Eintr. Braunschweig	10	8	12	42-47	28:32
10.	Bor. Neunkirchen	9	9	12	44-48	27:33
11.	Hamburger SV	11	5	14	46-56	27:33
12.	VfB Stuttgart	9	8	13	46-50	26:34
13.	1. FC K'lautern	11	3	16	41-53	25:35
14.	Hertha BSC	7	11	12	40-62	25:35
15.	Karlsruher SC	9	6	15	47-62	24:36
16.	FC Schalke 04	7	8	15	45-60	22:38

Spieler: (Einsätze/Tore): Benthaus (11/1), Ewert (7/0), Hemmersbach (20/0), Hornig (25/6), Löhr (17/5), Chr. Müller (24/19), Overath (27/9), Pott (21/0), Regh (28/0), Rumor (12/0), Schäfer (17/8), T. Schumacher (23/0), H. Sturm (26/1), Thielen (22/12), W. Weber (23/3), Wilden (22/0), Zeze (5/1)
Trainer: Georg Knöpfle

Pokalspiele:
Runde 1: 1.FC Nürnberg-1.FC Köln 2:0

Internationale Spiele: Landesmeister 64/65:
Runde 1: Partizan Tirana-1.FC Köln 0:0
1.FC Köln-Partizan Tirana 2:0
Runde 2: Panathinaikos Athen-1.FC Köln 1:1
1.FC Köln-Panathinaikos Athen 2:1
Viertelfinale: 1.FC Köln-FC Liverpool 0:0
FC Liverpool-1.FC Köln 0:0
Entscheidungsspiel: FC Liverpool-1.FC Köln 2:2 (Spiel in Rotterdam)
Lossieger: FC Liverpool

Saison 1965/66

		S	U	N	Tore	Punkte
1.	1860 München	20	10	4	80-40	50:18
2.	Bor. Dortmund	19	9	6	70-36	47:21
3.	Bayern München	20	7	7	71-38	47:27
4.	Werder Bremen	21	3	10	76-40	45:23
5.	**1.FC Köln**	**19**	**6**	**9**	**74-41**	**44:24**
6.	1.FC Nürnberg	14	11	9	54-43	39:29
7.	Eintr. Frankfurt	16	6	12	64-46	38:30
8.	Meidericher SV	14	8	12	70-48	36:32
9.	Hamburger SV	13	8	13	64-52	34:34
10.	Eintr. Braunschweig	11	12	11	49-49	34:34
11.	VfB Stuttgart	13	6	15	42-48	32:36
12.	Hannover 96	11	8	15	59-57	30:38
13.	Bor. M´gladbach	9	11	14	57-68	29:39
14.	FC Schalke 04	10	7	17	33-55	27:41
15.	1. FC K´lautern	8	10	16	42-65	26:42
16.	Karlsruher SC	9	6	19	35-71	24:44
17.	Bor. Neunkirchen	9	4	21	32-82	22:46
18.	Tasmania Berlin	2	4	28	15-108	8:60

Spieler: (Einsätze/Tore): Bönnen (5/1), Cebinac (3/1), Ewert (12/0), Hemmersbach (31/0), Hornig (21/6), Kleinholz (3/1), Krauthausen (11/4), Löhr (33/18), Chr. Müller (23/12), Fr. P. Neumann (7/4), Overath (30/3), Pott (33/3), Rausch (3/0), Regh (14/2), Rumor (6/1), T. Schumacher (22/0), Sörensen (13/1), H. Sturm (31/3), Thielen (29/11), W. Weber (32/1), Wilden (12/0)
Trainer: Georg Knöpfle

Pokalspiele:

Runde 1:	1.FC Köln-Tasmania Berlin 1:1 n.V.
Wiederholungsspiel:	Tasmania Berlin-1.FC Köln 0:2
Runde 2:	Bayern München-1.FC Köln 2:0

Internationale Spiele:	Messecup 65/66:
Runde 1:	Union Sportive Luxemburg-1.FC Köln 0:4
	1.FC Köln-Union Sportive Luxemburg 13:0
Runde 2:	Aris Saloniki-1.FC Köln 2:1
	1.FC Köln-Aris Saloniki 2:0
Runde 3:	1.FC Köln-Ujpest Dozsa Budapest 3:2
	Ujpest Dozsa Budapest-1.FC Köln 4:0

Saison 1966/67

		S	U	N	Tore	Punkte
1.	Eintr. Braunschweig	17	9	8	49-27	43:25
2.	1860 München	17	7	10	60-47	41:27
3.	Bor. Dortmund	15	9	10	70-41	39:29
4.	Eintr. Frankfurt	15	9	10	66-49	39:29
5.	1. FC K'lautern	13	12	9	43-42	38:30
6.	Bayern München	16	5	13	62-47	37:31
7.	**1.FC Köln**	**14**	**9**	**11**	**48-48**	**37:31**
8.	Bor. M'gladbach	12	10	12	70-49	34:34
9.	Hannover 96	13	8	13	40-46	34:34
10.	1.FC Nürnberg	12	10	12	43-50	34:34
11.	MSV Duisburg	10	13	11	40-42	33:35
12.	VfB Stuttgart	10	13	11	48-54	33:35
13.	Karlsruher SC	11	9	14	54-62	31:37
14.	Hamburger SV	10	10	14	37-53	30:38
15.	FC Schalke 04	12	6	16	37-63	30:38
16.	Werder Bremen	10	9	15	49-56	29:39
17.	Fort. Düsseldorf	9	7	18	44-66	25:43
18.	Rot-Weiß Essen	6	13	15	35-53	25:43

Spieler: (Einsätze/Tore): Flohe (18/2), Hemmersbach (31/3), Hornig (26/4), Jendrossek (19/5), Löhr (32/13), Magnusson (20/4), Fr. P. Neumann (2/1), Overath (33/6), Pott (21/2), Rausch (22/1), Regh (15/1), Rumor (23/0), Soskic (34/0), Struth (11/2), H. Sturm (26/0), Thielen (16/2), W. Weber (25/1)
Trainer: Willi Multhaup

Pokalspiele:

Runde 1:	Borussia Dortmund-1.FC Köln 2:2 n.V.
Wiederholungsspiel:	1.FC Köln-Borussia Dortmund 1:0
Runde 2:	1.FC Köln-Hamburger SV 0:0 n.V.
Wiederholungsspiel:	Hamburger SV-1.FC Köln 2:0

Saison 1967/68

		S	U	N	Tore	Punkte
1.	1.FC Nürnberg	19	9	6	71-37	47:21
2.	Werder Bremen	18	8	8	68-51	44:24
3.	Bor. M'gladbach	15	12	7	77-45	42:26
4.	**1.FC Köln**	**17**	**4**	**13**	**68-52**	**38:30**
5.	Bayern München	16	6	12	68-58	38:30
6.	Eintr. Frankfurt	15	8	11	58-51	38:30
7.	MSV Duisburg	13	10	11	69-58	36:32
8.	VfB Stuttgart	14	7	13	65-54	35:33
9.	Eintr. Braunschweig	15	5	14	37-39	35:33
10.	Hannover 96	12	10	12	48-52	34:34
11.	Alem. Aachen	13	8	13	52-66	34:34
12.	1860 München	11	11	12	55-39	33:35
13.	Hamburger SV	11	11	12	51-54	33:35
14.	Bor. Dortmund	12	7	15	60-59	31:37
15.	FC Schalke 04	11	8	15	42-48	30:38
16.	1. FC K'lautern	8	12	14	39-67	28:40
17.	Bor. Neunkirchen	7	5	22	33-93	19:49
18.	Karlsruher SC	6	5	23	32-70	17:51

Spieler: (Einsätze/Tore): Alger (1/0), Bergfelder (1/0), Flohe (17/5), Hemmersbach (33/1), Hermes (1/0), Hornig (28/1), Jendrossek (15/3), Löhr (34/27), Mürdter (2/0), Overath (29/9), Pott (25/1), Rausch (22/0), Regh (14/0), Roder (11/0), Rühl (28/13), Rumor (15/0), T. Schumacher (9/0), Simmet (31/3), Soskic (25/0), Thielen (20/3), W. Weber (31/2)
Trainer: Willi Multhaup

Pokalspiele:

Runde 1:	FC Homburg-1. FC Köln 1:4
Runde 2:	1.FC Köln-Eintracht Frankfurt 1:1 n.V.
Wiederholungsspiel:	Eintracht Frankfurt-1.FC Köln 0:1
Viertelfinale:	Eintracht Braunschweig-1.FC Köln 1:1 n.V.
Wiederholungsspiel:	1.FC Köln-Eintracht Braunschweig 2:1
Halbfinale:	1.FC Köln-Borussia Dortmund 3:0
Finale:	1.FC Köln-VfL Bochum 4:1

Internationale Spiele:	Messecup 67/68:
Runde 1:	1.FC Köln-Slavia Prag 2:0
	Slavia Prag-1.FC Köln 2:2
Runde 2:	Glasgow Rangers-1.FC Köln 3:0
	1.FC Köln-Glasgow Rangers 3:1 n.V.

Saison 1968/69

		S	U	N	Tore	Punkte
1.	Bayern München	18	10	6	61-31	46:22
2.	Alem. Aachen	16	6	12	57-51	38:30
3.	Bor. M'gladbach	13	11	10	61-46	37:31
4.	Eintr. Braunschweig	13	11	10	46-43	37:31
5.	VfB Stuttgart	14	8	12	60-54	36:32
6.	Hamburger SV	13	10	11	55-55	36:32
7.	FC Schalke 04	14	7	13	45-40	35:33
8.	Eintr. Frankfurt	13	8	13	46-43	34:34
9.	Werder Bremen	14	6	14	59-59	34:34
10.	1860 München	15	4	15	44-59	34:34
11.	Hannover 96	9	14	11	47-45	32:36
12.	MSV Duisburg	8	16	10	33-37	32:36
13.	**1.FC Köln**	**13**	**6**	**15**	**47-56**	**32:36**
14.	Hertha BSC	12	8	14	31-39	32:36
15.	1. FC K'lautern	12	6	16	45-47	30:38
16.	Bor. Dortmund	11	8	15	49-54	30:38
17.	1.FC Nürnberg	9	11	14	45-55	29:39
18.	Kick. Offenbach	10	8	16	42-59	28:40

Spieler: (Einsätze/Tore): Birkholzer (12/0), Biskup (32/6), Blusch (25/0), Bründl (13/1), Flohe (14/2), Hemmersbach (22/0), Hermes (11/1), Heyeres (21/0), Hornig (32/6), Jendrossek (19/3), Löhr (20/7), Overath (34/6), Pott (24/0), Rühl (30/14), Simmet (34/0), Soskic (2/0), Thielen (29/1), W. Weber (28/0)
Trainer: Hans Merkle

Pokalspiele:
Runde 1: VfB Stuttgart-1.FC Köln 1:0

Internationale Spiele: Pokalsieger 68/69:
Runde 1: Girondins Bordeaux-1.FC Köln 2:1
1.FC Köln-Girondins Bordeaux 3:0
Runde 2: ADO Den Haag-1.FC Köln 0:1
1.FC Köln-ADO Den Haag 3:0
Viertelfinale: 1.FC Köln-Randers Freja 2:1
Randers Freja-1.FC Köln 0:3
Halbfinale: 1.FC Köln-FC Barcelona 2:2
FC Barcelona-1.FC Köln 4:1

Saison 1969/70

		S	U	N	Tore	Punkte
1.	Bor. M'gladbach	23	5	6	71-29	51:17
2.	Bayern München	21	5	8	88-37	47:21
3.	Hertha BSC	20	5	9	67-41	45:23
4.	**1.FC Köln**	**20**	**3**	**11**	**83-38**	**43:25**
5.	Bor. Dortmund	14	8	12	60-67	36:32
6.	Hamburger SV	12	11	11	57-54	35:33
7.	VfB Stuttgart	14	7	13	59-62	35:33
8.	Eintr. Frankfurt	12	10	12	54-54	34:34
9.	FC Schalke 04	11	12	11	43-54	34:34
10.	1. FC K'lautern	10	12	12	44-55	32:36
11.	Werder Bremen	10	11	13	38-47	31:37
12.	Rot-Weiß Essen	8	15	11	41-54	31:37
13.	Hannover 96	11	8	15	49-61	30:38
14.	RW Oberhausen	11	7	16	50-62	29:39
15.	MSV Duisburg	9	11	14	35-48	29:39
16.	Eintr. Braunschweig	9	10	15	40-49	28:40
17.	1860 München	9	7	18	41-56	25:43
18.	Alem. Aachen	5	7	22	31-83	17:51

Spieler: (Einsätze/Tore): Biskup (33/1), Blusch (19/3), Flohe (23/4), Goldau (1/0), Hemmersbach (34/6), Hermes (8/0), Hornig (20/3), Löhr (32/19), Manglitz (34/0), Overath (29/12), Riemann (8/0), Rühl (27/8), Rupp (34/15), Simmet (31/6), Thelen (14/3), Thielen (24/2), W. Weber (29/1)
Trainer: Hans Merkle

Pokalspiele:

Runde 1:	Rot-Weiß Essen-1.FC Köln 3:3 n.V.
Wiederholungsspiel:	1.FC Köln-Rot-Weiß Essen 5:1
Runde 2:	1.FC Köln-MSV Duisburg 6:1
Viertelfinale:	Bor. Mönchengladbach-1.FC Köln 2:3 n.V.
Halbfinale:	Alemannia Aachen-1.FC Köln 0:4
Finale:	Kickers Offenbach-1.FC Köln 2:1

Saison 1970/71

		S	U	N	Tore	Punkte
1.	Bor. M'gladbach	20	10	4	77-35	50:18
2.	Bayern München	19	10	5	74-36	48:20
3.	Hertha BSC	16	9	9	61-43	41:27
4.	Eintr. Braunschweig	16	7	11	52-40	39:29
5.	Hamburger SV	13	11	10	54-63	37:31
6.	FC Schalke 04	15	6	13	44-40	36:32
7.	MSV Duisburg	12	11	11	43-47	35:33
8.	1. FC K'lautern	15	4	15	54-57	34:34
9.	Hannover 96	12	9	13	53-49	33:35
10.	Werder Bremen	11	11	12	41-40	33:35
11.	**1.FC Köln**	**11**	**11**	**12**	**46-56**	**33:35**
12.	VfB Stuttgart	11	8	15	49-49	30:38
13.	Bor. Dortmund	10	9	15	54-60	29:39
14.	Arm. Bielefeld	12	5	17	34-53	29:39
15.	Eintr. Frankfurt	11	6	17	39-56	28:40
16.	RW Oberhausen	9	9	16	54-69	27:41
17.	Kick. Offenbach	9	9	16	49-65	27:41
18.	Rot-Weiß Essen	7	9	18	48-68	23:45

Spieler: (Einsätze/Tore): Biskup (27/2), Classen (3/0), Cullmann (19/1), Flohe (32/3), Hemmersbach (33/2), John (1/0), Kapellmann (27/1), Kowalski (9/0), Lex (6/0), Löhr (24/8), Manglitz (31/0), Overath (26/4), Parits (29/5), Rupp (30/14), Simmet (34/1), Soskic (4/0), Thielen (29/4), W. Weber (33/1)
Trainer: Ernst Ocwirk

Pokalspiele:

Runde 1:	SSV Reutlingen-1.FC Köln 2:5
Runde 2:	Eintracht Frankfurt-1.FC Köln 1:4
Viertelfinale	1.FC Köln-Hamburger SV 2:0
Halbfinale:	FC Schalke 04-1.FC Köln 2:3
Finale:	Bayern München-1.FC Köln 2:1 n.V.

Internationale Spiele:	Messecup 70/71:
Runde 1:	Köln-Racing Paris Sedan 5:1
	Racing Paris Sedan-Köln 1:0
Runde 2:	AC Florenz-Köln 1:2 / Köln-AC Florenz 1:0
Runde 3:	Spartak Trnava-Köln 0:1 / Köln-Spartak Trnava 3:0
Viertelfinale:	Arsenal London-Köln 2:1 / Köln-Arsenal London 1:0
Halbfinale:	Köln-Juventus Turin 1:1 / Juventus Turin-Köln 2:0

Saison 1971/72

		S	U	N	Tore	Punkte
1.	Bayern München	24	7	3	101-38	55:13
2.	FC Schalke 04	24	4	6	76-35	52:16
3.	Bor. M´gladbach	18	7	9	82-40	43:25
4.	**1.FC Köln**	**15**	**13**	**6**	**64-44**	**43:25**
5.	Eintr. Frankfurt	16	7	11	71-61	39:29
6.	Hertha BSC	14	9	11	46-55	37:31
7.	1. FC K´lautern	14	7	13	59-53	35:33
8.	VfB Stuttgart	13	9	12	52-56	35:33
9.	VfL Bochum	14	6	14	59-69	34:34
10.	Hamburger SV	13	7	14	52-52	33:35
11.	Werder Bremen	11	9	14	63-58	31:37
12.	Eintr. Braunschweig	8	15	11	43-48	31:37
13.	Fort. Düsseldorf	10	10	14	40-53	30:38
14.	MSV Duisburg	10	7	17	36-51	27:41
15.	RW Oberhausen	7	11	16	33-66	25:43
16.	Hannover 96	10	3	21	54-69	23:45
17.	Bor. Dortmund	6	8	20	34-83	20:48
18.	Arm. Bielefeld	6	7	21	41-75	19:49

Die Spiele für Bielefeld wurden nicht gewertet, da dem Verein die Lizenz entzogen wurde

Spieler: (Einsätze/Tore): Biskup (19/1), Cullmann (23/1), Flohe (29/7), Glowacz (28/4), Hähnchen (1/0), Hemmersbach (17/1), Kapellmann (32/2), Konopka (33/1), Lauscher (11/4), Löhr (32/9), Overath (25/6), Rupp (33/16), Scheemann (24/7), H.-D. Schmitz (3/0), Simmet (34/2), Thielen (15/2), Volz (1/0), W. Weber (21/0), Welz (34/0)
Trainer: Gyula Lorant, Rolf Herings

Pokalspiele:

Runde 1:	Essener FV 1912-1.FC Köln 1:9
	1.FC Köln-Essener FV 1912 5:0
Runde 2:	Kickers Offenbach-1.FC Köln 3:1
	1.FC Köln-Kickers Offenbach 4:0
Viertelfinale:	Bayern München-1.FC Köln 3:0
	1.FC Köln-Bayern München 5:1
Halbfinale:	1.FC Köln-FC Schalke 04 4:1
	FC Schalke 04-1.FC Köln 5:2. n.V.; n. Elfmeterschießen 6:5

Internationale Spiele:	UEFA-Pokal 71/72:
Runde 1:	AS St. Etienne-Köln 1:1 / Köln-AS St. Etienne 2:1
Runde 2:	Köln-FC Dundee 2:1 / FC Dundee-Köln 4:2

Saison 1972/73

		S	U	N	Tore	Punkte
1.	Bayern München	25	4	5	93-29	54:14
2.	**1.FC Köln**	**16**	**11**	**7**	**66-51**	**43:25**
3.	Fort. Düsseldorf	15	12	7	62-45	42:26
4.	Wuppertaler SV	15	10	9	62-49	40:28
5.	Bor. M'gladbach	17	5	12	82-61	39:29
6.	VfB Stuttgart	17	3	14	71-65	37:31
7.	Kick. Offenbach	14	7	13	61-60	35:33
8.	Eintr. Frankfurt	15	4	15	58-54	34:34
9.	1. FC K'lautern	12	10	12	58-68	34:34
10.	MSV Duisburg	12	9	13	53-54	33:35
11.	Werder Bremen	12	7	15	50-52	31:37
12.	VfL Bochum	11	9	14	50-68	31:37
13.	Hertha BSC	11	8	15	53-64	30:38
14.	Hamburger SV	10	8	16	53-59	28:40
15.	FC Schalke 04	10	8	16	46-61	28:40
16.	Hannover 96	9	8	17	49-65	26:42
17.	Eintr. Braunschweig	9	7	18	33-56	25:43
18.	RW Oberhausen	9	4	21	45-84	22:46

Spieler: (Einsätze/Tore): Bläser (12/1), Cullmann (34/6), Flohe (30/7), Gebauer (19/3), Glowacz (17/3), Hähnchen (6/0), Hein (17/3), Hemmersbach (11/0), Kapellmann (32/8), Konopka (28/1), Lauscher (17/3), Löhr (28/11), Mühlenberg (2/1), H. Neumann (17/0), R. Neumann (6/2), Overath (30/3), Scheemann (7/0), Simmet (34/8), Thielen (12/2), W. Weber (22/2), Welz (34/0)
Trainer: Rudolf Schlott

Pokalspiele:

Runde 1:	Fortuna Köln-1.FC Köln 2:1 / 1.FC Köln-F. Köln 4:0 n.V.
Runde 2:	Hamburger SV-Köln 2:2 / Köln-Hamburger SV 4:1
Viertelfinale:	Eintr. Braunschw.-Köln 0:5 / Köln-Eintr. Braunschw. 3:2
Halbfinale	Köln-Kickers Offenbach 5:0 / Kickers Offenb.-Köln 1:1
Finale:	1.FC Köln-Bor. Mönchengladbach 1:2 n.V.

Internationale Spiele:	UEFA-Pokal 72/73:
Runde 1:	Köln-Bohemians Dublin 2:1 / Boh. Dublin-Köln 0:3
Runde 2:	Viking Stavanger-Köln 1:0 / Köln-Viking Stavanger 9:1
Runde 3:	Köln-Bor. Mönchengladbach 0:0 / Bor. Mgl.-Köln 5:0

Saison 1973/74

		S	U	N	Tore	Punkte
1.	Bayern München	20	9	5	95-53	49:19
2.	Bor. M´gladbach	21	6	7	93-52	48:20
3.	Fort. Düsseldorf	16	9	9	61-47	41:27
4.	Eintr. Frankfurt	15	11	8	63-50	41:27
5.	**1.FC Köln**	**16**	**7**	**11**	**69-56**	**39:29**
6.	1. FC K´lautern	15	8	11	80-69	38:30
7.	FC Schalke 04	16	5	13	72-68	37:31
8.	Hertha BSC	11	11	12	56-60	33:35
9.	VfB Stuttgart	12	7	15	58-57	31:37
10.	Kick. Offenbach	11	9	14	56-62	31:37
11.	Werder Bremen	9	13	12	48-56	31:37
12.	Hamburger SV	13	5	16	53-62	31:37
13.	Rot-Weiß Essen	10	11	13	56-70	31:37
14.	VfL Bochum	9	12	13	45-57	30:28
15.	MSV Duisburg	11	7	16	42-56	29:39
16.	Wuppertaler SV	8	9	17	42-65	25:43
17.	Fortuna Köln	8	9	17	46-79	25:43
18.	Hannover 96	6	10	18	50-66	22:46

Spieler: (Einsätze/Tore): Berkemeier (3/0), Bläser (9/0), Cullmann (34/1), Flohe (32/11), Glowacz (23/2), Hein (34/1), Konopka (29/2), Lauscher (22/1), Löhr (31/16), D. Müller (31/17), H. Neumann (22/4), R. Neumann (10/0), Nicot (2/0), Overath (31/5), R. Schmitz (2/0), H. Schumacher (13/0), Simmet (34/4), W. Weber (29/5), Welz (21/0)
Trainer: Rudolf Schlott, Zlatko Cajkowski

Pokalspiele:

Runde 1:	1.FC Köln-Eintracht Braunschweig 2:0
Runde 2:	1.FC Köln-Wuppertaler SV 1:0
Viertelfinale	Eintracht Frankfurt-1.FC Köln 4:3 n.V.

Internationale Spiele:	UEFA Pokal 73/74:
Runde 1:	Eskisehirspor-1.FC Köln 0:0
	1.FC Köln-Eskisehirspor 2:0
Runde 2:	Olympique Marseille-1.FC Köln 2:0
	1.FC Köln-Olympique Marseille 6:0
Runde 3:	OGC Nizza-1.FC Köln 1:0
	1.FC Köln-OGC Nizza 4:0
Viertelfinale:	1.FC Köln-Tottenham Hotspur 1:2
	Tottenham Hotspur-1.FC Köln 3:0

Saison 1974/75

		S	U	N	Tore	Punkte
1.	Bor. M'gladbach	21	8	5	86-40	50:18
2.	Hertha BSC	19	6	9	61-43	44:24
3.	Eintr. Frankfurt	18	7	9	89-49	43:25
4.	Hamburger SV	18	7	9	55-38	43:25
5.	**1.FC Köln**	**17**	**7**	**10**	**77-51**	**41:27**
6.	Fort. Düsseldorf	16	9	9	66-55	41:27
7.	FC Schalke 04	16	7	11	52-37	39:29
8.	Kick. Offenbach	17	4	13	72-62	38:30
9.	Eintr. Braunschweig	14	8	12	52-42	36:32
10.	Bayern München	14	6	14	57-63	34:34
11.	VfL Bochum	14	5	15	53-53	33:35
12.	Rot-Weiß Essen	10	12	12	56-68	32:36
13.	1. FC K'lautern	13	5	16	56-55	31:37
14.	MSV Duisburg	12	6	16	59-77	30:38
15.	Werder Bremen	9	7	18	45-69	25:43
16.	VfB Stuttgart	8	8	18	50-79	24:44
17.	Tennis Bor. Berlin	5	6	23	38-89	16:52
18.	Wuppertaler SV	2	8	24	32-86	12:56

Spieler: (Einsätze/Tore): Berkemeier (1/0), Cullmann (32/4), Ehmke (8/0), Flohe (28/7), Glowacz (33/4), Hein (8/0), Horst (1/0), Konopka (32/3), Lauscher (25/2), Löhr (33/11), Mattern (1/0), D. Müller (34/24), H. Neumann (31/9), Overath (34/4), H. Schumacher (34/0), Simmet (34/7), Strack (18/1), Topalovic (1/0), W. Weber (20/0), Zimmermann (15/1)
Trainer: Zlatko Cajkowski

Pokalspiele:

Runde 1:	VfB Oldenburg-1.FC Köln 2:6
Runde 2:	Bor. Mönchengladbach-1.FC Köln 3:5
Runde 3:	1.FC Köln-FC St. Pauli 4:1
Runde 4:	Fortuna Düsseldorf-1.FC Köln 5:2

Internationale Spiele:	UEFA Pokal 74/75:
Runde 1:	Köln-Kokkolan PV 5:1 / Kokkolan PV-Köln 1:4
Runde 2:	Dynamo Bukarest-Köln 1:1 / Köln-Dyn. Bukarest 3:2
Runde 3:	Partizan Belgrad-Köln 1:0 / Köln-Partizan Belgrad 5:1
Viertelfinale:	Köln-FC Amsterdam 5:1 /FC Amsterdam-Köln 2:3
Halbfinale:	Köln-Bor. Mönchengladbach 1:3 / Bor. Mgl.-Köln 1:0

Saison 1975/76

		S	U	N	Tore	Punkte
1.	Bor. M'gladbach	16	13	5	66-37	45:23
2.	Hamburger SV	17	7	10	59-32	41:27
3.	Bayern München	15	10	9	72-50	40:28
4.	**1.FC Köln**	**14**	**11**	**9**	**62-45**	**39:29**
5.	Eintr. Braunschweig	14	11	9	52-48	39:29
6.	FC Schalke 04	13	11	10	76-55	37:31
7.	1. FC K'lautern	15	7	12	66-60	37:31
8.	Rot-Weiß Essen	13	11	10	61-67	37:31
9.	Eintr. Frankfurt	13	10	11	79-58	36:32
10.	MSV Duisburg	13	7	14	55-62	33:35
11.	Hertha BSC	11	10	13	59-61	32:36
12.	Fort. Düsseldorf	10	10	14	47-57	30:38
13.	Werder Bremen	11	8	15	44-55	30:38
14.	VfL Bochum	12	6	16	49-62	30:38
15.	Karlsruher SC	12	6	16	46-59	30:38
16.	Hannover 96	9	9	16	48-60	27:41
17.	Kick. Offenbach	9	9	16	40-72	27:41
18.	Bayer Uerdingen	6	10	18	28-69	22:46

Spieler: (Einsätze/Tore): Brücken (9/2), Cullmann (26/1), Flohe (29/4), Gerber (7/0), Glowacz (27/4), Hein (29/2), Hiestermann (9/1), Konopka (33/5), Lauscher (5/0), Löhr (30/15), Mattern (1/0), D. Müller (19/14), H. Neumann (28/3), Overath (27/2), Petrovic (3/0), Prestin (4/0), H. Schumacher (26/0), Simmet (34/2), Strack (21/2), Topalovic (8/0), G. Weber (2/0), W. Weber (27/2), Wendt (6/0), Zimmermann (13/2)
Trainer: Zlatko Cajkowski, Georg Stollenwerk

Pokalspiele:

Runde 1:	1.FC Köln-Olympia Wilhelmshaven 2:0
Runde 2:	1.FC Köln-SC Freiburg 8:2
Runde 3:	1.FC Köln-SpVgg Fürth 3:1
Runde 4:	Schwarz-Weiß Essen-1.FC Köln 1:1 n.V.
Wiederholungsspiel:	1.FC Köln-Schwarz-Weiß Essen 1:0 n.V.
Viertelfinale:	1.FC Köln-Bayern München 2:5

Internationale Spiele:	UEFA Pokal 75/76:
Runde 1:	1.FC Köln-B 1903 Kopenhagen 2:0
	B 1903 Kopenhagen-1.FC Köln 2:3 n.V.
Runde 2:	Spartak Moskau-1.FC Köln 2:0
	1.FC Köln-Spartak Moskau 0:1

Saison 1976/77

		S	U	N	Tore	Punkte
1.	Bor. M´gladbach	17	10	7	58-34	44:24
2.	FC Schalke 04	17	9	8	77-52	43:25
3.	Eintr. Braunschweig	15	13	6	56-38	43:25
4.	Eintr. Frankfurt	17	8	9	86-57	42:26
5.	**1.FC Köln**	**17**	**6**	**11**	**83-61**	**40:28**
6.	Hamburger SV	14	10	10	67-56	38:30
7.	Bayern München	14	9	11	74-65	37:31
8.	Bor. Dortmund	12	10	12	73-64	34:34
9.	MSV Duisburg	11	12	11	60-51	34:34
10.	Hertha BSC	13	8	13	55-54	34:34
11.	Werder Bremen	13	7	14	51-59	33:35
12.	Fort. Düsseldorf	11	9	14	52-54	31:37
13.	1. FC K´lautern	12	5	17	53-59	29:39
14.	1.FC Saarbrücken	9	11	14	43-55	29:39
15.	VfL Bochum	11	7	16	47-62	29:39
16.	Karlsruher SC	9	10	15	53-75	28:40
17.	Tennis Bor. Berlin	6	10	18	47-85	22:46
18.	Rot-Weiß Essen	7	8	19	49-103	22:46

Spieler: (Einsätze/Tore): Cullmann (12/0), Elkjaer-Larsen (9/1), Flohe (30/7), Gerber (31/3), Glowacz (21/1), van Gool (32/10), Hein (6/0), Kösling (8/1), Konopka (30/2), Löhr (27/7), D. Müller (34/34), H. Neumann (9/0), Nicot (5/0), Overath (24/6), Prestin (3/1), Rohde (4/0), H. Schumacher (27/0), Simmet (34/4), Strack (16/2), Topalovic (8/0), W. Weber (18/0), Zimmermann (30/2)
Trainer: Hennes Weisweiler

Pokalspiele:

Runde 1:	Itzehoer SV-1.FC Köln 0:7
Runde 2:	Fortuna Düsseldorf-1.FC Köln 2:4 n.V.
Runde 3:	1.FC Köln-Tennis Borussia Berlin 5:1
Runde 4:	1.FC Köln-FC Homburg 7:2
Viertelfinale:	1.FC Köln-1.FC Nürnberg 4:2
Halbfinale:	1.FC Köln-Rot-Weiß Essen 4:0
Finale:	1.FC Köln-Hertha BSC Berlin 1:1 n.V.
Wiederholungsspiel:	1.FC Köln-Hertha BSC Berlin 1:0

Internationale Spiele:	UEFA Pokal 76/77:
Runde 1:	Köln-GKS Tychy 2:0 / GKS Tychy-Köln 1:1
Runde 2:	Köln-Grasshoppers Zürich 2:0 / Zürich-Köln 2:3
Runde 3:	Queen´s Park Rangers-Köln 3:0 / Köln-Rangers 4:1

Saison 1977/78

		S	U	N	Tore	Punkte
1.	**1.FC Köln**	**22**	**4**	**8**	**86-41**	**48:20**
2.	Bor. M´gladbach	20	8	6	86-44	48:20
3.	Hertha BSC	15	10	9	59-48	40:28
4.	VfB Stuttgart	17	5	12	58-40	39:29
5.	Fort. Düsseldorf	15	9	10	49-36	39:29
6.	MSV Duisburg	15	7	12	62-59	37:31
7.	Eintr. Frankfurt	16	4	14	59-52	36:32
8.	1. FC K´lautern	16	4	14	64-63	36:32
9.	FC Schalke 04	14	6	14	47-52	34:34
10.	Hamburger SV	14	6	14	61-67	34:34
11.	Bor. Dortmund	14	5	15	57-71	33:35
12.	Bayern München	11	10	13	62-64	32:36
13.	Eintr. Braunschweig	14	4	16	43-53	32:36
14.	VfL Bochum	11	9	14	49-51	31:37
15.	Werder Bremen	13	5	16	48-57	31:37
16.	1860 München	7	8	19	41-60	22:46
17.	1. FC Saarbrücken	6	10	18	39-70	22:46
18.	FC St. Pauli	6	6	22	44-86	18:50

Spieler: (Einsätze/Tore): Cullmann (27/6), Flohe (34/14), Gerber (34/2), Glowacz (5/0), van Gool (32/12), Hein (4/0), Konopka (31/3), Löhr (8/1), D. Müller (33/24), H. Neumann (34/8), Nicot (1/0), Okudera (20/4), Prestin (14/3), H. Schumacher (34/0), Simmet (23/1), Strack (32/2), Willmer (11/1), Zimmermann (32/2)
Trainer: Hennes Weisweiler

Pokalspiele:

Runde 1:	Kickers Offenbach-1.FC Köln 0:4
Runde 2:	1.FC Köln-Eintracht Kreuznach 3:1
Runde 3:	FSV Frankfurt-1.FC Köln 0:3
Runde 4:	1.FC Köln-Karlsruher SC 4:0
Viertelfinale:	1.FC Köln-Schwarz-Weiß Essen 9:0
Halbfinale:	1.FC Köln-Werder Bremen 1:0
Finale:	1.FC Köln-Fortuna Düsseldorf 2:0

Internationale Spiele:	Pokalsieger 77/78:
Runde 1:	1.FC Köln-FC Porto 2:2
	FC Porto-1.FC Köln 1:0

Saison 1978/79

		S	U	N	Tore	Punkte
1.	Hamburger SV	21	7	6	78-32	49:19
2.	VfB Stuttgart	20	8	6	73-34	48:20
3.	1. FC K'lautern	16	11	7	62-47	43:25
4.	Bayern München	16	8	10	69-46	40:28
5.	Eintr. Frankfurt	16	7	11	50-49	39:29
6.	**1.FC Köln**	**13**	**12**	**9**	**55-47**	**38:30**
7.	Fort. Düsseldorf	13	11	10	70-59	37:31
8.	VfL Bochum	10	13	11	47-46	33:35
9.	Eintr. Braunschweig	10	13	11	50-55	33:35
10.	Bor. M'gladbach	12	8	14	50-53	32:36
11.	Werder Bremen	10	11	13	48-60	31:37
12.	Bor. Dortmund	10	11	13	54-70	31:37
13.	MSV Duisburg	12	6	16	43-56	30:38
14.	Hertha BSC	9	11	14	40-50	29:39
15.	FC Schalke 04	9	10	15	55-61	28:40
16.	Arminia Bielefeld	9	8	17	43-56	26:42
17.	1.FC Nürnberg	8	8	18	36-67	24:44
18.	Darmstadt 98	7	7	20	40-75	21:47

Spieler: (Einsätze/Tore): Cullmann (31/4), Engels (13/0), Flohe (13/3), Gerber (24/2), Glowacz (29/2), van Gool (30/6), Hein (8/1), Konopka (34/2), Littbarski (16/4), Mohr (4/0), D. Müller (29/8), H. Neumann (25/5), Okudera (24/5), Prestin (17/0), H. Schumacher (34/0), Schuster (24/1), Strack (19/1), Willmer (18/2), Zimmermann (33/8)
Trainer: Hennes Weisweiler

Pokalspiele:

Runde 1:	Rot-Weiß Lüdenscheid-1.FC Köln 1:4
Runde 2:	Westfalia Herne-1.FC Köln 2:3
Runde 3:	1.FC Köln-Eintracht Braunschweig 3:2 n.V.
Runde 4:	Hertha BSC Berlin-1.FC Köln 2:0 n.V.

Internationale Spiele:	Landesmeister 78/79:
Runde 1:	1.FC Köln-IA Akranes 4:1 / IA Akranes-1.FC Köln 1:1
Runde 2:	Lok. Sofia-1.FC Köln 0:1 / 1.FC Köln-Lok. Sofia 4:0
Viertelfinale:	1.FC Köln-Glasgow R. 1:0 / Glasgow R.-1.FC Köln 1:1
Halbfinale:	Nottingh. Forest-1.FC Köln 3:3 / 1.FC Köln-N. Forest 0:1

Saison 1979/80

		S	U	N	Tore	Punkte
1.	Bayern München	22	6	6	84-33	50:18
2.	Hamburger SV	20	8	6	86-35	48:20
3.	VfB Stuttgart	17	7	10	75-53	41:27
	1. FC K'lautern	18	5	11	75-53	41:27
5.	**1.FC Köln**	**14**	**9**	**11**	**72-55**	**37:31**
6.	Bor. Dortmund	14	8	12	64-56	36:32
7.	Bor. M'gladbach	12	12	10	61-60	36:32
8.	FC Schalke 04	12	9	13	40-51	33:35
9.	Eintr. Frankfurt	15	2	17	65-61	32:36
10.	VfL Bochum	13	6	15	41-44	32:36
11.	Fort. Düsseldorf	13	6	15	62-72	32:36
12.	Bayer Leverkusen	12	8	14	45-61	32:36
13.	1860 München	10	10	14	42-53	30:38
14.	MSV Duisburg	11	7	16	43-57	29:39
15.	Bayer Uerdingen	12	5	17	43-61	29:39
16.	Hertha BSC	11	7	16	41-61	29:39
17.	Werder Bremen	11	3	20	52-93	25:43
18.	Eintr. Braunschweig	6	8	20	32-64	20:48

Spieler: (Einsätze/Tore): Außem (1/0) , Cullmann (33/2), Engels (11/1), Gerber (10/0), van Gool (2/0), Konopka (19/0), Kroth (14/0), Littbarski (34/7), Mohr (1/0), D. Müller (34/21), H. Neumann (18/6), Okudera (30/6), Prestin (26/0), H. Schumacher (34/0), Schuster (32/9), Strack (30/6), Willkomm (3/1), Willmer (27/4), Woodcock (20/7), Zimmermann (31/2)
Trainer: Hennes Weisweiler, Karlheinz Heddergott

Pokalspiele:

Runde 1:	1.FC Köln-FSV Mainz 05 5:1
Runde 2:	1.FC Köln-FC Altona 93 10:0
Runde 3:	VfL Bochum-1.FC Köln 3:3 n.V.
Wiederholungsspiel:	1.FC Köln-VfL Bochum 2:1
Runde 4:	1.FC Köln-Darmstadt 98 3:1
Viertelfinale:	FC Homburg-1.FC Köln 1:4
Halbfinale:	FC Schalke 04-1.FC Köln 0:2
Finale:	Fortuna Düsseldorf-1.FC Köln 2:1

Saison 1980/81

		S	U	N	Tore	Punkte
1.	Bayern München	22	9	3	89-41	53:15
2.	Hamburger SV	21	7	6	73-43	49:19
3.	VfB Stuttgart	19	8	7	70-44	46:22
4.	1. FC K'lautern	17	10	7	60-37	44:24
5.	Eintr. Frankfurt	13	12	9	61-57	38:30
6.	Bor. M'gladbach	15	7	12	68-64	37:31
7.	Bor. Dortmund	13	9	12	69-59	35:33
8.	**1.FC Köln**	**12**	**10**	**12**	**54-55**	**34:34**
9.	VfL Bochum	9	15	10	53-45	33:35
10.	Karlsruher SC	9	14	11	56-63	32:36
11.	Bayer Leverkusen	10	10	14	52-53	30:38
12.	MSV Duisburg	10	9	15	45-58	29:39
13.	Fort. Düsseldorf	10	8	16	57-64	28:40
14.	1.FC Nürnberg	11	6	17	47-57	28:40
15.	Arm. Bielefeld	10	6	18	46-65	26:42
16.	1860 München	9	7	18	49-67	25:43
17.	FC Schalke 04	8	7	19	43-88	23:45
18.	Bayer Uerdingen	8	6	20	47-79	22:46

Spieler: (Einsätze/Tore): Bohnhof (31/5), Botteron (33/3), Cullmann (29/1), Engels (24/5), Gerber (21/1), Hartmann (8/0), Kerscher (5/0), Knöppel (3/1), Konopka (24/1), Kroth (19/1), Littbarski (32/6), D. Müller (34/17), R. Müller (3/0), Okudera (1/0), Prestin (23/1), H. Schumacher (34/0), Schuster (5/0), Strack (22/3), Willkomm (2/0), Willmer (23/2), Woodcock (29/6), Zimmermann (10/0)
Trainer: Karlheinz Heddergott, Rolf Herings, Rinus Michels

Pokalspiele:

Runde 1:	SpVgg Emsdetten-1.FC Köln 0:6
Runde 2:	1.FC Köln-SC Freiburg 1:1 n.V.
Wiederholungsspiel:	SC Freiburg-1.FC Köln 3:1

Internationale Spiele:	UEFA-Pokal 80/81:
Runde 1:	IA Akranes-Köln 0:4 / Köln-IA Akranes 6:0
Runde 2:	Köln-FC Barcelona 0:1 / FC Barcelona-Köln 0:4
Runde 3:	VfB Stuttgart-Köln 3:1 / Köln-VfB Stuttgart 4:1 n.V.
Viertelfinale:	Standard Lüttich-Köln 0:0 / Köln-Standard Lüttich 3:2
Halbfinale:	Ipswich Town-Köln 1:0 / Köln-Ipswich Town 0:1

Saison 1981/82

		S	U	N	Tore	Punkte
1.	Hamburger SV	18	12	4	95-45	48:20
2.	**1.FC Köln**	**18**	**9**	**7**	**72-38**	**45:23**
3.	Bayern München	20	3	11	77-56	43:25
4.	1. FC K'lautern	16	10	8	70-61	42:26
5.	Werder Bremen	17	8	9	61-52	42:26
6.	Bor. Dortmund	18	5	11	59-40	41:27
7.	Bor. M'gladbach	15	10	9	61-51	40:28
8.	Eintr. Frankfurt	17	3	14	83-72	37:31
9.	VfB Stuttgart	13	9	12	62-55	35:33
10.	VfL Bochum	12	8	14	52-51	32:36
11.	Eintr. Braunschweig	14	4	16	61-66	32:36
12.	Arm. Bielefeld	12	6	16	46-50	30:38
13.	1.FC Nürnberg	11	6	17	53-72	28:40
14.	Karlsruher SC	9	9	16	50-68	27:41
15.	Fort. Düsseldorf	6	13	15	48-73	25:43
16.	Bayer Leverkusen	9	7	18	45-72	25:43
17.	Darmstadt 98	5	11	18	46-82	21:47
18.	MSV Duisburg	8	3	23	40-77	19:49

Spieler: (Einsätze/Tore): K. Allofs (30/9), Bohnhof (34/9), Botteron (6/0), Cullmann (32/2), Engels (27/3), Fischer (31/7), Hartmann (11/0), Konopka (26/1), Kroth (22/1), Littbarski (33/15), Prestin (13/0), H. Schumacher (34/0), Steiner (34/2), Strack (32/6), Willmer (33/0), Woodcock (32/15)
Trainer: Rinus Michels

Pokalspiele:
Runde 1: MSV Duisburg-1.FC Köln 2:1

Saison 1982/83

		S	U	N	Tore	Punkte
1.	Hamburger SV	20	12	2	79-33	52:16
2.	Werder Bremen	23	6	5	76-38	52:16
3.	VfB Stuttgart	20	8	6	80-47	48:20
4.	Bayern München	17	10	7	74-33	44:24
5.	**1.FC Köln**	**17**	**9**	**8**	**69-42**	**43:25**
6.	1. FC K´lautern	14	13	7	57-44	41:27
7.	Bor. Dortmund	16	7	11	78-62	39:29
8.	Arm. Bielefeld	12	7	15	46-71	31:37
9.	Fort. Düsseldorf	11	8	15	63-75	30:38
10.	Eintr. Frankfurt	12	5	17	48-57	29:39
11.	Bayer Leverkusen	10	9	15	43-66	29:39
12.	Bor. M´gladbach	12	4	18	64-63	28:40
13.	VfL Bochum	8	12	14	43-49	28:40
14.	1.FC Nürnberg	11	6	17	44-70	28:40
15.	Eintr. Braunschweig	8	11	15	42-65	27:41
16.	FC Schalke 04	8	6	20	48-68	22:46
17.	Karlsruher SC	7	7	20	39-86	21:47
18.	Hertha BSC	5	10	19	43-67	20:48

Spieler: (Einsätze/Tore): K. Allofs (24/12), Bohnhof (9/0), Cullmann (9/0), Ehrmann (1/0), Engels (30/5), Fischer (32/12), Haas (3/0), Hartmann (23/2), Hönerbach (20/1), Konopka (15/0), Kroth (1/0), Littbarski (34/16), H. Neumann (10/1), Prestin (28/0), H. Schumacher (34/0), Sljivo (28/2), Steiner (33/5), Strack (28/5), Willmer (32/3), Zimmermann (26/5)
Trainer: Rinus Michels

Pokalspiele:

Runde 1:	1.FC Köln-Bayer 05 Uerdingen 3:1
Runde 2:	1.FC Köln-Bayer 04 Leverkusen 3:1
Runde 3:	1.FC Köln-Stuttgarter Kickers 5:1
Viertelfinale:	1.FC Köln-FC Schalke 04 5:0
Halbfinale:	1.FC Köln-VfB Stuttgart 3:2 n.V.
Finale:	1.FC Köln-Fortuna Köln 1:0

Internationale Spiele:	UEFA-Pokal 82/83:
Runde 1:	AEK Athen-Köln 0:1 / Köln-AEK Athen 5:0
Runde 2:	Glasgow Rangers-Köln 2:1 / Köln-Glasgow Rangers 5:0
Runde 3:	Köln-AS Rom 1:0 / AS Rom-Köln 2:0

Saison 1983/84

		S	U	N	Tore	Punkte
1.	VfB Stuttgart	19	10	5	79-33	48:20
2.	Hamburger SV	21	6	7	75-36	48:20
3.	Bor. M'gladbach	21	6	7	81-48	48:20
4.	Bayern München	20	7	7	84-41	47:21
5.	Werder Bremen	19	7	8	79-46	45:23
6.	**1.FC Köln**	**16**	**6**	**12**	**70-57**	**38:30**
7.	Bayer Leverkusen	13	8	13	50-50	34:34
8.	Arm. Bielefeld	12	9	13	40-49	33:35
9.	Eintr. Braunschweig	13	6	15	54-69	32:36
10.	Bayer Uerdingen	12	7	15	66-79	31:37
11.	Waldhof Mannheim	10	11	13	45-58	31:37
12.	1. FC K'lautern	12	6	16	68-69	30:38
13.	Bor. Dortmund	11	8	15	54-65	30:38
14.	Fort. Düsseldorf	11	7	16	63-75	29:39
15.	VfL Bochum	10	8	16	58-70	28:40
16.	Eintr. Frankfurt	7	13	14	45-61	27:41
17.	Kick. Offenbach	7	5	22	48-106	19:49
18.	1.FC Nürnberg	6	2	26	38-85	14:54

Spieler: (Einsätze/Tore): K. Allofs (34/20), Baffoe (2/0), Ehrmann (1/0), Engels (19/2), Fischer (33/12), Gielchen (17/0), Haas (22/2), Hartmann (30/4), Hönerbach (30/1), Konopka (1/0), Lefkes (11/2), Littbarski (33/17), Mennie (17/1), Prestin (31/2), Reif (12/0), Schmidt (3/0), H. Schumacher (33/0), Sljivo (4/0), Steiner (33/3), Strack (26/2), Willmer (21/2), Zimmermann (12/0)
Trainer: Rinus Michels, Hannes Löhr

Pokalspiele:

Runde 1:	VfR Forst-1.FC Köln 1:6
Runde 2:	1.FC Köln-Kickers Offenbach 6:2
Runde 3:	Hannover 96-1.FC Köln 3:2

Internationale Spiele:	UEFA-Pokal 83/84:
Runde 1:	Wacker Innsbruck-1.FC Köln 1:0
	1.FC Köln-Wacker Innsbruck 7:1
Runde 2:	Ujpest Dozsa Budapest-1.FC Köln 3:1
	1.FC Köln-Ujpest Dozsa Budapest 4:2

Saison 1984/85

		S	U	N	Tore	Punkte
1.	Bayern München	21	8	5	79-38	50:18
2.	Werder Bremen	18	10	16	87-51	46:22
3.	**1.FC Köln**	**18**	**4**	**12**	**69-66**	**40:28**
4.	Bor. M´gladbach	15	9	10	77-53	39:29
5.	Hamburger SV	14	9	11	58-49	37:31
6.	Waldhof Mannheim	13	11	10	47-50	37:31
7.	Bayer Uerdingen	14	8	12	57-52	36:32
8.	FC Schalke 04	13	8	13	63-62	34:34
9.	VfL Bochum	12	10	12	52-54	34:34
10.	VfB Stuttgart	14	5	15	79-59	33:35
11.	1. FC K´lautern	11	11	12	59-60	33:35
12.	Eintr. Frankfurt	10	12	12	62-67	32:36
13.	Bayer Leverkusen	9	13	12	52-54	31:37
14.	Bor. Dortmund	13	4	17	51-65	30:38
15.	Fort. Düsseldorf	10	9	15	53-66	29:39
16.	Arm. Bielefeld	8	13	13	46-61	29:39
17.	Karlsruher SC	5	12	17	47-88	22:46
18.	Eintr. Braunschweig	9	2	23	39-79	20:48

Spieler: (Einsätze/Tore): K. Allofs (32/26), Bein (27/8), Dezelak (1/0), Dickel (9/0), Engels (32/9), Geilenkirchen (8/0), Geils (26/0), Gielchen (23/0), Görgens (2/0), Haas (8/0), Häßler (6/0), Hartmann (12/0), Hartwig (20/5), Hönerbach (32/0), Lefkes (11/1), Lehnhoff (34/3), Littbarski (28/16), Mennie (7/0), Prestin (25/0), Reif (2/0), H. Schumacher (34/0), Steiner (32/0), Strack (17/0)
Trainer: Hannes Löhr

Pokalspiele:

Runde 1:	1.FC Köln-Stuttgarter Kickers 8:0
Runde 2:	Hannover 96-1.FC Köln 2:1

Internationale Spiele:	UEFA-Pokal 84/85:
Runde 1:	1.FC Köln-Pogon Stettin 2:1
	Pogon Stettin-1.FC Köln 0:1
Runde 2:	Standard Lüttich-1.FC Köln 0:2
	1.FC Köln-Standard Lüttich 2:1
Runde 3:	Spartak Moskau-1.FC Köln 1:0
	1.FC Köln-Spartak Moskau 2:0
Viertelfinale:	Inter Mailand-1.FC Köln 1:0
	1.FC Köln-Inter Mailand 1:3

Saison 1985/86

		S	U	N	Tore	Punkte
1.	Bayern München	21	7	6	82-31	49:19
2.	Werder Bremen	20	9	5	83-41	49:19
3.	Bayer Uerdingen	19	7	8	63-60	45:23
4.	Bor. M´gladbach	15	12	7	65-51	42:26
5.	VfB Stuttgart	17	7	10	69-45	41:27
6.	Bayer Leverkusen	15	10	9	63-51	40:28
7.	Hamburger SV	17	5	12	52-35	39:29
8.	Waldhof Mannheim	11	11	12	41-44	33:35
9.	VfL Bochum	14	4	16	55-57	32:36
10.	FC Schalke 04	11	8	15	53-58	30:38
11.	1. FC K´lautern	10	10	14	49-54	30:38
12.	1. FC Nürnberg	12	5	17	51-54	29:39
13.	**1.FC Köln**	**9**	**11**	**14**	**46-59**	**29:39**
14.	Fort. Düsseldorf	11	7	16	54-78	29:39
15.	Eintr. Frankfurt	7	14	13	35-49	28:40
16.	Bor. Dortmund	10	8	16	49-65	28:40
17.	1. FC Saarbrücken	6	9	19	39-68	21:47
18.	Hannover 96	5	8	21	43-92	18:50

Spieler: (Einsätze/Tore): K. Allofs (24/7), Bein (20/5), Dickel (24/5), Engels (17/3), Geilenkirchen (31/6), Geils (30/1), Gielchen (18/2), Görgens (4/0), Häßler (21/0), Hartwig (4/0), Hönerbach (25/2), Janßen (18/0), Illgner (2/0), van de Korput (27/0), Lehnhoff (30/4), Littbarski (24/8), Mennie (5/0), Pizanti (17/0), Prestin (26/0), Rother (1/0), H. Schumacher (33/0), Steiner (31/1)
Trainer: Hannes Löhr, Georg Kessler

Pokalspiele:

Runde 1:	1860 München-1.FC Köln 2:4
Runde 2:	1.FC Kaiserslautern-1.FC Köln 4:1 n.V.

Internationale Spiele:	UEFA-Pokal 85/86:
Runde 1:	Köln-Sporting Gijon 0:0 / Sporting Gijon-Köln 1:2
Runde 2:	Köln-Bohemians Prag 4:0 / Bohemians Prag-Köln 2:4
Runde 3:	Hammarby IF-Köln 2:1 / Köln- Hammarby IF 3:1
Viertelfinale:	Sporting Lissabon-Köln 1:1 / Köln-Sporting Lissabon 2:0
Halbfinale:	Köln-SV Waregem 4:0 / SV Waregem-Köln 3:3
1. Finale:	Real Madrid-1.FC Köln 5:1
2. Finale:	1.FC Köln-Real Madrid 2:0

Saison 1986/87

		S	U	N	Tore	Punkte
1.	Bayern München	20	13	1	67-31	53:15
2.	Hamburger SV	19	9	6	68-37	47:21
3.	Bor. M´gladbach	18	7	9	74-44	43:25
4.	Bor. Dortmund	15	10	9	70-50	40:28
5.	Werder Bremen	17	6	11	65-54	40:28
6.	Bayer Leverkusen	16	7	11	56-38	39:29
7.	1. FC K´lautern	15	7	12	64-51	37:31
8.	Bayer Uerdingen	12	11	11	51-49	35:33
9.	1. FC Nürnberg	12	11	11	62-62	35:33
10.	**1.FC Köln**	**13**	**9**	**12**	**50-53**	**35:33**
11.	VfL Bochum	9	14	11	52-44	32:36
12.	VfB Stuttgart	13	6	15	55-49	32:36
13.	FC Schalke 04	12	8	14	50-58	32:36
14.	Waldhof Mannheim	10	8	16	52-71	28:40
15.	Eintr. Frankfurt	8	9	17	42-53	25:43
16.	FC Homburg	6	9	19	33-79	21:47
17.	Fort. Düsseldorf	7	6	21	42-91	20:48
18.	BW 90 Berlin	3	12	19	36-76	18:50

Spieler: (Einsätze/Tore): K. Allofs (33/14), Th. Allofs (16/7), Bein (17/4), Engels (27/6), Geilenkirchen (6/0), Geils (25/2), Gielchen (4/0), Görtz (20/0), Häßler (21/1), Hönerbach (23/0), Lehnhoff (31/2), Illgner (16/0), Janßen (21/0), Olsen (34/0), Pizanti (2/0), Prestin (29/0), H. Schumacher (18/0), Steiner (33/2), Woodcock (30/10), Wollitz (21/1)
Trainer: Georg Kessler, Christoph Daum

Pokalspiele:

Runde 1:	FC Emmendingen-1.FC Köln 0:4
Runde 2:	1.FC Köln-SV Waldhof Mannheim 3:1 n.V.
Runde 3:	Bayer 05 Uerdingen-1.FC Köln 3:1

Saison 1987/88

		S	U	N	Tore	Punkte
1.	Werder Bremen	22	8	4	61-22	52:16
2.	Bayern München	22	4	8	83-45	48:20
3.	**1.FC Köln**	**18**	**12**	**4**	**57-28**	**48:20**
4.	VfB Stuttgart	16	8	10	69-49	40:28
5.	1. FC Nürnberg	13	11	10	44-40	37:31
6.	Hamburger SV	13	11	10	63-68	37:31
7.	Bor. M´gladbach	14	5	15	55-53	33:35
8.	Bayer Leverkusen	10	12	12	53-60	32:36
9.	Eintr. Frankfurt	10	11	13	51-50	31:37
10.	Hannover 96	12	7	15	59-60	31:37
11.	Bayer Uerdingen	11	9	14	59-61	31:37
12.	VfL Bochum	10	10	14	47-51	30:38
13.	Bor. Dortmund	9	11	14	51-54	29:39
14.	1. FC K´lautern	11	7	16	53-62	29:39
15.	Karlsruher SC	9	11	14	37-55	29:39
16.	Waldhof Mannheim	7	14	13	35-50	28:40
17.	FC Homburg	7	10	17	37-70	24:44
18.	FC Schalke 04	8	7	19	48-84	23:45

Spieler: (Einsätze/Tore): Th. Allofs (21/6), Baranowski (11/3), Engels (25/4), Geilenkirchen (20/3), Gielchen (15/0), Görtz (34/4), Griehsbach (3/0), Häßler (34/5), Hönerbach (26/0), Hohs (1/0), Illgner (34/0), Janßen (13/3), Kohler (30/2), Lehnhoff (4/0), Littbarski (31/8), Olsen (30/1), Povlsen (34/13), Prestin (7/0), R. Schmitz (2/0), Steiner (33/2), Woodcock (20/1)
Trainer: Christoph Daum

Pokalspiele:
Runde 1: 1.FC Köln-VfB Stuttgart 3:0
Runde 2: Viktoria Aschaffenburg-1.FC Köln 1:0

Saison 1988/89

		S	U	N	Tore	Punkte
1.	Bayern München	19	12	3	67-26	50:18
2.	**1.FC Köln**	**18**	**9**	**7**	**58-30**	**45:23**
3.	Werder Bremen	18	8	8	55-32	44:24
4.	Hamburger SV	17	9	8	60-36	43:25
5.	VfB Stuttgart	16	7	11	58-49	39:29
6.	Bor. M'gladbach	12	14	8	44-43	38:30
7.	Bor. Dortmund	12	13	9	56-40	37:31
8.	Bayer Leverkusen	10	14	10	45-44	34:34
9.	1. FC K'lautern	10	13	11	47-44	33:35
10.	FC St. Pauli	9	14	11	41-42	32:36
11.	Karlsruher SC	12	8	14	48-51	32:36
12.	Waldhof Mannheim	10	11	13	43-52	31:37
13.	Bayer Uerdingen	10	11	13	50-60	31:37
14.	1. FC Nürnberg	8	10	16	36-54	26:42
15.	VfL Bochum	9	8	17	37-57	26:42
16.	Eintr. Frankfurt	8	10	16	30-53	26:42
17.	Stuttgarter Kickers	10	6	18	41-68	26:42
18.	Hannover 96	4	11	19	36-71	19:49

Spieler: (Einsätze/Tore): Th. Allofs (33/17), Baumann (1/0), Engels (11/1), Gielchen (19/0), Görtz (31/1), Götz (31/5), Greiner (3/0), Häßler (33/5), Hönerbach (28/0), Illgner (33/0), Janßen (21/2), Jensen (4/0), Keim (7/0), Kohler (27/0), Kraft (1/0), Littbarski (30/5), Olsen (16/1), Povlsen (34/5), Rahn (20/7), Schlipper (4/0), Steiner (31/5), R. Sturm (15/1)
Trainer: Christoph Daum

Pokalspiele:

Runde 1:	1.FC Köln-Darmstadt 98 6:1
Runde 2:	1.FC Köln-SV Waldhof Mannheim 1:2

Internationale Spiele:	UEFA-Pokal 88/89:
Runde 1:	FC Antwerpen-1.FC Köln 2:4
	1.FC Köln-FC Antwerpen 2:1
Runde 2:	1.FC Köln-Glasgow Rangers 2:0
	Glasgow Rangers-1.FC Köln 1:1
Runde 3:	Real San Sebastian-1.FC Köln 1:0
	1.FC Köln-Real San Sebastian 2:2

Saison 1989/90

		S	U	N	Tore	Punkte
1.	Bayern München	19	11	4	64-28	49:19
2.	**1.FC Köln**	**17**	**9**	**8**	**54-44**	**43:25**
3.	Eintracht Frankfurt	15	11	8	61-40	41:27
4.	Bor. Dortmund	15	11	8	51-35	41:27
5.	Bayer Leverkusen	12	15	7	40-32	39:29
6.	VfB Stuttgart	15	6	13	53-47	36:32
7.	Werder Bremen	10	14	10	49-41	34:34
8.	1. FC Nürnberg	11	11	12	42-46	33:35
9.	Fort. Düsseldorf	10	12	12	41-41	32:36
10.	Karlsruher SC	10	12	12	32-39	32:36
11.	Hamburger SV	13	5	16	39-46	31:37
12.	1. FC K'lautern	10	11	13	42-55	31:37
13.	FC St. Pauli	9	13	12	31-46	31:37
14.	Bayer Uerdingen	10	10	14	41-48	30:38
15.	Bor. M'gladbach	11	8	15	37-45	30:38
16.	VfL Bochum	11	7	16	44-53	29:39
17.	Waldhof Mannheim	10	6	18	36-53	26:42
18.	FC Homburg	8	8	18	33-51	24:44

Spieler: (Einsätze/Tore): Britz (4/0), Dreßen (17/0), Gerlach (1/0), Gielchen (11/0), Giske (29/1), Görtz (27/3), Götz (33/11), Greiner (20/1), Häßler (34/6), Higl (30/0), Illgner (34/0), Janßen (27/3), Jensen (7/0), Littbarski (34/8), Ordenewitz (30/3), Povlsen (3/1), Rahn (23/6), Rudy (18/2), Steiner (30/0), R. Sturm (25/8)
Trainer: Christoph Daum

Pokalspiele:

Runde 1:	VfR Sölde-1.FC Köln 0:3
Runde 2:	Arminia Hannover-1.FC Köln 2:4
Runde 3:	1.FC Kaiserslautern-1.FC Köln 2:1

Internationale Spiele:	UEFA-Pokal 89/90:
Runde 1:	1.FC Köln-Plastika Nitra 4:1 / Plas. Nitra-1.FC Köln 0:1
Runde 2:	1.FC Köln-Spartak Mos. 3:1 / Spartak Mos.-1.FC Köln 0:0
Runde 3:	Roter Stern Belgrad-Köln 2:0 / Köln-R. Stern Belgrad 3:0
Viertelfinale:	1.FC Köln-FC Antwerpen 2:0 / FC Antwerp.-Köln 0:0
Halbfinale:	Juv. Turin-1.FC Köln 3:2 / 1.FC Köln-Juv. Turin 0:0

Saison 1990/91

		S	U	N	Tore	Punkte
1.	1. FC K'lautern	19	10	5	72-45	48:20
2.	Bayern München	18	9	7	74-41	45:23
3.	Werder Bremen	14	14	6	46-29	42:26
4.	Eintr. Frankfurt	15	10	9	63-40	40:28
5.	Hamburger SV	16	8	10	60-38	40:28
6.	VfB Stuttgart	14	10	10	57-44	38:30
7.	**1. FC Köln**	**13**	**11**	**10**	**50-43**	**37:31**
8.	Bayer Leverkusen	11	13	10	47-46	35:33
9.	Bor. M'gladbach	9	17	8	49-54	35:33
10.	Bor. Dortmund	10	14	10	46-57	34:34
11.	Wattenscheid 09	9	15	10	42-51	33:35
12.	Fort. Düsseldorf	11	10	13	40-49	32:36
13.	Karlsruher SC	8	15	11	46-52	31:37
14.	VfL Bochum	9	11	14	50-52	29:39
15.	1. FC Nürnberg	10	9	15	40-54	29:39
16.	FC St. Pauli	5	15	13	33-53	27:41
17.	Bayer Uerdingen	5	13	16	34-54	23:45
18.	Herta BSC	3	8	23	37-84	14:54

Spieler: (Einsätze/Tore): Andersen (27/0), Banach (31/14), Baumann (28/0), Britz (17/0), Daschner (6/0), Flick (19/0), Gielchen (24/0), Giske (16/1), Götz (30/3), Greiner (32/3), Heldt (22/3), Higl (33/3), Illgner (34/0), Janßen (12/2), Jensen (5/0), Littbarski (15/2), Ordenewitz (31/7), Rudy (24/2), Steiner (1/0), R. Sturm (27/9), Wunderlich (2/0)
Trainer: Erich Rutemöller

Pokalspiele:

Runde 1:	VfL Wolfsburg-1.FC Köln 1:6
Runde 2:	1.FC Kaiserslautern-1.FC Köln 1:2
Runde 3:	1.FC Köln-SV Meppen 1:0
Viertelfinale:	1.FC Köln-VfB Stuttgart 1:0 n.V.
Halbfinale:	MSV Duisburg-1.FC Köln 0:0 n.V.
Wiederholungsspiel:	1.FC Köln-MSV Duisburg 3:0
Finale:	1.FC Köln-Werder Bremen 1:1 n.V.
	Elfmeterschießen: 4:3 für Werder Bremen

Internationale Spiele:	UEFA-Pokal 1990/91
Runde 1:	IFK Norrköping-Köln 0:0 / Köln-IFK Norrköping 3:1
Runde 2:	1.FC Köln-Inter Bratislava 0:1 / Int. Bratislava-Köln 0:2
Runde 3:	1.FC Köln-Atalanta Bergamo 1:1 / Atal. Bergamo-Köln 1:0

Saison 1991/92

		S	U	N	Tore	Punkte
1.	VfB Stuttgart	21	10	7	62-32	52:24
2.	Bor. Dortmund	20	12	6	66-47	52:24
3.	Eintr. Frankfurt	18	14	6	76-41	50:26
4.	**1. FC Köln**	**13**	**18**	**7**	**58-41**	**44:32**
5.	1. FC K'lautern	17	10	11	58-42	44:32
6.	Bayer Leverkusen	15	13	10	53-39	43:33
7.	1. FC Nürnberg	18	7	13	54-51	43:33
8.	Karlsruher SC	16	9	13	48-50	41:35
9.	Werder Bremen	11	16	11	44-45	38:38
10.	Bayern München	13	10	15	59-61	36:40
11.	FC Schalke 04	11	12	15	45-45	34:42
12.	Hamburger SV	9	16	13	32-43	34:42
13.	Bor. M'gladbach	10	14	14	37-49	34:42
14.	Dynamo Dresden	12	10	16	34-50	34:42
15.	VfL Bochum	10	13	15	38-55	33:43
16.	Wattenscheid 09	9	14	15	50-60	32:44
17.	Stuttgarter Kick.	10	11	17	53-64	31:45
18.	Hansa Rostock	10	11	17	43-56	31:45
19.	MSV Duisburg	7	16	15	43-55	30:46
20.	Fort. Düsseldorf	6	12	20	41-69	24:52

Spieler: (Einsätze/Tore): Andersen (21/1), Bade (1/0), Banach (18/10), Baumann (34/2), Flick (21/1), H. Fuchs (34/10), U. Fuchs (3/0), Giske (25/6), Götz (33/1), Greiner (36/2), Heldt (31/3), Higl (31/0), Illgner (37/0), Janßen (5/1), Jensen (16/0), Littbarski (36/1), Müller (2/0), Ordenewitz (35/11), Rudy (1/0), Steinmann (31/2), H. Sturm (22/5), Trulsen (20/1), Weiser (1/0)
Trainer: Erich Rutemöller, Jörg Berger

Pokalspiele:

Runde 1:	Rot-Weiß Wernigerode-1.FC Köln 0:4
Runde 2:	Bayer 04 Leverkusen-1.FC Köln 2:0

Saison 1992/93

		S	U	N	Tore	Punkte
1.	Werder Bremen	19	10	5	63-30	48:20
2.	Bayern München	18	11	5	74-45	47:21
3.	Eintr. Frankfurt	15	12	7	56-39	42:26
4.	Bor. Dortmund	18	5	11	61-43	42:27
5.	Bayer Leverkusen	14	12	8	64-45	40:28
6.	Karlsruher SC	14	11	9	60-54	39:29
7.	VfB Stuttgart	12	12	10	56-50	36:32
8.	1. FC K'lautern	13	9	12	50-40	35:33
9.	Bor. M'gladbach	13	9	12	59-59	35:33
10.	FC Schalke 04	11	12	11	42-43	34:34
11.	Hamburger SV	8	15	11	42-44	31:37
12.	**1. FC Köln**	**12**	**4**	**18**	**41-51**	**28:40**
13.	1. FC Nürnberg	10	8	16	30-47	28:40
14.	Wattenscheid 09	10	8	16	46-67	28:40
15.	Dynamo Dresden	7	13	14	32-49	27:41
16.	VfL Bochum	8	10	16	45-52	26:41
17.	Bayer Uerdingen	7	10	17	35-64	24:44
18.	1. FC Saarbrücken	5	13	16	37-71	23:45

Spieler: (Einsätze/Tore): Andersen (3/0), Bade (4/0), Baumann (28/0), Christofte (20/0), Greiner (26/3), Flick (4/0), H. Fuchs (21/6), U. Fuchs (16/4), Heldt (27/1), Higl (22/0), Illgner (31/0), Janßen (16/0), Jensen (10/0), Keuler (21/2), Kobylanski (4/0), Lehmann (2/1), Littbarski (26/3), Nilsen (10/0), Ordenewitz (30/9), Rudy (32/4), Spyrka (5/0), Steinmann (24/3), R. Sturm (23/4), Trulsen (12/1), Weiser (23/0)
Trainer: Jörg Berger, Wolfgang Jerat, Morten Olsen

Pokalspiele:
Runde 1: Wacker Nordhausen-1.FC Köln 0:8
Runde 2: MSV Duisburg-1.FC Köln 0:0 n.V.
Elfmeterschießen: 4:3 für Duisburg

Internationale Spiele: UEFA-Pokal 1992/93:
Runde 1: 1.FC Köln-Celtic Glasgow 2:0
Celtic Glasgow-1.FC Köln 3:0

Saison 1993/94

		S	U	N	Tore	Punkte
1.	Bayern München	17	10	7	68-37	44:24
2.	1. FC K'lautern	18	7	9	64-37	43:25
3.	Bayer Leverkusen	14	11	9	60-47	39:29
4.	Bor. Dortmund	15	9	10	49-45	39:29
5.	Eintr. Frankfurt	15	8	11	57-41	38:30
6.	Karlsruher SC	14	10	10	46-43	38:30
7.	VfB Stuttgart	13	11	10	51-43	37:31
8.	Werder Bremen	13	10	11	51-44	36:32
9.	MSV Duisburg	14	8	12	41-52	36:32
10.	Bor. M'gladbach	14	7	13	65-59	35:33
11.	**1. FC Köln**	**14**	**6**	**14**	**49-51**	**34:34**
12.	Hamburger SV	13	8	13	48-52	34:34
13.	Dynamo Dresden*	10	14	10	33-44	30:34
14.	FC Schalke 04	10	9	15	38-50	29:39
15.	SC Freiburg	10	8	16	54-57	28:40
16.	1.FC Nürnberg	10	8	16	41-55	28:40
17.	Wattenscheid 09	6	11	17	48-70	23:45
18.	VfB Leipzig	3	11	20	32-69	17:51

* Dresden wurden 4 Pluspunkte abgezogen

Spieler: (Einsätze/Tore): Andersen (8/0), Arweladse (7/1), Baumann (14/2), Christofte (23/0), H. Fuchs (7/0), Greiner (30/1), Hauptmann (31/1), Heldt (34/4), Higl (31/1), Illgner (33/0), Jancker (1/1), Janßen (28/0), Keuler (7/0), Kobylanski (8/1), Kohn (16/6), Kraft (1/0), Lehmann (16/2), Paßlack (18/1), Polster (25/17), Rudy (28/4), Sarpei (3/0), Steinmann (27/2), R. Sturm (9/1), Weiser (33/3), Zdebel (1/0)
Trainer: Morten Olsen

Pokalspiele:

Runde 1:	Freilos
Runde 2:	1.FC Köln-SV Waldhof Mannheim 4:1
Runde 3:	Bayern München (Amat.)-1.FC Köln 0:0 n.V. Elfmeterschießen: 5:4 für Bayern München (Amat.)

Saison 1994/95

		S	U	N	Tore	Punkte
1.	Bor. Dortmund	20	9	5	67-33	49:19
2.	Werder Bremen	20	8	6	70-39	48:20
3.	SC Freiburg	20	6	8	66-44	46:22
4.	1. FC K'lautern	17	12	5	58-41	46:22
5.	Bor. M'gladbach	17	9	8	66-41	43:25
6.	Bayern München	15	13	6	55-41	43:25
7.	Bayer Leverkusen	13	10	11	62-51	36:32
8.	Karlsruher SC	11	14	9	51-47	36:32
9.	Eintr. Frankfurt	12	9	13	41-49	33:35
10.	**1. FC Köln**	**11**	**10**	**13**	**54-54**	**32:36**
11.	FC Schalke 04	10	11	13	48-54	31:37
12.	VfB Stuttgart	10	10	14	52-66	30:38
13.	Hamburger SV	10	9	15	43-50	29:39
14.	1860 München	8	11	15	41-57	27:41
15.	Bayer Uerdingen	7	11	16	37-52	25:43
16.	VfL Bochum	9	4	21	43-67	22:46
17.	MSV Duisburg	6	8	20	31-64	20:48
18.	Dynamo Dresden	4	8	22	33-68	16:52

Spieler: (Einsätze/Tore): Andersen (16/0), Baumann (23/0), Dziwior (7/1), Goldbaek (14/0), Greiner (29/4), Hauptmann (23/2), Heldt (16/2), Higl (25/1), Illgner (34/0), Jancker (4/0), Janßen (27/3), Kohn (12/1), Labbadia (33/14), Polster (32/17), Rösele (2/0), Rolff (14/0), Rudy (31/2), Steinmann (27/2), Stumpf (8/0), Thiam (16/1), Weiser (32/2), Zdebel (13/1)
Trainer: Morten Olsen

Pokalspiele:

Runde 1:	FC Remscheid-1.FC Köln 0:7
Runde 2:	Wattenscheid 09-1.FC Köln 1:3
Runde 3:	1.FC Köln-Dynamo Dresden 2:1
Viertelfinale:	1.FC Köln-Karlsruher SC 2:1
Halbfinale:	1.FC Köln-VfL Wolfsburg 0:1

Saison 1995/96

		S	U	N	Tore	Punkte
1.	Bor. Dortmund	19	11	4	76-38	68
2.	Bayern München	19	5	10	66-46	62
3.	FC Schalke 04	14	14	6	45-36	56
4.	Bor. M'gladbach	15	8	11	52-51	53
5.	Hamburger SV	12	14	8	52-47	50
6.	Hansa Rostock	13	10	11	47-43	49
7.	Karlsruher SC	12	12	10	53-47	48
8.	1860 München	11	12	11	52-46	45
9.	Werder Bremen	10	14	10	39-42	44
10.	VfB Stuttgart	10	13	11	59-62	43
11.	SC Freiburg	11	9	14	30-41	42
12.	**1. FC Köln**	**9**	**13**	**12**	**33-35**	**40**
13.	Fort. Düsseldorf	8	16	10	40-47	40
14.	Bayer Leverkusen	8	14	12	37-38	38
15.	FC St. Pauli	9	11	14	43-51	38
16.	1. FC K'lautern	6	18	10	31-37	36
17.	Eintr. Frankfurt	7	11	16	43-68	32
18.	KFC Uerdingen	5	11	18	33-56	26

Spieler: (Einsätze/Tore): Andersen (11/0), Baumann (27/1), Beiersdorfer (16/1), Braun (20/0), Cichon (17/0), Dollberg (11/0), Dziwior (20/1), Gaißmayer (23/4), Goldbaek (16/2), Hauptman (25/0), Illgner (34/0), Janßen (21/2), Kohn (30/4), Labbadia (8/1), Munteanu (33/4), Oliseh (24/0), Polster (28/11), Rösele (7/0), Steinmann (17/0), Stumpf (13/0), Thiam (23/0), Weiser (12/0), Wolski (6/0), Zdebel (23/0)
Trainer: Morten Olsen, Stefan Engels, Peter Neururer

Pokalspiele:
Runde 1: SpVgg Beckum-1.FC Köln 0:0 n.V.
Elfmeterschießen: 5:4 für SpVgg Beckum

Saison 1996/97

		S	U	N	Tore	Punkte
1.	Bayern München	20	11	3	68-34	71
2.	Bayer Leverkusen	21	6	7	69-41	69
3.	Bor. Dortmund	19	6	9	63-41	63
4.	VfB Stuttgart	18	7	9	78-40	61
5.	VfL Bochum	14	11	9	54-51	53
6.	Karlsruher SC	13	10	11	55-44	49
7.	1860 München	13	10	11	56-56	49
8.	Werder Bremen	14	6	14	53-52	48
9.	MSV Duisburg	12	9	13	44-49	45
10.	**1. FC Köln**	**13**	**5**	**16**	**62-62**	**44**
11.	Bor. M´gladbach	12	7	15	46-48	43
12.	FC Schalke 04	11	10	13	35-40	43
13.	Hamburger SV	10	11	13	46-60	41
14.	Arminia Bielefeld	11	7	16	46-54	40
15.	Hansa Rostock	11	7	16	35-46	40
16.	Fort. Düsseldorf	9	6	19	26-57	33
17.	SC Freiburg	8	5	21	43-67	29
18.	FC St. Pauli	7	6	21	32-69	27

Spieler: (Einsätze/Tore): Ananiev (4/0), Andersen (28/4), Baumann (32/1), Braun (18/2), Cichon (19/0), Dziwior (6/1), Eschbach (2/0), Fursth (4/0) Gaißmaier (30/5), Hauptmann (28/2), Ilgner (4/0), Kohn (8/2), Kostner (26/0), Kraft (24/0), Munteanu (31/4), Nadaroglu (2/0), Oliseh (30/4), Polster (32/21), Rösele (1/0), Scherr (13/1), Schmidt (32/1), Steinmann (13/1), Thiam (22/1), Vladoiu (28/8), Weiser (9/0), Zdebel (20/1)
Trainer: Peter Neururer

Pokalspiele:
Runde 1: FC Donaueschingen-1.FC Köln 1:3
Runde 2: FSV Zwickau-1.FC Köln 3.1 n.V.

Saison 1997/98

		S	U	N	Tore	Punkte
1.	1. FC K'lautern	19	11	4	63-39	68
2.	Bayern München	19	9	6	69-37	66
3.	Bayer Leverkusen	14	13	7	66-39	55
4.	VfB Stuttgart	14	10	10	55-49	52
5.	FC Schalke 04	13	13	8	38:32	52
6.	Hansa Rostock	14	9	11	54-46	51
7.	Werder Bremen	14	8	12	43-47	50
8.	MSV Duisburg	11	11	12	43-44	44
9.	Hamburger SV	11	11	12	38-46	44
10.	Bor. Dortmund	11	10	13	57-55	43
11.	Herta BSC Berlin	12	7	15	41-53	43
12.	VfL Bochum	11	8	15	41-49	41
13.	1860 München	11	8	15	43-54	41
14.	VfL Wolfsburg	11	6	17	38-54	39
15.	Bor. M'gladbach	9	11	14	54-59	38
16.	Karlsruher SC	9	11	14	48-60	38
17.	**1. FC Köln**	**10**	**6**	**18**	**49-64**	**36**
18.	Arminia Bielefeld	8	8	18	43-56	32

Spieler: (Einsätze/Tore): Andersen (11/0), Azizi (20/5), Baumann (33/3), Cichon (23/0), Luciano (2/0), Fensch (4/0), Gaißmayer (23/3), Grassow (8/0), Hauptmann (18/0), Kostner (5/0), Kraft (1/0), Menger (33/0), Münch (13/2), Munteanu (33/3), Nadaroglu (2/0), Polster (33/13), Rösele (20/2), Rytschkow (12/1), Scherr (8/1), Schmidt (32/0), Schuster (33/3), Thiam (28/2), Tretschok (34/8), Vladoiu (23/2), Vogt (1/0), Vucevic (9/0)
Trainer: Peter Neururer, Lorenz G. Köstner

Pokalspiele:
Runde 1: SSV Ulm-1.FC Köln 3:1

Die Statistik wurde zusammengestellt von Rolf-Peter Bimmermann

Herausgeber und Autoren

Max Annas
ist Journalist und schreibt über Film, Fußball und anderes

Rolf-Peter Bimmermann
ist Verlagskaufmann und Kneipier

Ralph Christoph
lebt in Köln. Er war von 1994-98 Redakteur bei der Zeitschrift SPEX. Jetzt arbeitet er als Autor und DJ

Götz-Tillmann Grosshans
ist Medienwissenschaftler und Autor des Buches „Fußball im deutschen Fernsehen“

Bernd Imgrund
ist Journalist und Redakteur der Kölner Stadtillustrierten StadtRevue

Willi Lehmann
ist FC-Fan in der 30. Saison

Frank Nägele
ist Sportredakteur des Kölner Stadt-Anzeiger

Werner Rügemer
ist Publizist und Berater, Mitglied von Buisiness Crime Control, Autor der Bücher „Staatsgeheimnis Abwasser“ und „Wirtschaften ohne Korruption“

Elmar Wigand
ist freier Journalist und arbeitet für Radio und Presse